ケース別

商業登記添付書面
— 必要となる書類と実務のポイント —

編著　立花 宏（司法書士）

新日本法規

は　し　が　き

　近年、商業登記実務は、平成26年や令和元年の会社法改正等の実体法の改正をはじめ、商業登記法や商業登記規則等の手続法令の改正その他の商業登記の実務に大きな影響のある法令改正等が多数行われました。

　また、社会事情や社会の変化等の影響に伴い、実務が大きく変わったことも見逃せません。株主総会の開催をバーチャル化することはもちろん、書類の電子化等を意図し、商業登記における印鑑提出の任意化や添付書面の押印義務の見直し等が行われたことは、私達実務家の商業登記実務に大きな影響を与えました。そして、書類の電子化をするために必要な電子署名の活用も今後、急速に進んでいく可能性があると考えられます。

　さらに、旧氏の併記や代表取締役の住所の非表示措置等は、社会の要請により設けられた制度であり、商業登記実務が社会とともにあることを、あらためて実感させられた制度の創設でありました。

　しかし、社会の情勢や社会の変化に伴い、変化していくのは法令だけではありません。

　戦後に設立されてきた会社については、経営者の代替わりの時期を迎えているといわれます。そうした代替わり、すなわち、事業承継に関係する登記関係も今後は増加していくと考えられますが、この登記関係は、従来の登記実務とは異なる登記内容であることが少なくありません。

　また、外国の方が日本で起業し、あるいは日本の企業の役員となるなど、外国の企業や個人に関する商業登記実務も、以前より増えているように思います。

そして、平成18年に施行された会社法により設けられた会社類型「合同会社」は、近年、利用が急速に進んでおり、商業登記実務においても、無視できない存在となっています。

　思いつくだけでも、たくさんの商業登記実務に影響する法令改正や社会の変化がありました。そうした頻繁にある法令改正や社会の変化に伴う商業登記実務の変化は、商業登記関係の添付書面にも大きく影響し、私達商業登記実務家にとっては、必要な添付書面を準備し、あるいは、その準備された添付書面の内容が適切なものであるのかどうかを判断するのが容易ではなくなってきています。

　本書は、商業登記実務家の皆様が、実務において、登記を申請する際に、どのような添付書面が必要になるのか、そして、その添付書面の内容の注意点は何か等を確認する際の参考にしていただくべく企画され、商業登記実務家ができる限り最新の内容を反映して執筆いたしました。

　本書が活用され、実務家の皆様の一助となれば望外の喜びです。

　令和6年12月

司法書士　立 花　　宏

編集者・執筆者一覧

≪編集者≫

立 花　　宏（司法書士）

≪執筆者≫（五十音順）

草 薙 智 和（司法書士）

　　執筆担当：第6章・第7章

城 ヶ 﨑 理 絵（司法書士）

　　執筆担当：第1章第2

新 保 さ ゆ り（司法書士）

　　執筆担当：総論第2・第1章第4〜第6

髙 島 芳 美（司法書士）

　　執筆担当：第1章第1・第7・第2章

立 花　　宏（司法書士）

　　執筆担当：総論第1・第3章・第4章

古 山 陽 介（司法書士）

　　執筆担当：第1章第3・第5章

略　語　表

＜法令等の表記＞

根拠となる法令等の略記例及び略語は次のとおりです。

会社法第33条第10項第１号＝会社33⑩一

令和６年７月26日法務省民商第116号＝令６・７・26民商116

商登	商業登記法	公証	公証人法
商登則	商業登記規則	登税	登録免許税法
会社	会社法	登税規	登録免許税法施行規則
会社則	会社法施行規則	不登則	不動産登記規則
会社計算	会社計算規則	民	民法
会社法整備	会社法の施行に伴う関係法律の整備等に関する法律		

＜判例の表記＞

根拠となる判例の略記例及び出典の略称は次のとおりです。

大審院大正６年８月11日判決、大審院民事判決録23号1191頁
＝大判大６・８・11民録23・1191

民録　　　大審院民事判決録

目　次

総　論

第1　はじめに

ページ

1　添付書面と押印 …………………………………………………………1

2　添付書面情報と電子署名 ……………………………………………4

3　議事録等 ………………………………………………………………5

第2　電磁的記録による添付書面

4　押印と電子署名の対応関係 …………………………………………27

5　電磁的記録と添付書面情報 …………………………………………30

6　オンラインによる印鑑提出 …………………………………………31

7　電子証明書の有効期限が切れた場合の取扱い ……………………32

8　インターネット版官報の利用方法 …………………………………33

9　押印と電子署名を併用した取締役会議事録 ………………………34

第1章　株式会社

第1　設　立

10　取締役会設置会社を発起設立する場合 ……………………………36

11　非取締役会設置会社を発起設立する場合 …………………………46

第2　役員変更

12　取締役の就任 …………………………………………………………49

13　取締役の退任 …………………………………………………………52

14	取締役の氏名の変更	55
15	社外取締役の登記	55
16	代表取締役の就任	56
17	代表取締役の退任	62
18	代表取締役の氏名・住所の変更	65
19	監査役の就任	65
20	会計限定の登記	66
21	監査役の退任	68
22	社外監査役の登記	70
23	会計参与の就任	70
24	会計参与の退任	72
25	会計参与の氏名・名称の変更	73
26	会計参与の合併（合併により消滅する場合）	74
27	会計参与の計算書類等の備置き場所の変更	74
28	会計監査人の就任	75
29	会計監査人の退任	76
30	会計監査人の氏名・名称の変更	78
31	会計監査人の合併（合併により消滅する場合）	78
32	一時会計監査人を行うべき者の就任	79
33	監査等委員会設置会社の監査等委員である取締役の就任	80
34	監査等委員会設置会社の監査等委員以外の取締役の就任	81
35	監査等委員会設置会社の監査等委員である取締役の退任	82
36	監査等委員会設置会社の監査等委員以外の取締役の退任	83
37	旧氏・住所非表示措置の申出	83

第3 商号・目的の変更・本店移転等

38	商号の変更	94
39	目的の変更	94

目　　次　　3

40　公告方法の変更………………………………………………95
41　貸借対照表の電磁的開示のためのウェブページのURL
　　の設定・変更・廃止………………………………………97
42　本店の移転……………………………………………………98
43　支店の設置……………………………………………………99
44　支店の移転……………………………………………………100
45　支店の廃止……………………………………………………101
46　本店・支店の表示の変更……………………………………101
47　取締役会の設置………………………………………………102
48　取締役会の廃止………………………………………………103
49　監査役の設置…………………………………………………104
50　監査役の廃止…………………………………………………105
51　監査役会の設置………………………………………………106
52　監査役会の廃止………………………………………………107
53　会計参与の設置………………………………………………107
54　会計参与の廃止………………………………………………108
55　会計監査人の設置……………………………………………109
56　会計監査人の廃止……………………………………………110
57　監査等委員会設置会社の定めの設定………………………110
58　監査等委員会設置会社の定めの廃止………………………111
59　役員等の責任免除の定めの設定・変更……………………112
60　役員等の責任免除の定めの廃止……………………………114

第4　株　式

61　発行可能株式総数の変更……………………………………116
62　株式の内容の変更（単一株式発行会社）…………………117
63　異なる種類の株式（種類株式）の追加……………………122
64　種類株式の廃止（単一株式発行会社への移行）…………126

65 種類株式の一部の種類の変更……………………………………129

66 株券発行会社の定めの設定・廃止………………………………130

67 単元株式数の設定・変更・廃止…………………………………132

68 株主名簿管理人の設置・変更・廃止……………………………133

69 募集株式の発行（株主割当て）…………………………………135

70 募集株式の発行（第三者割当て）………………………………140

71 取得請求権付株式等の取得と引換えにする株式の発行………146

72 株式の消却…………………………………………………………149

73 株式の併合…………………………………………………………150

74 株式の分割…………………………………………………………152

75 株式の無償割当て…………………………………………………154

第5 資本金の額の変動（募集株式の発行を除く。）

76 資本金の額の減少…………………………………………………156

77 準備金、剰余金の資本組入れ……………………………………162

第6 新株予約権

78 募集新株予約権の発行……………………………………………166

79 取得請求権付株式等の取得と引換えにする新株予約権の
発行…………………………………………………………………170

80 新株予約権の変更（株式分割等に伴う変更）…………………174

81 新株予約権の変更（内容の変更）………………………………175

82 新株予約権の無償割当て…………………………………………176

83 新株予約権の行使…………………………………………………178

84 新株予約権の消却等………………………………………………180

第7 解散・清算結了

85 解 散………………………………………………………………182

86 清算人の就任………………………………………………………183

87	清算人の退任……………………………………185
88	代表清算人の就任………………………………186
89	代表清算人の退任………………………………188
90	清算人の氏名、代表清算人の氏名・住所の変更………189
91	清算結了…………………………………………190
92	清算結了後に残余財産が見つかった場合………………191
93	会社継続（通常解散の場合）…………………………192
94	会社継続（みなし解散の場合）………………………193

第2章　特例有限会社

95	代表取締役の登記（各自代表制度の会社が代表取締役を定めた場合）…………………………195
96	代表取締役の氏名抹消……………………………196
97	通常の株式会社への商号変更…………………………198

第3章　持分会社

第1　合同会社

98	設　立……………………………………………201
99	商号の変更………………………………………205
100	目的の変更………………………………………205
101	公告方法の変更…………………………………206
102	本店の移転………………………………………207
103	本店の表示の変更………………………………209
104	支店の設置………………………………………210

105	支店の移転	211
106	支店の廃止	212
107	業務執行権付与	213
108	業務執行社員の加入	214
109	業務執行権喪失	215
110	業務執行社員の退社	217
111	業務執行社員の持分の譲渡	219
112	持分の一般承継	221
113	代表社員の就任	222
114	代表社員の退任	224
115	代表社員の氏名・名称又は住所の変更	225
116	職務執行者の変更	225
117	職務執行者の氏名又は住所の変更	226
118	資本金の額の増加	227
119	資本金の額の減少（損失のてん補の場合）	229
120	資本金の額の減少（出資の払戻しの場合）	231
121	資本金の額の減少（持分の払戻しの場合）	233
122	解　散	234
123	清算人の就任	235
124	清算人の退任	237
125	清算人の氏名の変更	238
126	代表清算人の就任	239
127	代表清算人の退任	241
128	代表清算人の氏名・名称又は住所の変更	242
129	代表清算人の職務執行者の変更	243
130	職務執行者の氏名又は住所の変更	244
131	清算結了	244

目　次　　7

132　清算結了後に残余財産が見つかった場合（復活の登記）……246

133　会社継続…………………………………………………………248

第2　合名会社・合資会社

134　合資会社の有限責任社員の出資の目的又はその価額の
　　　変更………………………………………………………………250

135　合資会社の有限責任社員が既に履行した出資の価額の
　　　変更………………………………………………………………250

136　合資会社の社員の責任の変更…………………………………251

137　解散（法定清算・任意清算）…………………………………253

138　清算結了（法定清算・任意清算）……………………………254

第4章　組織変更・持分会社の種類変更

139　株式会社から合同会社への組織変更…………………………257

140　合同会社から株式会社への組織変更…………………………260

141　定款変更による合資会社から合同会社への種類変更………263

142　みなし種類変更…………………………………………………265

第5章　組織再編（組織変更を除く。）

143　株式会社が存続する吸収合併…………………………………267

144　合同会社が存続する吸収合併…………………………………274

145　株式会社を設立する新設合併…………………………………278

146　合同会社を設立する新設合併…………………………………281

147 株式会社に権利義務を承継させる吸収分割……………………282

148 合同会社に権利義務を承継させる吸収分割……………………287

149 株式会社を設立する新設分割…………………………………289

150 合同会社を設立する新設分割…………………………………291

151 株式会社に発行済株式を取得させる株式交換…………………292

152 合同会社に発行済株式を取得させる株式交換…………………295

153 株式移転………………………………………………………296

154 株式交付………………………………………………………298

第6章　渉外登記

155 外国人、外国法人が株式会社の発起人となる場合……………302

156 外国人が株式会社の役員に就任する場合……………………307

157 日本において登記をしていない外国会社を代表社員と
する合同会社を設立する場合…………………………………308

第7章　外国会社

158 初めて日本における代表者を定めた場合……………………310

159 日本に営業所を設置していない外国会社の全ての日本
における代表者がその住所を他の登記所の管轄区域内に
移転した場合…………………………………………………313

160 全ての営業所を他の登記所の管轄区域内に移転した場合……313

161 日本における代表者の変更……………………………………314

162 その他の登記事項の変更………………………………………315

163 全ての日本における代表者が退任する場合…………………315

総　論

第1　はじめに

1　添付書面と押印

　令和3年2月15日から、商業登記手続において印鑑提出が任意化され、それに伴い、添付書面についても、一定のものを除き、押印の有無は審査を要しないものとされました。申請権限を有する者によって登記所届出印が押印された申請書等の書面とともに提出されることから、押印がなくてもその内容の真実性は担保されていると判断することができることが理由です。

　なお、法令に登記所届出印の押印又は押印した印鑑につき市町村長の作成した証明書（以下、本書において、「印鑑証明書」といいます。）の添付を求める規定が置かれているものについては、引き続き押印を要するものとされました。これは、本人の意思に基づいて作成されたことを厳格に確認し、書面の真正を担保する必要があること、また、押印と登記所に提出した印鑑又は印鑑証明書との照合という画一的な処理により、名義人本人の意思を確実かつ迅速に確認することが可能であり、不正な申請等がなされた場合の証拠ともなり得ることが理由だとされています（青山琢磨＝服部直樹「令和3年改正商業登記規則等に基づく商業・法人登記事務の取扱いについて」登記研究882号3頁以下（2021））。

　書面申請であることを前提に、主な添付書面の押印の有無の審査の要否は、次のとおりです。

（1）　各種議事録等の扱い

　ア　株主総会議事録（種類株主総会議事録を含む。）

　法令上、押印義務がないため、原則として押印の有無は審査されま

せん。定款に押印義務を定めてある場合については、押印義務自体はあるものの、押印の有無は審査されないものと考えられます。なお、株主総会で代表取締役を選定した場合には、議長及び出席した取締役が議事録に押印した印鑑について、印鑑証明書を添付しなければなりません。ただし、変更前の代表取締役が、議長又は出席取締役として、登記所に提出している印鑑を押印した場合は、印鑑証明書の添付は不要です（商登則61⑥一）。

イ　取締役会議事録

取締役会議事録については、会社法上、出席取締役及び監査役に署名又は押印の義務があります（会社369③）。さらに、取締役会で代表取締役を選定した場合には、これらの署名・押印義務者が議事録に押印した印鑑について、印鑑証明書を添付しなければなりません。ただし、変更前の代表取締役が、押印義務者として登記所に提出していた印鑑を押印した場合は、印鑑証明書の添付は不要です（商登則61⑥三）。

ウ　取締役の一致があったことを証する書面（取締役決定書）

取締役会議事録に準ずるものとして、署名又は押印を要します。取締役の互選により代表取締役を定めた場合は、互選を証する書面に取締役が押印した印鑑について、印鑑証明書を添付しなければなりません。ただし、変更前の代表取締役が、押印義務者として登記所に提出している印鑑を押印した場合は、印鑑証明書の添付は不要です（商登則61⑥二）。

エ　持分会社における社員の同意若しくは一致を証する書面（商登93等）

法令上、署名又は押印義務がなく、押印の有無は審査されません。

（2）　その他の押印が必要となる主な添付書面

【登記所届出印を押印しなければならない添付書面】

ア　委任状（商登18）

Memo.　申請人又はその代表者が申請書に押印する場合には、申請

書に登記所届出印を押印しますが、代理人によって申請する
場合には、委任状に登記所届出印を押印し、その印鑑の照合
により、申請権限の確認を行います。

【押印した印鑑につき印鑑証明書の添付が必要な添付書面】

ア　取締役（取締役会設置会社においては代表取締役）に係る就任
を承諾したことを証する書面

> Memo.　再任の場合は、添付を要しません（商登則61④⑤）。なお、再
> 任には、重任の場合のほか、同一人の退任と就任を併せて申
> 請する場合も含まれます。

【登記所届出印の押印又は印鑑証明書の添付が必要な添付書面】

ア　（代表）取締役に係る辞任を証する書面

> Memo.　登記所に印鑑を提出した者がいる株式会社においては、当
> 該印鑑を提出した代表者について、登記所に印鑑を提出した
> 者がない株式会社においては、全ての代表者について、適用
> されます（商登則61⑧）。

イ　商号の譲渡等についての譲渡人の承諾書（商登30②・31②、商登則
52の2）

【作成者全員につき、押印が必要な書面】

ア　登記された事項につき無効の原因があることを証する書面

> Memo.　登記の抹消の申請書に記載された抹消すべき登記事項に係
> る登記の申請書に添付された書面に押印された印鑑と同一の
> 印鑑若しくは登記所届出印を押印し、又は無効原因証書に押
> 印された印鑑につき印鑑証明書の添付を要します（平24・4・
> 3民商898）。

（3）　訂正印の扱い

申請書その他の登記に関する書面につき文字の訂正、加入又は削除
をしたときにする訂正印（商登則48②）については、訂正等をする書面
の押印につき法令上の根拠があるものを除き、その有無について審査
を要しません。押印の有無について審査を要しない書面について訂正

をする場合は、訂正した経緯を明らかにする措置を講じれば足ります。

　なお、株主総会議事録等の実体法に基づいて作成される書面は登記に関する書面には含まれませんが、訂正等があった場合には、訂正印の押印をすることが望ましいとされ、例えば、株主総会において代表取締役を選定した場合の株主総会議事録について訂正があった場合は、訂正印の有無について審査を要するものと解釈されています（青山＝服部・前掲25頁）。

（4）　契印の扱い

　申請書については、法令上、登記所届出印の押印が必要であることから（商登則35③）、契印の有無も審査を要します。他方、その他の書面については、法令上、押印についての根拠があるものを除き、契印の有無については審査を要しません。

　なお、添付書面を原本還付する場合に添付する謄本（商登則49）については、契印の有無の審査を要しません（青山＝服部・前掲26頁）。

2　添付書面情報と電子署名

　商業登記の添付書面情報を電磁的記録により作成したときは、作成者が電子署名し、当該作成者が電子署名を行ったことを確認するために必要な電子証明書を記録しなければなりません。この電子証明書は、使用することができるものが限定されており（商登則36・102③）、さらに、添付書面情報によって、使用することができる電子証明書が異なります。これは、添付書面情報を書面で作成した場合に、押印された印鑑について印鑑証明書との照合が必要なものもあれば、押印の審査を要しないものもあることと比較して考えることができます。

　なお、添付書面情報を書面で提出する場合に、押印の有無について審査を要しない書面であっても、電磁的記録で作成する場合は、作成

総　論（1〜9）　　5

者等が電子署名を講じ、併せて、その電子証明書を送信することが求められることに注意が必要です。これは、電磁的記録は書面と比較して改ざんの痕跡を判別するのが困難であることが理由です（青山琢磨＝服部直樹「令和３年改正商業登記規則等に基づく商業・法人登記事務の取扱いについて」登記研究882号26頁以下（2021））。

　また、添付書面情報を電磁的記録で作成した場合に使用することができる電子証明書と、書面で作成した場合に使用する印鑑とは、単純に比較することができない場合もあることにも注意が必要です。例えば、委任情報への電子署名に利用することができる電子証明書が挙げられます。書面で委任状を添付する場合には、登記所届出印を押印する必要がありますが、電磁的記録として添付する場合には、商業登記規則33条の８第２項に規定する電子証明書（いわゆる、「商業登記電子証明書」）のほかにも利用することができる電子証明書があります。

　そうした点も含め、添付書面情報を電磁的記録で作成した場合の解説については、総論　第２をご参照ください。

3　議事録等

（1）　株式会社（特例有限会社を含む。）
　ア　株主総会
　　（ア）　決議事項（会社295）

種　類	決議事項
非取締役会設置会社	会社法に規定する事項及び株式会社の組織、運営、管理その他株式会社に関する一切の事項について決議することができる。
取締役会設置会社	会社法に規定する事項及び定款で定めた事項に限り、決議することができる。

（イ） 決議要件（会社309）

種　類	定足数	必要議決権数
普通決議	議決権を行使することができる株主の議決権の過半数を有する株主の出席（定款で別段の定め可）（※1）。	出席した株主の議決権の過半数（定款で別段の定め可。加重のみと考えられますが、軽減も可との見解もあります（岩原紳作編『会社法コンメンタール7 機関（1）』157頁（商事法務、2013））。）。
特別決議（※2）	議決権を行使することができる株主の議決権の過半数を有する株主の出席（定款で別段の定め可。ただし、軽減する場合は3分の1が下限）。	出席した株主の議決権の3分の2以上（定款で加重可）。
特殊決議		以下の2つの要件を満たすこと。 ・議決権を行使することができる株主の半数以上が賛成（人数要件、定款で加重可）。 ・議決権を行使することができる株主の議決権の3分の2以上が賛成（議決権要件、定款で加重可）。
特別な特殊決議		以下の2つの要件を満たすこと。 ・総株主の半数以上が賛成（人数要件、定款で加重可）。 ・総株主の議決権の4分の3以上が賛成（議決権要件、定款で加重可）。

総　論（1～9）　　7

（※1）　役員の選任等、一定の場合（会社329等）は、定款で別段の定めをする場合であっても、定足数の下限は、議決権を行使することができる株主の議決権の3分の1です。

（※2）　特例有限会社にあっては、「総株主の半数以上（人数要件、定款で加重可）であって、当該株主（総株主）の議決権の4分の3以上の賛成」が要件です。

> Memo.　株主や役員が、株主総会の会場には来ずに、Web等の方法により出席することも可能です。この場合も、株主総会に出席したものと扱われますが、議事録には出席の方法を記載する必要があります。なお、会場を設けず、Web等のみで行う、いわゆるバーチャルオンリー型の株主総会は、産業競争力強化法の特例の場合を除き、会社法上は許容されていません（澤口実＝近澤諒編『バーチャル株主総会の実務〔第2版〕』52頁（商事法務、2021））。

　（ウ）　決議の省略（会社319）

　取締役又は株主が株主総会の目的である事項について提案をした場合において、議決権を行使することができる株主の全員が書面又は電磁的記録により同意の意思表示をしたときは、当該提案を可決する旨の株主総会の決議があったものとみなされます。

　なお、取締役会設置会社の取締役が提案をする場合、取締役会の決議を経る必要があり、これを経ないで提案をした場合には、決議取消事由になるとの見解もありますが（江頭憲治郎『株式会社法〔第9版〕』380頁（有斐閣、2024））、株主全員の同意が有効に得られているのですから、株主総会は有効に成立したものと解釈すべきであり、効力を否定する必要性も実益もないと考えられます（後藤元監修・会社法実務研究会編『実務問答会社法』124頁以下〔内田修平〕（商事法務、2022））。

　（エ）　議事録（会社318）

　株主総会の議事については、法務省令（会社則72）で定めるところに

より、議事録を作成しなければなりません。記載事項の概要は以下のとおりです。

① 開催日時及び場所（当該場所に存しない役員等又は株主が株主総会に出席した場合における当該出席の方法を含みます。）
② 議事の経過の要領及びその結果
③ 会社法342条の２第１項等の規定により株主総会において述べられた意見等があるときは、その意見等の概要
④ 出席した役員等の氏名又は名称
⑤ 議長が存するときは、議長の氏名
⑥ 議事録の作成に係る職務を行った取締役の氏名

議事録のサンプルは以下のとおりです。

臨時株主総会議事録

日　時　令和○年○月○日（○）午前○時○分〜午前○時○分
場　所　当会社本店会議室

発行済株式の総数	○株
（うち、自己株式の数	○株）
議決権を行使することができる株主の総数	○名
議決権を行使することができる株主の議決権の数	○個
出席した当該株主の数（委任状による出席を含む。）	○名
（うち、webシステムを利用した出席	○名）
出席した当該株主の有する議決権の数	○個
（うち、webシステムを利用した出席者の議決権数	○個）

株主総会に出席した役員（注１）

　代表取締役　○○○○
　取　締　役　○○○○、○○○○、○○○○
　監　査　役　○○○○

　なお、取締役○○○○は、○○支店会議室よりwebシステムを利用して出席した。

総 論 （ 1 ～ 9 ）　　　　9

議　長　代表取締役　○○○○

議事録の作成に係る職務を行った取締役　代表取締役　○○○○

　代表取締役○○○○は、定款第○条の規定に基づいて議長となり、議長席に着き、本株主総会で使用するwebシステムが、出席者の音声が即時に他の出席者に伝わり、情報伝達の双方向性及び即時性が確保されていることを確認した上で（注2）、議決権を行使することができる株主の議決権の過半数に相当する株式を有する株主が出席したので、本会は適法に成立した旨を説明し、開会を宣し、直ちに議事に入った。

議事の経過の要領及びその結果

（中略）

　以上をもって、本日の議事が終了したので、議長は閉会を宣した。

　上記の経過の要領及びその結果を明確にするため、本議事録を作成し、議事録作成者が記名押印する。

　令和○年○月○日

　　　　　○○株式会社　臨時株主総会

　　　　　　議事録作成者　代表取締役　○○○○　印（注3）

（注1）　株主総会の開催中に現に役員の権限を有する者を記載します。株主総会の途中に就任し、あるいは退任した者も出席役員に含まれます。

（注2）　出席の方法として、議事録の内容に、開催場所と出席者の間で「情報伝達の双方向性と即時性が確保されている状況を基礎づける事実（ビデオ会議・電話会議システムの使用等）の記載が必要」だと解されています（相澤哲ほか編『論点解説　新・会社法　千問の道標』472頁（商事法務、2006））。

（注3）　議事録作成者は、株主総会の開催中に取締役の資格を有する者であるという見解と、当該株主総会で選任され、株主総会終結後に就任した者であってもよいとする見解があります。登記実務では両説とも肯定されていると考えられます（神﨑満治郎ほか編『論点解説商業登

記法コンメンタール』139頁（金融財政事情研究会、2017））。また、株主総会議事録については、会社法上は、押印の義務はありませんが、定款で署名又は記名押印義務者を定めている場合には、それに従う必要があります。なお、登記手続の関係で、押印を要する場合がある点については、 1 （1）アをご参照ください。

　なお、決議の省略により、決議があったものとみなされた場合も、議事録を作成しなければなりません（会社則72④一）。この場合に、商業登記法46条3項の規定により、実際に開催された場合に添付を要求される、議事録の代わりに添付すべき、決議があったものとみなされた場合に該当することを証する書面は、この議事録を添付する必要があります。

　この場合の議事録の記載事項の概要は以下のとおりです。

---

① 　決議があったものとみなされた事項の内容
② 　提案をした者の氏名又は名称
③ 　決議があったものとみなされた日
④ 　議事録の作成に係る職務を行った取締役の氏名

　議事録のサンプルは以下のとおりです。

臨時株主総会議事録

議決権を行使することができる株主の総数　　　　　　　　○名
議決権を行使することができる株主の議決権の数　　　　　○個
決議があったものとみなされた事項の内容

（中略）

決議があったものとみなされた事項の提案者
　代表取締役　　○○○○
決議があったものとみなされた日　令和○年○月○日

総　論（1〜9）　　11

　　令和○年○月○日付けで、代表取締役○○○○が当会社の議決権を有
する株主全員に対して上記提案について提案書を発し、当該提案につき、
令和○年○月○日までに当該株主全員から書面により同意の意思表示を
得たので、会社法第319条第1項に基づき、当該提案を可決する旨の株主
総会決議があったものとみなされた。
　　以上のとおり、株主総会の決議の省略を行ったので、株主総会の決議
があったものとみなされた事項を明確にするため、本議事録を作成し、
議事録作成者が次に記名押印する。
　　令和○年○月○日
　　　　　　　　○○株式会社　臨時株主総会
　　　　　　　　議事録作成者　代表取締役　○○○○　印（注）

（注）　株主総会議事録については、会社法上は、押印義務はありませんが、
　　　定款で署名又は記名押印義務者を定めている場合には、それに従う必
　　　要があります。また、代表取締役の選定を行った場合には、変更前の
　　　代表取締役が登記所に提出している印鑑を押印した場合を除き、議長
　　　及び決議に同意した取締役全員の押印とそれに対応する印鑑証明書の
　　　添付が必要です。

　　　（オ）　株主リスト
　　登記すべき事項につき株主総会の決議を要する場合には、主要株主
（次の①と②の人数のうちいずれか少ない人数）の氏名又は名称及び
住所、当該株主が有する株式の数及び議決権の数並びに議決権の割合
を証する書面を添付しなければなりません。
①　10名
②　その有する議決権の数の割合を当該割合の多い順に順次加算し、
　　その加算した割合が3分の2に達するまでの人数
　　株主リストの書式は次のとおりです。

12　　　　　　　　総　論（ 1 ～ 9 ）

(A−1 統合簡易書式)

証　明　書

次の対象に関する商業登記規則61条 2 項又は 3 項の株主は次のとおりであることを証明する。

<table>
<tr><td rowspan="3">対象</td><td>株主総会等又は
総株主の同意等の別</td><td colspan="2" style="text-align:center">株主総会</td><td rowspan="1">←株主総会，種類株主総会，株主全員の同意，種類株
主全員の同意のいずれかを記載してください。
種類株主総会等の場合は，対象となる種類株式も記
載してください。</td></tr>
<tr><td>上記の年月日</td><td colspan="2">令和　　　年　　　月　　　日</td><td>←株主総会等の年月日を記載してください</td></tr>
<tr><td>上記のうちの議案</td><td colspan="2" style="text-align:center">全議案</td><td>←全議案又は対象となる議案を記載してください。
総株主等の同意を要する場合は，記載不要です。</td></tr>
</table>

	氏名又は名称	住所	株式数 （株）	議決権数	議決権数の割合
1					
2					
3					
4					
5					
6					
7					
8					
9					
10					
			合計		
			総議決権数		

証明書作成年月日	令和〇〇年〇〇月〇〇日
商号	〇〇株式会社
証明書作成者	代表取締役〇〇　〇〇

（出典：法務省ウェブサイト）

イ　種類株主総会

（ア）　決議事項等

　株式会社は、剰余金の配当等について異なる定めをした内容の異な
る 2 以上の種類の株式（以下、「種類株式」といいます。）を発行する
ことができます（会社108①）。

種類株式を発行する会社においては、種類株式ごとに種類株主総会が置かれます。種類株主総会は、この法律に規定する事項及び定款で定めた事項に限り、決議をすることができます（会社321）。

　例えば、ある種類の株式の種類株主に損害を及ぼすおそれがあるときは、当該行為は、種類株主総会において議決権を行使することができる種類株主がいない場合を除き、原則として、当該種類の種類株主総会の決議がなければ、その効力を生じないものとされています（会社322①）。この場合は、登記申請の添付書面として、種類株主総会議事録が必要です。

　ただし、一定の事項を除き、定款に、種類株主総会の決議を要しない旨を定めることができます。参考までに、これは株式の内容であり、登記事項であるため（会社911③七）、この種類株主総会の要否は、登記されている内容から判断することができます。そのため、条文上、種類株主総会が必要である事項について株主総会決議があった場合、種類株主総会の決議の要否は登記の内容から確認することができます。よって、種類株主総会が不要であり、その議事録の添付を要しない場合であっても、不要であることを明らかにするために定款を添付する必要はありません。

　これに対し、種類株式を発行する株式会社において、例えば、譲渡制限株式についての募集株式の発行の決定をする場合、当該種類の種類株主総会において議決権を行使することができる種類株主がいない場合を除き、原則として、当該種類の種類株主総会の決議がなければ、その効力を生じないものとされています（会社199④）。ただし、定款で当該種類株主総会の決議を要しない旨を定めることができます。この定めは株式の内容ではないため、登記事項ではありません。そのため、種類株式を発行する株式会社が、この規定により種類株主総会決議が不要な場合に、募集株式の発行の登記を申請する場合には、定款に定

めがなければ登記すべき事項につき無効の原因が存することとなるため、登記申請の際、種類株主総会が不要であることを明らかにする目的で、定款の添付が必要です。

以上のように、種類株主総会の決議に関しては、定款の添付の要否に注意が必要な場合があることにご注意ください。

（イ）　決議要件（会社324）

種　類	定足数	必要議決権数
普通決議	その種類の株主の総株主の議決権の過半数を有する株主の出席（定款で別段の定め可）（※1）。	出席した株主の議決権の過半数（定款で別段の定め可。株主総会の決議と同様に、加重のみと考えられますが、軽減も可との見解もあると思われます。）。
特別決議（※2）（※3）	当該種類株主総会において議決権を行使することができる株主の議決権の過半数を有する株主の出席（定款で別段の定め可。ただし、軽減する場合は3分の1が下限）。	出席した株主の議決権の3分の2以上（定款で加重可）。
特殊決議		以下の2つの要件を満たすこと。 ・当該種類株主総会において議決権を行使することができる株主の半数以上が賛成（人数要件、定款で加重可）。 ・議決権を行使することができる株主の議決権の3分の2以上が賛成（議決権要件、定款で加重可）。

（※１） 役員の選任等、一定の場合（会社329等）は、定款で別段の定めをする場合であっても、定足数の下限は、議決権を行使することができる株主の議決権の３分の１です。

（※２） 一定数以上の株主の賛成を要する旨その他の要件を定款で定めることも可能です。

（※３） 株主総会決議と異なり、特例有限会社についても、種類株主総会の特別決議要件は、株式会社と同様だと考えられます。会社法の施行に伴う関係法律の整備等に関する法律に、要件を修正する規定が設けられていないためです。

（ウ） その他

種類株主総会の決議の省略の制度、議事録については、株主総会と同様です。

ウ 取締役会

（ア） 権 限

取締役会は、全ての取締役で組織し、次に掲げる職務を行うものとされています（会社362①②）。

・会社の業務執行の決定

・取締役の職務の執行の監督

・代表取締役の選定及び解職

株式会社が監査等委員会設置会社である場合には、取締役の過半数が社外取締役である場合には、取締役会は、重要な業務執行の決定を取締役に委任することができ、また、重要な業務執行の決定の全部又は一部を取締役に委任することができる旨を定款で定めることができます（会社399の13⑤⑥）。この場合に、登記すべき事項の決定につき取締役に委任がなされた場合には、委任の決定をした取締役会議事録の添付を要するほか、定款の規定により、取締役に決定を委任し、当該取締役が決定を行った場合には、定款の定めがなければ登記すべき事項につき無効の原因が存する場合であることから、定款の添付が必要です。

（イ）　決議要件

　取締役会の決議は、議決に加わることができる取締役の過半数が出席し（定足数）、その過半数（必要賛成数）をもって行うものとされています。定足数、必要賛成数とも、定款で加重することが可能です（会社369①）。

　決議について特別の利害関係を有する取締役は、議決に加わることができません（会社369②）。この場合、当該取締役については、定足数の算定に際しても算入されません。取締役の死亡等により、現任の取締役の数が、法律又は定款に定める員数の最低限を下回る場合には、原則として、定足数の算定は、法律又は定款に定める最低限の員数が基準となりますが、特別の利害関係を有する取締役を定足数の算定から除外したことにより法律又は定款に定める員数の最低限を下回る場合については、当該最低限の数ではなく、当該取締役を除外した取締役の数が基準となります（昭60・3・15民四1603）。

　特別の利害関係を有する場合に該当するかどうかの判断は悩ましい場合も少なくありません。参考までに、商業登記に関連する主なものは次の表のとおりです（東京弁護士会会社法部編『新・取締役会ガイドライン〔第2版〕』395頁（商事法務、2016））。

特別の利害関係を有する場合に	
該当する	該当しない
・代表取締役の解職（解職対象の代表取締役）（会社362②三） ・募集株式の発行（譲渡制限株式）、募集新株予約権の発行の割当て、総数引受契約の承認（割当てを受け、又は契約対象の取締役）（会社204・205）	・代表取締役の選定（候補者）（会社362②三） ・株主に割当てを受ける権利を与える場合の募集株式の発行（割当てを受ける株主である取締役）（会社202） ・取締役に対するストック・オプションの割当て（会社361①③）

	・組織再編関係の契約の締結（注1）（該当するという見解もあります。）

（注1）　上柳克郎ほか編『新版注釈会社法(13)』45頁（有斐閣、1990）

　（ウ）　決議の省略（会社370）

　取締役が取締役会の決議の目的である事項について提案をした場合において、当該提案につき取締役（当該事項について議決に加わることができるものに限ります。）の全員が書面又は電磁的記録により同意の意思表示をしたときは、当該提案を可決する旨の取締役会の決議があったものとみなす旨を定款で定めることができます。ただし、監査役設置会社にあっては、監査役が当該提案について異議を述べたときは、決議があったものとみなされません。なお、これは監査役設置会社の場合とされているため（会社2九）、監査役の監査の範囲を会計に関するものに限定する旨の定款の定めがある会社については、監査役から異議が出たとしても、決議があったものとみなされた効力に影響しません。

　取締役会の決議の省略の制度は、定款にそれを許容する旨の定めが必要であるため、登記の申請の際、決議の省略による取締役会の議事録を添付する場合には、定款の添付が必要です（商登則61）。

　（エ）　議事録（会社369③④）

　取締役会の議事については、法務省令（会社則101）で定めるところにより、議事録を作成し、議事録が書面をもって作成されているときは、出席した取締役及び監査役（監査の範囲を会計に関するものに限定されている監査役も含みます。）は、これに署名し、又は記名押印しなければなりません。議事録が電磁的記録をもって作成されている場合における当該電磁的記録に記録された事項については、電子署名（会社則225）をしなければなりません。

記載事項の概要は以下のとおりです。

① 開催日時及び場所（当該場所に存しない役員等が取締役会に出席した場合における当該出席の方法を含みます。）
② 取締役会が特別取締役による取締役会である場合、招集権者以外の取締役の請求により招集された場合等は、その旨
③ 議事の経過の要領及びその結果
④ 決議を要する事項に特別の利害関係を有する取締役があるときは、当該取締役の氏名
⑤ 会社法365条2項等の規定により取締役会において述べられた意見等があるときは、その意見等の概要
⑥ 取締役会に出席した執行役、会計参与、会計監査人又は株主の氏名又は名称
⑦ 議長が存するときは、議長の氏名

また、議事録のサンプルは以下のとおりです。

取締役会議事録

日　時　令和○年○月○日（○）午前○時○分〜午前○時○分
場　所　当会社本店会議室
取締役総数　○名　　出席取締役数　○名
監査役総数　○名　　出席監査役数　○名
出席役員
　代表取締役　○○○○
　取　締　役　○○○○、○○○○、○○○○（web出席）
　監　査　役　○○○○（web出席）、○○○○
議　長　代表取締役　○○○○

　代表取締役○○○○は、定款第○条の規定に基づき、議長となり、議長席に着き、本取締役会で使用するwebシステムが、出席者の音声が即時に他の出席者に伝わり、情報伝達の双方向性及び即時性が確保されて

いることを確認した上で、上記のとおりの役員の出席があり、本取締役会は適法に成立した旨を説明し、開会を宣し、直ちに議事に入った。
議事の経過の要領及びその結果

(中略)

　以上をもって、本日の議事が終了したので、議長は閉会を宣した。
　上記の経過の要領及びその結果を明確にするため、本議事録を作成し、出席取締役及び監査役の全員がこれに記名押印する。
　令和○年○月○日

○○株式会社　取締役会
代表取締役　○○○○　印
取　締　役　○○○○　印
取　締　役　○○○○　印
取　締　役　○○○○　印
監　査　役　○○○○　印
監　査　役　○○○○　印

　なお、決議の省略により、決議があったものとみなされた場合も、議事録を作成しなければなりません（会社則101④一）。この場合に、商業登記法46条3項の規定により、実際に開催された場合に添付を要求される議事録の代わりに添付すべき決議があったものとみなされた場合に該当することを証する書面は、この議事録を添付します。
　記載事項の概要は以下のとおりです。

①　決議があったものとみなされた事項の内容
②　提案をした取締役の氏名
③　決議があったものとみなされた日
④　議事録の作成に係る職務を行った取締役の氏名

　議事録のサンプルは以下のとおりです。

総　論（1～9）

取締役会議事録

決議があったものとみなされた事項の内容

（中略）

決議があったものとみなされた事項の提案者
　代表取締役　〇〇〇〇
決議があったものとみなされた日　令和〇年〇月〇日

　令和〇年〇月〇日付けで、代表取締役〇〇〇〇が取締役及び監査役の全員に対して上記提案について提案書を発し、当該提案につき、令和〇年〇月〇日までに取締役全員から書面により同意の意思表示を得、監査役からは異議がない旨の意思表示を得たので、会社法第370条に基づき、当該提案を可決する旨の取締役会の決議があったものとみなされた。
　以上のとおり、取締役会の決議の省略を行ったので、取締役会の決議があったものとみなされた事項を明確にするため、本議事録を作成し、議事録作成者が次に記名押印する。
　令和〇年〇月〇日
　　　　　〇〇株式会社　取締役会
　　　　　　議事録作成者　代表取締役　〇〇〇〇　印（注）

（注）　取締役会を現実に開催した場合は、会社法上、出席取締役及び監査役は、取締役会の議事録に署名し、又は記名押印をする義務を負いますが、決議を省略した場合は、出席取締役及び監査役が存在しないため、押印の義務はないものと解釈されています。ただし、代表取締役の選定を行った場合には、変更前の代表取締役が登記所に提出している印鑑を押印した場合を除き、決議に同意した取締役全員の押印とそれに対応する印鑑証明書の添付が必要です。なお、この議事録への押印に代え、議事録作成者の記名のある取締役会議事録及び取締役全員の同意書（押印のあるもの）及び印鑑証明書を併せて添付することも

許容されます（松井信憲『商業登記ハンドブック〔第4版〕』177頁（商事法務、2021））。

エ　取締役の決定（互選を含む。）

（ア）　権　限

取締役は会社の業務執行機関であり、取締役が2人以上ある場合には、会社の業務は、定款に別段の定めがある場合を除き、取締役の過半数で決定します（会社348①②）。

また、定款に、代表取締役の選定を取締役の互選による旨を定めた場合、代表取締役は、この定めに基づき、取締役の互選で決定します。

（イ）　成立要件

定款に別段の定めがある場合を除き、取締役総数の過半数で決定します。会議体で行う必要はなく、書面による決定等も可能です。この場合でも、取締役の過半数の同意で成立します。別段の定めとしては、例えば、会議体による決議をしなければならないとすることも可能です。ただし、取締役の3分の1以上の賛成により決する等、相反する決定が成立するような定め方は、合理性を欠き、無効だと考えられます（相澤哲ほか編『論点解説　新・会社法　千問の道標』356頁（商事法務、2006））。

また、互選とは多数決の意味であり（大判大6・8・11民録23・1191）、定款に別段の定めがなければ取締役の過半数により決定します。

（ウ）　取締役の決定書

会社法上、取締役が決定を行った場合でも、議事録に相当するものの作成義務はありません。しかし、商業登記申請においては、登記すべき事項につき、ある取締役の一致を要するときは、その一致を証する書面を添付しなければならないとされており、適宜の内容で作成する必要があります。

なお、決定書は、取締役会議事録に準ずるものとして、取締役の記

名又は署名押印が必要だと解され（令3・1・29民商10）、一定数の一致を証する書面であることから、必要数の取締役の署名又は記名押印が必要だと解されています（松井・前掲181頁）。

なお、任意に会議体で決定を行った場合に、取締役会議事録という名称で決定を証する書面を作成した場合であっても、以上の要件を満たしている限り、ある取締役の一致を証する書面として扱うことができるものと考えられます。

決定書のサンプルは以下のとおりです。

取締役決定書

　令和○年○月○日、取締役全員の一致により、以下の事項を決定した。

決定事項

（中略）

以上の決定を証するため、取締役全員が、以下に記名押印する。

　令和○年○月○日

　　　　　　　　　　　　　　○○株式会社
　　　　　　　　　　　　　　代表取締役　○○○○　印
　　　　　　　　　　　　　　取　締　役　○○○○　印
　　　　　　　　　　　　　　取　締　役　○○○○　印
　　　　　　　　　　　　　　取　締　役　○○○○　印

オ　総株主の同意

（ア）　決定事項等

会社法の手続の中には、総株主の同意や、株主全員の同意を要する

場合があります。株式会社が持分会社に組織変更をする場合の組織変更計画についての承認（会社776①）や、定款を変更してその発行する株式の内容として全部取得条項（会社107①三）を設ける場合の、定款の変更の手続等です。

また、明文の規定はありませんが、発行済株式の一部を他の種類の株式に変更する場合、変更に応ずる株主との合意と同一種類に属する他の株主の全員の同意が必要です。

　（イ）　同意を証する書面等

登記すべき事項につき株主全員の同意を要するときとして、その同意があったことを証する書面が必要です。この書面は、全員の同意書のほか、1枚の同意を証する書面に、作成者として、株主全員の記名があるもの、あるいは、株主総会議事録に全員の同意があったことが記載されている場合も、同意があったことを証する書面として認められます。

なお、登記すべき事項につき、株主全員の同意を要する場合であるため、株主リストが必要です。株主リストのサンプルは、前記ア（オ）をご参照ください。

（2）　持分会社

ア　総社員の同意・他の社員全員の同意

　（ア）　決定事項

持分会社においては、一定の手続等を行う場合、原則として、総社員の同意が必要です。定款の変更（会社637）や解散（会社641三）、法定退社のうちの総社員の同意による場合（会社607①二）等です。また、持分を譲渡する場合（会社585①）や正当な事由がある場合の業務執行社員の解任（会社591⑤）には、原則として他の社員全員の同意（一致）が必要だとされています。

（イ） 決定方法

会議体による必要はなく、必要な同意等がそろうことにより効力が生じます。

（ウ） 決定を証する書面

登記すべき事項につき、ある社員の一致を要するときとして、その同意があったことを証する書面が必要です。会社法上の規定はなく、任意の書面で足ります。全員の同意書のほか、１枚の同意を証する書面に必要な社員全員の作成者としての記名があるもの（合名会社、合資会社は社員が登記事項であるため、問題となりませんが、合同会社の場合は、社員全員であることを示すため、定款を添付するか、社員全員が同意した旨が分かる記載が必要だと考えられます。）等が、同意があったことを証する書面として認められます。なお、会社法上の署名又は押印の義務はなく、登記手続上、署名、押印の有無は、審査を要しないものとされています。

同意書のサンプルは次のとおりです。

総社員の同意書

決定事項

（略）

社員全員である○○○○、○○○○及び○○○○は、以上の事項に同意する。

令和○年○月○日

合同会社○○

代表社員　○○○○

社　　員　○○○○

社　　員　○○○○

イ　（業務執行）社員の決定書

（ア）　決定事項

持分会社においては、原則として、（業務執行）社員の過半数の一致が必要となる手続があります。業務の決定（会社590・591）や、定款で代表社員を互選で定める旨を規定した場合の互選手続（会社599③）です。また、利益相反取引の承認は、対象となる社員以外の社員の過半数の承認が必要とされています（会社595①）。

（イ）　決定方法

会議体による必要はなく、必要な同意等がそろうことにより効力が生じます。

（ウ）　決定を証する書面

登記すべき事項につきある社員の一致を要するときとして、その同意があったことを証する書面が必要です。会社法上の規定はなく、任意の書面で足ります。対象社員の同意書のほか、１枚の同意を証する書面に必要な社員全員の記名があるもの（業務執行社員の決定の場合、合同会社は業務執行社員が登記事項であるため、問題となりません。合名会社、合資会社については、業務執行社員は登記事項ではないため、同意書面から必要な業務執行社員の同意があったことが分かる記載が必要だと考えられます。）等が、同意があったことを証する書面として認められます。なお、会社法上の署名又は押印の義務はなく、登記手続上、署名、押印の有無は、審査を要しないものとされています。

決定書のサンプルは次のとおりです。

業務執行社員の決定書

　決定事項

（中略）

業務執行社員○名中○名の同意があったため、この決定は有効に成立した。その成立を証するため、業務執行社員全員がこの書面に記名押印する。
　令和○年○月○日

　　　　　　　　　　　　　　　　合同会社○○
　　　　　　　　　　　　　　　　　代表社員　　○○○○
　　　　　　　　　　　　　　　　　業務執行社員　○○○○
　　　　　　　　　　　　　　　　　業務執行社員　○○○○

総　論（ 1 ～ 9 ）　　27

第2　電磁的記録による添付書面

4　押印と電子署名の対応関係

　登記の添付書面は、書面の代わりに電子データを作成して提出することができます。ただし、登記の添付書面として利用する電子データには、一定の電子証明書が付された電子署名を行う必要があります（商登19の2、商登則36・102③④⑤）。今のところあまり普及していないようですので、「電子」と聞くと分かりにくいかもしれませんが、押印や印章、印鑑証明書との比較で考えると、さほど難しくはないと思います。

　電子署名に対応するのは書面の場合の「押印」です。また、電子証明書に対応するのは「印鑑証明書」あるいは「印鑑（印章）」と考えることができます。

　書面の場合の印鑑（印章）と電子証明書の対応関係は、おおむね下表のとおりとなっています。

印　章	対応する電子証明書
個人の実印	公的個人認証サービス電子証明書（①）
	特定認証業務電子証明書（②） ただし、住所・氏名が確認できるものに限ります。
会社の届出印	商業登記電子証明書（③）
	①
	②　ただし、住所・氏名が確認できるものに限ります。 （登記申請の委任状については、住所・氏名・出生の年月日が確認できるものに限ります。）
個人の認印	その他の電子証明書（④）
	①
	②　ただし、住所・氏名が確認できるものに限ります。

（1）　公的個人認証サービス電子証明書（商登則36④一ロ・102③二）

　公的個人認証サービス電子証明書は、住民基本台帳に記録されている個人を対象として地方公共団体情報システム機構（J-LIS）が発行するもので、マイナンバーカードのICチップに格納されています。電子証明書には、個人の基本4情報（氏名、住所、性別、生年月日）が登録されていますので、この証明書を利用した電子署名によって、本人確認を行うことが可能です。

　マイナンバーカードを取得する際は、使用者の住所地の市区町村に対して請求を行い、かつ、カード交付の際は本人が交付場所に出向き顔写真との照合が行われますので、もっとも信頼性の高い電子証明書といえるでしょう。

　したがって、登記の添付書面を電子化する際は、個人の実印に対応することはもとより、会社の届出印にも対応した電子証明書となっています。

（2）　特定認証業務電子証明書（商登則36④一ハ・102③三）

　電子署名及び認証業務に関する法律8条に規定する認定認証事業者が作成した電子証明書（電子署名及び認証業務に関する法律施行規則4条1号に規定する電子証明書をいいます。）その他の電子証明書であって、氏名、住所、出生の年月日その他の事項により当該措置を講じた者を確認することができるものとして法務大臣の定める電子証明書です。

　電子証明書発行申請時には、認証事業者が利用者の印鑑証明書を提出させる等、厳格な本人確認を行っていますので、信頼性の高い電子証明書といえます。

　ただし、電子証明書に記録される情報は一律ではなく、登記の際に実印相当の電子証明書として利用するためには、氏名及び住所が記録されている必要がありますのでご注意ください。

総　論（1〜9）

（3）　**商業登記電子証明書**（商登則36④一イ・102③一）

　法務省が運営する電子認証登記所において、法人の登記情報に基づいて登記された代表者を対象として発行される電子証明書です。代表者を登記する際は本人確認を行っており、電子証明書の発行請求の際も、発行申請書には会社の届出印を押印する（又はマイナンバーカードで電子署名する）必要がありますので、こちらも信頼性の高い電子証明書となっています。

（4）　**その他の電子証明書**

　いわゆる「電子契約サービス」を利用する電子証明書のうち、法務大臣の定めるものです。具体的には法務省のホームページに公開されています（https://www.moj.go.jp/MINJI/minji71.html,（2024.11.6））。

　電子契約サービスには、①利用者の指示に基づきサービス提供事業者の電子証明書を利用して当該事業者が電子署名をする「立会人型（事業者型）」と、②利用者自身の電子証明書を利用してクラウド上で電子署名する「当事者型」があります。このうち、①の立会人型の電子契約サービスについては、電子署名をするための特別な環境設定の必要がなく、電子署名のための操作も簡単に行うことができるため、容易に導入することが可能です。ただし、基本的に利用者の本人確認を行いませんので、いわゆる認印に対応した電子証明書となっています。

　以上のように、基本的に電子証明書は実印・認印と対応していますが、異なる点があります。

①　書面により提出する場合には押印が不要とされる添付書面についても、電子データで提出する場合には上記のいずれかの電子証明書が付された電子署名をする必要があります（商登則36③・102②）。電子データは書面と比較して改ざんの痕跡を判別することが困難であることが理由だとされています（青山琢磨＝服部直樹「令和３年改正商業登記規則等に基づく商業・法人登記事務の取扱いについて」登記研究882号26頁（2021））。

30　　　　　　　　総　論　(1〜9)

②　マイナンバーカードの電子証明書は、万能な電子証明書と考えて
　いただいて結構です。個人の実印だけでなく、会社の届出印の代わ
　りにも利用できます。例えば、代表取締役を選定した取締役会議事
　録に代表取締役がマイナンバーカードで電子署名をすれば、他の取
　締役及び監査役は、認印に対応する電子証明書が付された電子署名
　をすれば足りることになります。おそらくこの点が一番理解し難い
　点ではないかと思います。
　　添付書面の電子化は、今後普及していくことが想定されますので、
　「百聞は一見に如かず」ということで、まずはインターネット版官報
　などを利用してみることをお勧めいたします。

5　電磁的記録と添付書面情報

　　電子化された添付書面（電子署名付）を、CD-RやUSBメモリなどの
　電子記録媒体に格納して登記所に提出する場合の各データは「電磁的
　記録」と呼ばれています（商登則36）。
　　書面申請の場合だけでなく、オンライン申請の際に、電子化された
　添付書面データを別途登記所に提出する場合の添付書面も、「電磁的
　記録」ということになります（商登19の2、商登則36・102②ただし書）。
　　一方、所定の電子署名がされた添付書面データを申請用総合ソフト
　で作成した登記申請書に添付し、申請書と共にオンラインで送信する
　場合の添付書面データを「添付書面情報」と呼びます（商登則102②）。
　こちらはオンライン申請の場合の特則で、書面申請には適用されませ
　ん。
　　別々に定義されているのはなぜかというと、令和3年2月15日施行
　の商業登記規則の改正前は、登記に利用できる「法務大臣の指定する

総　論（1～9）　31

電子証明書」（商登則36④一ハ・二ハ・102③三・④二・⑤）（法務省のホームページで公開されています。）は、電磁的記録の場合と添付書面情報の場合とで異なっていたからだと思われます。もっとも、現在は共通の電子証明書とされていますので、どちらに該当するかという点は、さほど気にする必要はないでしょう。

6　オンラインによる印鑑提出

印鑑届書については、登記の添付書面ではありませんが、実務上は添付書面と同様に、重要な書面となっています（16参照）。

登記の添付書面については、基本的には電子化することが可能となっていますが、オンラインによる印鑑の提出も、令和3年の商業登記規則改正により可能とされました（商登則101①二）。このことによって、「完全オンライン申請」、つまり、紙を一切使用しない登記申請が可能になっています。

ただし、オンラインによる印鑑の提出（及び印鑑の廃止の届出）は、オンラインでの登記申請と同時に行う場合にのみ認められており、オンラインによる印鑑の提出を単独で行うことや、オンラインでの登記申請とは別に印鑑届書の電子データを電子記録媒体に格納して提出することはできません。

したがって、登記申請とは別に改印をする場合や、廃印をする場合には、従来どおり書面で行うことになります。

なお、印鑑カードの交付申請に関しては、オンラインによって行うことはできません。

オンラインによる印鑑の提出方法に関しては、法務省のホームページに詳しく解説されていますので、そちらをご参照ください（https://www.moj.go.jp/MINJI/minji06_00072.html,（2024.11.6））。

32　　　　　　　　総　論（ 1 ～ 9 ）

7 電子証明書の有効期限が切れた場合の取扱い

　電子証明書のデメリットとして「有効期限」というものがあります。電子証明書にはそれぞれ「有効期限」が設定されていて、有効期限が切れた電子証明書は、有効性の検証ができなくなってしまう（電子証明書としては利用ができない）のです。

　紙で作成された添付書面であれば、事後、物理的に消滅することはありませんが、電子証明書の場合は、有効期限が切れてしまえば、紙でいうところの「印鑑照合」ができない（電子署名した時点で有効だったかどうかの確認ができない）、ということになります。

　よくあるケースとしては、代表取締役を選定した取締役会議事録に商業登記電子署名（商登則36④二イ・102③一）をし、その時点では電子証明書の有効期限内であったものの、登記申請の時点では有効期限が切れていたというものです。このようなケースはどのように取り扱われるかというと、以下のようになっています。

　委任状情報（申請書情報）については、登記申請の受付時において当該電子証明書が存在せず、若しくは有効期限が切れ、失効し、又は保留（ただし、登記事項に変更を生ずべき登記の申請を受け付けたことによる場合は除きます。）されていたことが確認された場合は、商業登記法24条8号に該当し、当該申請は却下されます（平24・3・30民商886）。委任状以外の添付書面情報は、電子署名を付したデータの作成時において電子証明書が有効であれば足りるとされていますので、登記申請時点で有効期限が切れていても却下の対象にはなりません。

　また、電子証明書によっては、過去のある時点における有効性の確認ができない場合もありますが、当該電子署名を付したデータの作成時において当該電子証明書が有効でないことを明確に推認することが

できるときを除き、当該電子署名は有効にされたものとして取り扱われることになっています。

　したがって、登記の申請時点において、取締役会議事録に付された商業登記電子証明書の有効期限が切れていても、当該取締役会議事録は有効な添付書面情報として取り扱われることとなります。

8　インターネット版官報の利用方法

　本書には、「公告をしたことを証する書面」として、「官報」が登記の添付書面となるものがいくつかあります。

　その場合、印刷物である官報の該当頁の謄本を添付し、官報自体は原本還付する方法で添付することが多かったのではないかと思いますが、2023年1月27日の閣議了解により、インターネット版官報（無料（https://kanpou.npb.go.jp,（2024.11.6））・有料サービスいずれも可）が登記申請に利用できるようになりました（https://www.moj.go.jp/MINJI/minji60.html#05,（2024.11.6））。

　登記申請の際の添付書面（公告をしたことを証する書面）として法務局に提出する場合には、あらかじめ、①官報に掲載された公告の掲載日、本紙・号外の号数、頁数を確認し、②上記のホームページの該当頁をダウンロードして適宜の場所（デスクトップなど）に保存します。③念のため、有効性の確認も行ってください（ダウンロードしたPDFファイルを開くと自動的に有効性が検証され「署名済みであり、すべての署名が有効です。」というメッセージが表示されます。）。④有効性について、さらに詳細に確認するなら、「署名パネルをクリック」→「バージョン1の＋マークをクリック」→「署名の詳細のプラスマークをクリック」→「「理由」の下の行の証明書の詳細をクリック」→

「証明書ビューアの「詳細」タブをクリック」→「発行者をクリック」
→「cn=SECOM Passport for Member PUB CA8」となっていること
を確認します。

このデータを①申請用総合ソフトに添付して、オンラインで登記申
請するか、あるいは、②CD－Rなどの電子記録媒体に記録して、当該
電子記録媒体を登記所に提出していただければ結構です。紙の場合
は、該当箇所を赤枠で囲う等の処理をしますが、電子署名されたデー
タを加工してしまうと、改ざんされたデータであるとして受理されま
せんので、そのまま提出することになります。

また、インターネット版官報（無料版）の掲載は、掲載日から90日
間となっていますので、ご注意ください。

添付書面を電子データで提出する場合、電子署名をすることが難点
だと思われますが、インターネット版官報に関しては、電子署名済の
データをダウンロードするだけですから、とても簡単に利用できるの
ではないかと思います。

なお、「官報の発行に関する法律」及び「官報の発行に関する法律の
施行に伴う関係法律の整備に関する法律」が、令和5年12月6日に成
立し、同年12月13日に公布されました（一部の規定を除き、令和7年
4月1日から施行）。「官報」は、明治16年の創刊以来、紙の印刷物と
して発行されてきましたが、今後はインターネットを利用して電子的
に発行することとなります。

9　押印と電子署名を併用した取締役会議事録

取締役会議事録には、出席取締役及び出席監査役が記名押印しなけ
ればなりません（会社369③）。令和3年の先例（令3・1・29民商10）にお

いては、添付書面の押印の見直しが行われましたが、取締役会議事録に関しては、従前どおりとなっています。そこで、議事録を電子化したいと希望する会社が増えてきました。コロナ禍では、取締役会はWEB会議で行われていましたので、取締役や監査役が開催場所に存しないことが多く、書面への押印には相当の時間がかかります。これに対し、議事録を電子化すれば、メールのやり取りで電子署名ができ、時間短縮できるからです。

　ただし、代表取締役を選定した取締役会議事録については、通常、商業登記電子証明書による電子署名と電子契約サービスを利用した電子署名を併用する必要がありますので（4 参照）、他の添付書面を電子化するよりもハードルが高くなります。そのため、①書面で作成した取締役会議事録に一部の取締役が押印し、これをPDFデータに変換して残りの取締役が電子署名を付したものや、②書面で作成した取締役会議事録には一部の取締役が押印し、残りの取締役はPDFデータに電子署名したものを併せて添付する方法が認められるか、という点が問題になります。

　取締役会議事録については、1通に出席役員全員が記名押印しなければなりません（昭36・5・1民事四発81）。よって、上記②の方法は認められません。また、取締役会議事録を電子化する場合は、作成者全員が所定の電子署名を行う必要がありますので（商登則36③・102②）、書面か電子データ、どちらかに統一して作成しなければなりません。よって、上記①の方法も適法ではないと考えられます。

第1章　株式会社

第1　設　立

10　取締役会設置会社を発起設立する場合

☑**定款**（商登47②一）

> Memo.　公証人の認証を受けた定款を添付します。電子定款の場合には、定款の謄本に相当するものとして、指定公証人から提供された当該電子定款の内容を証する書面を添付書面とすることもできます（公証62ノ7③二・④）。

> Memo.　①裁判所が変態設立事項について変更決定をした場合（会社33⑦⑨）、②発行可能株式総数の定めを設け、又は変更する場合（会社37①②）を除き、公証人の認証を受けた定款を変更した場合、変更に係る事項を明らかにし、発起人が署名又は記名押印した書面に公証人の認証を受けたときは、変更後の定款による設立の登記の申請は受理して差し支えないものとされています（平18・3・31民商782、昭32・8・30民事甲1661）。

☑**発起人全員の同意を証する書面**（商登47③）

以下を発起人全員の同意により定めた場合、必要です。

① 発起人が割当てを受ける設立時発行株式の数及び設立時発行株式と引換えに払い込む金銭の額

② 成立後の株式会社の資本金及び資本準備金の額に関する事項

③ 発行可能株式総数

④ 種類株式の内容

> Memo.　設立時発行株式が種類株式であり、定款で、種類株式の内容の要綱を定めたときに必要です（会社32）。

☑**発起人の過半数の一致があったことを証する書面**（商登47③）

以下を発起人の過半数の一致により定めた場合、必要です。

第1章　株式会社　（ 10 ～ 94 ）　　　37

① 設立時役員等

② 本店の具体的な所在場所

③ 支店を置く場合には、その具体的な所在場所

④ 株主名簿管理人を置く場合には、その選任

⑤ 支配人を置く場合には、その選任

⑥ 定款に、発起人の決定により設立時代表取締役を選定する旨の規定がある場合における設立時代表取締役

⑦ 特別取締役による議決の定め及び特別取締役

> Memo.　上記①については、発起人の議決権の過半数をもって決定する旨の明文の規定がありますが（会社40①）、上記②から⑦までは明文の規定がなく、議決権によるのか、頭数によるのか、疑義があります（平18・3・31民商782、相澤哲ほか編『論点解説　新・会社法　千問の道標』15頁（商事法務、2006））。解釈の困難な問題のため、いずれの基準によっても瑕疵のない手続をとることが望まれます（松井信憲『商業登記ハンドブック』〔第4版〕86頁（商事法務、2021））。

☑官庁の許可書又はその認証がある謄本（商登19）

> Memo.　設立につき官庁の許可を要する場合、必要です。

☑株式の引受け等に関する書面

① 定款

② 発起人全員の同意を証する書面

> Memo.　設立時発行株式に関する事項（会社32①）を定めた上記①又は②が該当します。

☑変態設立事項に関する書面

① 検査役又は設立時取締役（監査役設置会社の場合には、設立時取締役及び設立時監査役）の調査報告書及びその附属書類（商登47②三イ）⇨◆記載例1

> Memo.　定款に変態設立事項の定めがある場合、必要です。検査役

が選任されている場合には検査役の調査報告書を、検査役が選任されていない場合には設立時取締役等の調査報告書を添付します。

> Memo. 現物出資財産等について定款に記載された価額の総額が500万円以下の場合、検査役の調査は不要です。

② 有価証券の市場価格を証する書面（商登47②三ロ）

> Memo. 現物出資財産等のうち、市場価格のある有価証券について定款に記載された価額が市場価格以下であり検査役の検査を要しない場合、添付します。

> Memo. 証券取引所の発行する証券取引所日報や新聞等が該当します（平2・12・25民四5666）。

③ 弁護士等の証明書及びその附属書類（商登47②三ハ）

> Memo. 現物出資財産等について定款に記載された価額が相当であることについて、弁護士等の証明を受けたことにより検査役の調査を要しない場合、添付します。

> Memo. 現物出資財産等が不動産の場合、上記③に加え、不動産鑑定士の鑑定評価書及びその附属書類も添付します。

④ 検査役の報告に関する裁判の謄本（商登47②四）

> Memo. 検査役の報告に基づいて変態設立事項を変更する裁判所の決定があった場合、必要です。

☑払込みがあったことを証する書面（商登47②五）⇨ ◆記載例2
　以下の①又は②が該当します。

① 払込取扱機関の作成した払込金受入証明書

② 設立時代表取締役又は設立時代表執行役の作成に係る払込取扱機関に払い込まれた金額を証する書面に、以下いずれかを合綴したもの

・払込取扱機関における口座の預金通帳の写し

・取引明細表その他の払込取扱機関が作成した書面

第1章　株式会社　（ 10 ～ 94 ）　39

> **Memo.**　預金通帳の口座名義人は、発起人のほか、設立時取締役で
> あっても差し支えありません。また、登記の申請書の添付書
> 面の記載から、発起人及び設立時取締役の全員が日本国内に
> 住所を有していないことが明らかである場合には、預金通帳
> の口座名義人は、発起人及び設立時取締役以外の第三者でも
> 差し支えありません。これらの場合には、発起人が当該設立
> 時取締役又は当該第三者に対して払込金の受領権限を委任し
> たことを明らかにする書面を併せて添付します（平29・3・17
> 民商41）。

> **Memo.**　口座に一定の残高を有していることを示す預金通帳では足
> りず、「入金」「振込入金」等の原因により口座に金員が払い
> 込まれたことが明らかになっている必要があります（松井・前
> 掲111頁）。

> **Memo.**　設立時発行株式に関する事項が定められている定款の作成
> 日又は発起人全員の同意を証する書面に記載された同意日よ
> り前に払込みがあった場合でも、発起人又は設立時取締役の
> 口座に払い込まれているなど、当該設立に際して出資された
> ものと認められるものであれば、差し支えありません（令4・
> 6・13民商286）。

☑**資本金の額の計上を証する書面**（商登則61⑨）▷◆記載例3

> **Memo.**　出資に係る財産が金銭のみである場合は、不要です。

☑**設立時取締役に関する書面**

> **Memo.**　監査等委員会設置会社を設立する場合には、設立時監査等
> 委員である設立時取締役とそれ以外の設立時取締役とを区別
> して選任します。

> **Memo.**　設立時取締役が未成年者や成年被後見人の場合の添付書面
> については 12 をご参照ください。

① 定款

② 発起人の過半数の一致があったことを証する書面

> **Memo.**　選任を証する書面として、上記①又は②を添付します。

③ 就任承諾書（商登47②十）

④ 本人確認証明書（商登則61⑦）

> Memo. 印鑑証明書が添付書面となる者については不要です。

☑設立時代表取締役に関する書面

> Memo. 代表取締役等住所非表示措置の申出を併せて行う場合の添付書面については、 37 をご参照ください。

① 設立時取締役の過半数の一致があったことを証する書面（商登47②七）

② 定款

③ 発起人の過半数の一致があったことを証する書面

> Memo. 選定を証する書面として、上記①から③までのいずれかを添付します。③の場合、定款に、発起人の決定により設立時代表取締役を選定する旨の規定が必要です。

④ 就任承諾書（商登47②十）

⑤ 印鑑証明書（商登則61④⑤）

> Memo. 就任承諾書に押印した印鑑につき市町村長の作成した印鑑証明書を添付します。

☑設立時執行役、設立時委員、設立時代表執行役に関する書面

① 設立時取締役の過半数の一致があったことを証する書面（商登47②八）

> Memo. 設立時執行役の選任、設立時委員及び設立時代表執行役の選定を証する書面として添付します。

② 就任承諾書（商登47②十）

> Memo. 設立時執行役、設立時委員、設立時代表執行役それぞれの就任承諾書を添付します。

③ 印鑑証明書（商登則61④⑤）

> Memo. 設立時代表執行役の就任承諾書に押印した印鑑につき市町村長の作成した印鑑証明書を添付します。

④　本人確認証明書（商登則61⑦）

> **Memo.**　設立時執行役について添付します。印鑑証明書が添付書面となる者については不要です。

☑特別取締役に関する書面

①　定款

②　発起人の過半数の一致があったことを証する書面

> **Memo.**　選定を証する書面として、上記①又は②を添付します。

③　就任承諾書（商登47②十二）

☑設立時会計参与に関する書面

①　定款

②　発起人の過半数の一致があったことを証する書面

> **Memo.**　選任を証する書面として、上記①又は②を添付します。

③　就任承諾書（商登47②十一イ）

④　登記事項証明書（商登47②十一ロ）

> **Memo.**　法人の場合に添付します。代表者事項証明書でも差し支えありません。なお、当該登記所の管轄区域内に当該法人の主たる事務所がある場合又は申請書に会社法人等番号を記載した場合には、不要です。

⑤　日本公認会計士協会又は日本税理士会連合会の資格証明書（商登47②十一ハ）

> **Memo.**　自然人の場合に添付します。

☑設立時監査役に関する書面

①　定款

②　発起人の過半数の一致があったことを証する書面

> **Memo.**　選任を証する書面として、上記①又は②を添付します。

③　就任承諾書（商登47②十）

④　本人確認証明書（商登則61⑦）

42　　第1章　株式会社　（ 10 ～ 94 ）

☑設立時会計監査人に関する書面

　①　定款

　②　発起人の過半数の一致があったことを証する書面

　　Memo.　　選任を証する書面として、上記①又は②を添付します。

　③　就任承諾書（商登47②十一イ）

　④　登記事項証明書（商登47②十一ロ）

　　Memo.　　上記「☑設立時会計参与に関する書面」④をご参照ください。

　⑤　日本公認会計士協会の資格証明書（商登47②十一ハ）

　　Memo.　　自然人の場合に添付します。

☑株主名簿管理人に関する書面

　①　発起人の過半数の一致があったことを証する書面

　　Memo.　　選任を証する書面として添付します。

　②　株主名簿管理人との契約を証する書面（商登47②六）

☑委任状（商登18）

☑印鑑届書（商登則9）

　　Memo.　 16 をご参照ください。

☑印鑑カード交付申請書（商登則9の4）

　　Memo.　 16 をご参照ください。

　Memo.　　発起人の過半数の一致があったことを証する書面について、決定要件は、上記「☑発起人の過半数の一致があったことを証する書面」のMemo.をご参照ください。

　Memo.　　設立時役員等及び設立時執行役につき、旧氏の記録の申出を併せて行う場合の添付書面については、 37 をご参照ください。

　Memo.　　本人確認証明書の具体的な内容は 12 をご参照ください。

第1章　株式会社　（ 10 ～ 94 ）　　　43

Memo.　定款で発起人自身を設立時役員等に定めた場合で、当該定款に発起人の記名押印があるときは、これを就任承諾書に代わるものとして取り扱うことができます。

Memo.　発起人の過半数の一致があったことを証する書面又は設立時取締役の過半数の一致があったことを証する書面に、被選任者の氏名及び就任を承諾した旨の記載があるときは、これらを就任承諾書に代わるものとして取り扱うことができます。選任に関する書面と就任承諾に関する書面を別々に作成しなければならないと解する必要はなく、被選任者が選任に関する書面に就任を承諾した旨の記載をし、記名をしていれば、就任承諾書として取り扱って差し支えないと考えられるからです（吉戒修一「改正商法の施行に伴う商業登記上の問題点」登記研究530号49頁（1992））。ただし、設立時取締役、設立時監査役、設立時執行役の就任承諾書として援用する場合には、当該設立時取締役等の住所の記載も必要です。また、設立時代表取締役又は設立時代表執行役の就任承諾書として援用する場合には、当該設立時代表取締役等が市町村長の作成した印鑑証明書と同一の印鑑を押印している必要があります。

◆記載例1　取締役の調査報告書

調査報告書
　令和○年○月○日株式会社○○（設立中）の取締役に選任されたので、会社法第46条の規定に基づいて調査をした。その結果は次のとおりである。
調査事項
1．定款に記載された現物出資財産の価額に関する事項（会社法第33条第10項第1号及び第2号に該当する事項）
　　定款に定めた現物出資をする者は発起人○○○○であり、出資の目的たる財産、その価額並びにこれに対し割り当てる設立時発行株式の種類及び数は下記のとおりである。

（1）　○県○市○町○番○号　宅地　○○m²

定款に記載された価額　金○万円

これに対し割り当てる設立時発行株式　普通株式　○株

（2）　○○株式会社普通株式　○株

価額　金○万円

これに対し割り当てる設立時発行株式　普通株式　○株

①　上記（1）については、時価金○万円と見積もられるべきところ、定款に記載した評価価額はその約4分の3の金○万円であり、これに対し割り当てる設立時発行株式の数は○株であることから、当該定款の定めは正当なものと認める。

②　上記（2）につき、当該有価証券の価額は、時価○万円以上であり、当該定款の定める価額は相当であることを認める。

（3）　○県○市○町○番○号　宅地　○○m²

定款に記載された価額　金○万円

これに対し割り当てる設立時発行株式　普通株式　○株

会社法第33条第10項第3号の規定に基づく弁護士の証明書及び不動産鑑定士の鑑定評価書を受領しており、これを調査した結果、正当であることを認める。

2．発起人○○○○の引受けに係る○株について、令和○年○月○日現物出資の目的たる財産の給付があったことは、別紙財産引継書により認める。

3．令和○年○月○日までに払込みが完了していることは発起人○○○○名義の預金通帳（○○銀行○○支店普通預金口座○○）により認める。

4．上記事項以外の設立に関する手続が法令又は定款に違反していないことを認める。

上記のとおり会社法の規定に従い報告する。

令和○年○月○日

株式会社○○

設立時取締役　○○○○

同　　○○○○

第1章　株式会社　（ 10 ～ 94 ）　　　45

◆記載例2　払込みがあったことを証する書面

払込みがあったことを証する書面

　当会社の設立時発行株式につき、次のとおり払込金額全額の払込みが
あったことを証明します。

　　　払込みがあった金額の総額　　　金○○万円
　　　払込みがあった株式数　　　　　○株
　　　1株の払込金額　　　　　　　　金○万円

　　令和○年○月○日

　　　　　　　　　　　　　　　　株式会社○○
　　　　　　　　　　　　　　　　　設立時代表取締役　○○○○

◆記載例3　資本金の額の計上を証する書面

資本金の額の計上に関する証明書

①　払込みを受けた金銭の額（会社計算規則第43条第1項第1号）
　　金○万円
②　給付を受けた金銭以外の財産の給付があった日における当該財産の
　　価額（会社計算規則第43条第1項第2号）
　　金○万円
③　①+②　金○○万円

　　資本金の額○○万円は、会社法第445条及び会社計算規則第43条の規
定に従って計上されたことに相違ないことを証明する。

　　令和○年○月○日

　　　　　　　　　　　　　　　　株式会社○○
　　　　　　　　　　　　　　　　　設立時代表取締役　○○○○

11　非取締役会設置会社を発起設立する場合

☑定款（商登47②一）

> Memo.　10 をご参照ください。

☑発起人全員の同意を証する書面（商登47③）

> Memo.　10 をご参照ください。

☑発起人の過半数の一致があったことを証する書面（商登47③）

以下を発起人の過半数の一致により定めた場合、必要です。

① 設立時役員等

② 設立時代表取締役

③ 本店の具体的な所在場所

④ 支店を置く場合には、その具体的な所在場所

⑤ 株主名簿管理人を置く場合には、その選任

⑥ 支配人を置く場合には、その選任

> Memo.　上記①については、発起人の議決権の過半数をもって決定する旨の明文の規定がありますが（会社40①）、上記②から⑥までは明文の規定がなく、議決権によるのか、頭数によるのか、疑義があります（平18・3・31民商782、相澤哲ほか編『論点解説 新・会社法 千問の道標』15頁（商事法務、2006））。解釈の困難な問題のため、いずれの基準によっても瑕疵のない手続をとることが望まれます（松井信憲『商業登記ハンドブック』〔第4版〕86頁（商事法務、2021））。

☑官庁の許可書又はその認証がある謄本（商登19）

> Memo.　設立につき官庁の許可を要する場合、必要です。

☑株式の引受け等に関する書面

> Memo.　10 をご参照ください。

☑変態設立事項に関する書面

> Memo.　10 をご参照ください。

第1章　株式会社　（ 10 ～ 94 ）　　　47

☑払込みがあったことを証する書面（商登47②五）

> Memo. 　 10 をご参照ください。

☑資本金の額の計上を証する書面（商登則61⑨）

> Memo. 　 出資に係る財産が金銭のみである場合は、不要です。

☑設立時取締役に関する書面

> Memo. 　 設立時取締役が未成年者や成年被後見人の場合の添付書面
> については 12 をご参照ください。

①　定款

②　発起人の過半数の一致があったことを証する書面

> Memo. 　 選任を証する書面として、上記①又は②を添付します。

③　就任承諾書（商登47②十）

④　印鑑証明書（商登則61④）

> Memo. 　 就任承諾書に押印した印鑑につき市町村長の作成した印鑑
> 証明書を添付します。

☑設立時代表取締役に関する書面

> Memo. 　 代表取締役等住所非表示措置の申出を併せて行う場合の添
> 付書面については、 37 をご参照ください。

①　定款

②　発起人の過半数の一致があったことを証する書面

③　設立時取締役の互選書

> Memo. 　 選定を証する書面として、上記①から③までのいずれかを
> 添付します。③の場合、定款に、設立時取締役の互選により
> 設立時代表取締役を定める旨の規定が必要です。

④　就任承諾書（商登47②十）

> Memo. 　 設立時取締役の互選により設立時代表取締役を定めた場
> 合、必要です。また、定款に、取締役の互選により代表取締
> 役を定める旨の規定がある場合において、設立時代表取締役
> のみを定款で定めたときにも添付します（松井・前掲95頁）。

☑**設立時会計参与に関する書面**

> Memo.　10をご参照ください。

☑**設立時監査役に関する書面**

> Memo.　10をご参照ください。

☑**設立時会計監査人に関する書面**

> Memo.　10をご参照ください。

☑**株主名簿管理人に関する書面**

> Memo.　10をご参照ください。

☑**委任状**（商登18）

☑**印鑑届書**（商登則9）

> Memo.　16をご参照ください。

☑**印鑑カード交付申請書**（商登則9の4）

> Memo.　16をご参照ください。

Memo.　発起人の過半数の一致があったことを証する書面について、決定要件は、上記「☑発起人の過半数の一致があったことを証する書面」のMemo.をご参照ください。

Memo.　設立時役員等につき、旧氏の記録の申出を併せて行う場合の添付書面については、37をご参照ください。

Memo.　定款を就任承諾書として援用することについては、10をご参照ください。

Memo.　発起人の過半数の一致があったことを証する書面又は設立時取締役の互選書に、被選任者の氏名及び就任を承諾した旨の記載があるときは、これらを就任承諾書に代わるものとして取り扱うことができます。ただし、設立時監査役の就任承諾書として援用する場合には、当該設立時監査役の住所の記載も必要であり、設立時取締役の就任承諾書として援用する場合には、当該設立時取締役の住所の記載と市町村長の作成した印鑑証明書と同一の印鑑を押印している必要があります。

第1章　株式会社　（ 10 ～ 94 ）　　49

第2　役員変更

12　取締役の就任

☑**株主総会議事録**（商登46②）

> **Memo.**　取締役の選任は、株主総会の普通決議（ただし、定足数は3分の1を下回ってはいけません。）により行います（会社329①・341）。なお、取締役選任に関する種類株式を発行している場合は、種類株主総会議事録を添付します（この場合、株主総会決議で取締役を選任することはできません（会社347①・341）。）。

☑**株主リスト**（商登則61③）

☑**就任承諾書**（商登54①）

> **Memo.**　株主総会議事録に被選任者が席上その就任を承諾した旨の記載があるときは、これを当該取締役の就任承諾書に代わるものとして取り扱うことができます。ただし、出席取締役（株主総会中に取締役に就任する場合又は既に取締役である者が再任される場合）であるにもかかわらず、当該株主総会議事録に出席取締役として氏名の記載がない場合、就任承諾書として援用すること自体は問題ないと考えられるものの、株主総会議事録の記載と就任承諾書の記載とが合致しないとして、商業登記法24条8号の却下事由に形式的に該当し、補正すべき点があるとも考えられます。しかし、出席取締役としての記載がないことから、会社及び取締役の共通の理解として、取締役に就任するのは株主総会の終結後だという意図があると善解し、前記の却下事由には該当しないと解釈することも可能だと考えます（山森航太「ポイント解説　基礎から考える商業登記実務（第1回）」登記研究917号14頁（2024））。

> **Memo.**　取締役の本人確認証明書の添付を要する登記の申請をする場合（新任の場合）において、選任された取締役が株主総会

の席上で就任を承諾した旨が記載されるとともに、当該取締役の氏名及び住所が記載されている株主総会議事録が添付されているときは、これを当該取締役の就任承諾書に代わるものとして取り扱うことができます（平27・2・20民商18）。

Memo. 未成年者が取締役に就任する場合は、法定代理人がその就任に同意したことを証する書面及び法定代理人であることを証する書面として戸籍事項証明書が必要となります（神﨑満治郎「特例有限会社の登記のポイント（第5回）」登記研究772号36頁（2012））。

Memo. 成年被後見人が取締役に就任する場合は、成年後見人が成年被後見人の同意（後見監督人がある場合にあっては、成年被後見人及び後見監督人の同意）を得た上で、成年被後見人に代わって就任の承諾をしなければならないため、成年後見人の就任承諾書及び成年被後見人の同意書（後見監督人がある場合にあっては、後見監督人の同意書を含みます。）並びに成年被後見人であることを証する書面として登記事項証明書が必要となります（令3・1・29民商14）。

☑印鑑証明書（商登則61④）

Memo. 非取締役会設置会社の取締役の場合、取締役の就任承諾書に押印した印鑑につき市町村長の作成した印鑑証明書を添付しなければなりません。ただし、当該取締役が再任（重任の場合、任期満了及び辞任後、権利義務を承継している者が再び就任する場合をいいます（「商業登記規則第82条第2項の『再任』の意義」登記研究364号84頁（1978））。）である場合は、不要です。

Memo. 当該取締役が外国人の場合は、 156 をご参照ください。

Memo. 未成年者が取締役に就任する場合は、当該未成年者の印鑑証明書が必要となり、法定代理人の印鑑証明書は不要です（神﨑・前掲36頁）。

第1章　株式会社　（ 10 ～ 94 ）　　51

Memo.　成年被後見人が取締役に就任する場合は、成年後見人の印
鑑証明書が必要となります（令3・1・29民商14）。

☑**本人確認証明書**（商登則61⑦）

Memo.　取締役会設置会社の取締役の場合、取締役の就任承諾書に
記載した取締役の氏名及び住所と同一の氏名及び住所が記載
されている市町村長その他の公務員が職務上作成した証明書
（外国官憲が作成したものを含み（平27・2・20民商18）、当該取
締役が原本と相違がない旨を記載した謄本を含みます。以
下、「本人確認証明書」といいます。）を添付しなければなり
ません。取締役の本人確認証明書としては、例えば、住民票
の写し（マイナンバーが記載されていないもの）若しくは戸
籍の附票の写し又は運転免許証コピー（裏面もコピーが必要
です。）、マイナンバーカードの表面のコピー（裏面のコピー
は不要です。）に当該取締役が原本と相違がない旨を記載し、
記名したものが該当します。ただし、当該取締役が再任であ
る場合は、本人確認証明書は不要です。なお、市町村長から
交付される個人番号の「通知カード」は、本人確認証明書と
して使用することはできません。

Memo.　取締役として、印鑑証明書を添付しなければならない場合
は、別途本人確認証明書を提出する必要はありません（商登則
61⑦ただし書）。

Memo.　未成年者が取締役に就任する場合は、当該未成年者の本人
確認書類が必要となります。

Memo.　成年被後見人が取締役に就任する場合は、成年後見人の本
人確認書類が必要となりますが、成年後見人であることを証
する書面として提出する登記事項証明書がこれを兼ねること
になります（令3・1・29民商14）。

☑**委任状**（商登18）

Memo.　旧氏の記録の申出を併せて行う場合の添付書面については、
37 をご参照ください。

| Memo. | 代表取締役の住所非表示措置の申出を併せて行う場合の添付書面については、37 をご参照ください。 |

13　取締役の退任

☑退任を証する書面（商登54④）

【辞任により退任する場合】

①　辞任届（又は株主総会の席上、口頭で辞任を申し出た旨の記載がある議事録（登記制度研究会編『商業登記法人登記添付書類全集〔改訂版〕』41頁（新日本法規出版、2010）））（ただし、出席取締役（株主総会中に取締役を辞任する場合又は株主総会終結後に取締役を辞任する場合）であるにもかかわらず、当該株主総会議事録に出席取締役として氏名の記載がない場合、商業登記法24条8号の却下事由に形式的に該当し、株主総会の議事録に出席取締役の氏名を記載する補正をしない限り、取締役の退任の登記の申請は、受理されないことになります（山森航太「ポイント解説　基礎から考える商業登記実務（第2回）」登記研究918号30頁（2024））。）

| Memo. | なお、代表取締役が取締役の地位を失うと、これを前提とする代表取締役の地位についても、資格喪失により退任（松井信憲『商業登記ハンドブック〔第4版〕』412頁（商事法務、2021））となりますので、代表取締役の変更登記も必要となります。 |

| Memo. | 未成年者が取締役を辞任する場合、取締役就任時の法定代理人の同意は民法6条に規定された未成年者に対する営業許可に該当すると解され、取締役に就任した以後、取締役としての行為については成年者と同一の能力があることになるため、辞任に際して法定代理人の同意は不要です（野見山晃太郎「未成年者を代表取締役に選任することの可否」稲葉威雄ほか編『実務相談株式会社法3〔新訂版〕』546頁（商事法務、1992））。 |

| Memo. | 成年被後見人が取締役を辞任する場合は、成年被後見人が自ら辞任の意思表示をする方法又は成年後見人が成年被後見人に代わって辞任の意思表示をする方法（民859①）によることになるため、成年被後見人が自ら辞任の意思表示をする場合は、成年被後見人の辞任届が、成年後見人が辞任の意思表示をする場合は、成年後見人の辞任届及び成年後見人であることを証する書面として登記事項証明書が必要となります（令3‥1‥29民商14）。 |

【死亡により退任する場合】

① 戸籍全部（一部）事項証明書等、住民票（松井・前掲422頁）、遺族等からの会社に対する死亡届書等（商業登記実務研究会編『商業登記法逐条解説〔新版〕』323頁（日本加除出版、2005））

| Memo. | 「住民票は、商業法人登記の申請書に添付する死亡を証する書面には該当しない」（登記研究518号118頁（1991））とされていましたが、現在の登記実務では死亡を証する書面として認められています（山森・前掲34頁）。また、議事録や新聞がこれに該当しないとするものに「取締役死亡による変更登記申請の添付書面」登記研究303号72頁（1968）、同397号86頁（1981）があります。 |

【解任により退任する場合】

① 株主総会議事録（商登46②）

| Memo. | 株主総会の普通決議（ただし、定足数は3分の1を下回ってはいけません。）が必要となります（会社339①・341）。 |

| Memo. | 取締役選任に関する種類株式を発行している場合は、解任を決議した種類株主総会の議事録に加えて、解任する取締役を選任した種類株主総会の議事録も添付しなければなりません（平14・12・27民商3239）が、選任時の種類株主総会の株主リストの添付は不要です（辻雄介＝大西勇「株主リストに関する一考察」登記研究832号15頁（2017））。また、累積投票により選任さ |

れた取締役の解任は、株主総会の特別決議が必要となります
が（会社309②七）、解任する取締役が累積投票により選任され
たことを証する書面の添付は不要です。

② 株主リスト（商登則61③）

【任期満了により退任する場合】

① 定時株主総会の議事録及び定款　⇨ ◆記載例

> Memo. 選任時の株主総会の決議により任期を短縮した場合には、
> 当該株主総会の議事録を含みます（松井・前掲427頁）。改選の
> 際の株主総会議事録に、任期満了により退任した旨の記載が
> ある場合には、これで足りるとされています（平18・3・31民商
> 782、昭53・9・18民四5003）。なお、監査等委員会又は指名委員
> 会を置く旨若しくは廃止する旨、非公開会社が公開会社とな
> る定款変更（会社332⑦）をした場合にも取締役の任期が満了
> します。

【資格喪失により退任する場合】

① 資格喪失を証する書面（会社法331条1項3号・4号に該当した
ことを証する書面）

【取締役の破産手続開始又は後見開始の審判により退任する場合】

① 破産手続開始の決定の場合は、当該決定書の謄本、後見開始の
審判の場合は、当該審判書の謄本や後見登記に係る登記事項証明
書

☑委任状（商登18）

◆記載例　株主総会議事録

第○号議案　取締役○名選任の件
　議長は、当社取締役の全員は、本定時株主総会の終結の時をもって任
期が満了するため、改めて取締役○名の選任が必要である旨及びその候
補者は○○○○氏、○○○○氏、○○○○氏である旨詳細に説明し、本

議案につきその賛否を諮ったところ、出席株主の有する議決権の過半数の賛成をもって、原案どおり承認可決された。なお、被選任者はいずれも即時就任を承諾した。

14　取締役の氏名の変更

☑委任状（商登18）

> Memo.　取締役の氏又は名に変更があった場合には、委任状以外の添付書面を要しません。

> Memo.　旧氏の記録の申出を併せて行う場合の添付書面については、37 をご参照ください。

15　社外取締役の登記

☑委任状（商登18）

> Memo.　社外性を証する書面は添付書類ではないため、議事録の記載（議事録と合綴されている株主総会参考書類等の記載を含みます。）から、当該取締役の社外性が確認できれば、その他の添付書面は要しません。なお、既に登記されている取締役に社外取締役である旨の登記をする場合など、議事録の記載から当該取締役の社外性が確認できない場合、社外性を有する取締役を特定するため、その旨を委任状に記載します。
> 　また、取締役の選任登記と併せて申請する場合、それぞれの添付書類も必要となります。

> Memo.　社外取締役の要件（会社2⑮）を満たさなくなった場合など、社外性を喪失する登記の場合も委任状以外の添付書面は要しません。

56　第1章　株式会社　（ 10 ～ 94 ）

16　代表取締役の就任

（1）　取締役会を置かない会社の場合

☑**株主総会議事録**（商登46②）

> Memo.　非取締役会設置会社の場合、取締役は各自会社を代表するため、取締役に選任され、その就任の効力が生じると同時に代表取締役にも就任します（会社349①②）。なお、取締役選任に関する種類株式を発行している場合については、 12 をご参照ください。

> Memo.　定款によって代表取締役を定めた場合（会社349③）は、定款変更に係る株主総会議事録を添付します。

> Memo.　株主総会決議によって代表取締役を定めた場合（会社349③）は、代表取締役の選定に係る株主総会議事録を添付します。

☑**取締役の互選を証する書面**（商登46①）

> Memo.　定款の定めにより、取締役の互選によって代表取締役を定めた場合（会社349③）に添付します。

☑**株主リスト**（商登則61③）

> Memo.　代表取締役の就任につき、株主総会の決議が必要な場合に添付します。

☑**定款**（商登則61①）

> Memo.　取締役の互選によって代表取締役を定めた場合（会社349③）は、当該定款の定めを証するため、定款を添付します。

☑**印鑑証明書**（商登則61⑥一・二）

> Memo.　代表取締役の選定を証する書面に押印した印鑑につき市町村長の作成した印鑑証明書を添付します。ただし、当該書面に変更前の代表取締役が登記所に提出している印鑑が押印されているときは、この限りではありません。

> Memo.　当該取締役が外国人の場合は、 156 をご参照ください。

第1章　株式会社　（ 10 ～ 94 ）　　　57

☑就任承諾書（商登54①）

> **Memo.**　取締役の互選によって代表取締役を定めた場合（会社349③）に添付を要します。なお、取締役の互選を証する書面に被選定者が席上その就任を承諾した旨の記載があるときは、これを当該代表取締役の就任承諾書に代わるものとして取り扱うことができます。

> **Memo.**　代表取締役が未成年者や成年被後見人の場合は、 12 をご参照ください。

☑委任状（商登18）

☑印鑑届書（商登則9）⇨◆書式例1

> **Memo.**　登記申請の添付書面ではありませんが、代表取締役を変更する場合で、書面申請又は委任状が書面の場合は、登記の申請書又は委任状に押印する新代表取締役は登記申請と同時に（又は事前に）印鑑届書（市町村長の作成した印鑑証明書を添付）を提出しなければなりません（登記申請と同時に印鑑届書を提出する場合で、登記申請の添付書面として新代表取締役の市町村長の作成した印鑑証明書を添付する場合は、当該印鑑証明書を援用することができます。）。

☑印鑑カード交付申請書（商登則9の4）⇨◆書式例2

> **Memo.**　登記申請の添付書面ではありませんが、印鑑の提出をした者は、その印鑑を明らかにした上で、印鑑カードの交付を請求することができます（印鑑カードを前任者から引き継ぐこともできます。この場合、該当する□にレ印をつけ、引き継ぐ印鑑カードの番号・前任者の氏名を記載します。）。法務局において印鑑証明書を取得する際には、印鑑カードを提示しなければなりません（商登則22②）。

> **Memo.**　取締役会設置会社から非取締役会設置会社へ移行する場合、所要の定款変更を決議した株主総会議事録と株主リストの添付も必要となります。

| Memo. | 旧氏の記録の申出を併せて行う場合の添付書面については、37 をご参照ください。 |

| Memo. | 代表取締役の住所非表示措置の申出を併せて行う場合の添付書面については、37 をご参照ください。 |

（2） 取締役会を置く会社の場合

☑取締役会議事録（商登46②）

| Memo. | 取締役会設置会社の場合、原則として、代表取締役は取締役会において選定します（会社362①三）。なお、取締役会設置会社の場合でも、「代表取締役は株主総会の決議によって定めることができる」旨の定款規定がある場合で、株主総会決議によって代表取締役を選定した場合は、取締役会議事録に代わって代表取締役を選定した株主総会議事録、株主リスト、定款の添付が必要となります。 |

☑取締役会議事録に押印した印鑑についての印鑑証明書（商登則61⑥三）

| Memo. | 取締役会に出席した取締役及び監査役が当該議事録に押印した印鑑につき市町村長の作成した印鑑証明書を添付します。ただし、当該議事録に変更前の代表取締役が登記所に提出している印鑑を押印している場合は、この限りではありません。 |

| Memo. | 取締役会の決議を省略して代表取締役を選定した場合（会社370）の取締役会議事録に変更前の代表取締役が議事録作成者として押印した場合でも、当該印鑑と変更前の代表取締役が登記所に提出している印鑑が同一でないときは、会社法370条の同意の意思表示をした取締役全員が議事録に記名押印し、当該取締役全員の印鑑証明書（商登則61⑥三）の添付が必要となります（同意の意思表示をした取締役全員の記名押印のある議事録に代えて、議事録作成者の記名押印のある取締役会議事録及び各取締役の記名押印のある同意書と印鑑証明書（商登則61⑥三）を添付することもできます。）。 |

第1章　株式会社　（ 10 ～ 94 ）　　　　59

> **Memo.**　取締役会に出席した取締役及び監査役が外国人の場合の印鑑証明書の扱いについては、 156 をご参照ください。

☑**就任承諾書**（商登54①）

> **Memo.**　取締役会議事録に被選定者が席上その就任を承諾した旨の記載があるときは、これを当該取締役の就任承諾書に代わるものとして取り扱うことができます。

> **Memo.**　代表取締役が未成年者や成年被後見人の場合は、 12 をご参照ください。

☑**就任承諾書に押印した印鑑についての印鑑証明書**（商登則61④⑤）

> **Memo.**　代表取締役が就任承諾書に押印した印鑑につき市町村長の作成した印鑑証明書を添付しなければなりません。ただし、当該代表取締役が再任である場合は、不要です。

> **Memo.**　当該代表取締役が外国人の場合は、 156 をご参照ください。

☑**定款**（商登則61①）

> **Memo.**　定款の定めにより、取締役会の決議を省略して代表取締役を選定した場合（会社370）は、当該定款の定めを証するため、定款を添付します。

☑**委任状**（商登18）

> **Memo.**　非取締役会設置会社から取締役会設置会社へ移行する場合、所要の定款変更を決議した株主総会議事録と株主リストの添付、移行に伴い、役員の就任がある場合には当該役員の就任承諾書及び当該役員の本人確認証明書も必要となります。

> **Memo.**　旧氏の記録の申出を併せて行う場合の添付書面については、 37 をご参照ください。

> **Memo.**　代表取締役の住所非表示措置の申出を併せて行う場合の添付書面については、 37 をご参照ください。

60　　第 1 章　株式会社　（ 10 ～ 94 ）

◆書式例 1　印鑑届書

印　鑑　（　改　印　）　届　書

※ **太枠の中に書いてください。**

　　　　（地方）法務局　　　　支局・出張所　　　　年　　月　　日 届出

(注 1)（届出印は鮮明に押印してください。）	商号・名称	
	本店・主たる事務所	
印鑑提出者	資　格	代表取締役・取締役・代表理事 理事 ・ （　　　　　　　　　）
	氏　名	
	生年月日	大・昭・平・西暦　　年　　月　　日生
□ 印鑑カードは引き継がない。 （注2）□ 印鑑カードを引き継ぐ。 　印鑑カード番号 _____	会社法人等番号	

		前 任 者 _____	（注 3 ）の印 市区町村に登録した印 ※ 代理人は押印不要
届出人（注 3 ）	□ 印鑑提出者本	□ 代理人	
住　所			
フリガナ 氏　名			

委　任　状

私は、（住所）
　　　（氏名）
を代理人と定め、□印鑑（改印）の届出、□添付書面の原本還付請求及び受領
の権限を委任します。
　　　　年　　月　　日

住　所
氏　名　　　　　　　　　　　　　　　　　　印　市区町村に
登録した印鑑 （注 3 ）の印

□ 市区町村長作成の印鑑証明書は、登記申請書に添付のものを援用する。（注 4 ）

(注 1)　印鑑の大きさは、辺の長さが 1 cmを超え、3 cm以内の正方形の中に収まるものでなければなりません。

(注 2)　印鑑カードを前任者から引き継ぐことができます。該当する□にレ印をつけ、カードを引き継いだ場合には、その印鑑カードの番号・前任者の氏名を記載してください。

(注 3)　本人が届け出るときは、本人の住所・氏名を記載し、**市区町村に登録済みの印鑑**を押印してください。代理人が届け出るときは、代理人の住所・氏名を記載（押印不要）し、委任状に所要事項を記載し（該当する□にはレ印をつける）、本人が**市区町村に登録済みの印鑑**を押印してください。なお、本人の住所・氏名が登記簿上の代表者の住所・氏名と一致しない場合には、代表者の住所又は氏名の変更の登記をする必要があります。

(注 4)　この届書には作成後 3 か月以内の**本人の印鑑証明書**を添付してください。登記申請書に添付した印鑑証明書を援用する場合（登記の申請と同時に印鑑を届け出た場合に限る。）は、□にレ印をつけてください。

印鑑処理年月日					
印鑑処理番号	受　付	調　査	入　力	校　合	

（乙号・8 ）

（出典：法務省ウェブサイト）

第1章　株式会社　（ 10 ～ 94 ）　　61

◆書式例2　印鑑カード交付申請書

印鑑カード交付申請書

※ **太枠の中に書いてください。**

照合印	

　　　（地方）法務局　　　支局・出張所　　　年　　月　　日申請

（注1） 登記所に提出した 印鑑の押印欄 （印鑑は鮮明に押 印してください。）	商号・名称	
	本店・主たる事務所	
	印 鑑 提 出 者	資　格	代表取締役・取締役・代表社員・代表理事・理事・支配人 （　　　　　　　　　　　　　　　　　　　　　　　）
		氏　名	
		生年月日	大・昭・平・西暦　　　年　　　月　　　日生
	会社法人等番号	

申　請　人（注2）□印鑑提出者本人　□代理人

住　所		連絡先	□勤務先　□自宅 □携帯電話
フリガナ 氏　名			電話番号

委　任　状

　私は，（住所）

　　　　（氏名）

を代理人と定め、印鑑カードの交付申請及び受領の権限を委任します。
　　　　　　　年　　　月　　　日

　住　所

　氏　名　　　　　　　　　　　　　　　印　（登記所に提出した印鑑）

（注1）　押印欄には、登記所に提出した印鑑を押印してください。
（注2）　該当する□にレ印をつけてください。代理人の場合は、代理人の住所・氏名を記載し
　　　てください。その場合は、委任状に所要事項を記載し、登記所に提出した印鑑を押印し
　　　てください。

交　付　年　月　日	印　鑑　カ　ー　ド　番　号	担当者印	受領印又は署名

（乙号・9）

（出典：法務省ウェブサイト）

62　第1章　株式会社　(10 ～ 94)

| 17 | 代表取締役の退任 |

☑**退任を証する書面**（商登54④）

【取締役会を置かない会社で、取締役の互選により代表取締役に選定された代表取締役が辞任により退任する場合】

① 辞任届（又は株主総会の席上、口頭で辞任を申し出た旨の記載がある議事録（登記手続研究会編『商業登記法人登記添付書類全集〔改訂版〕』41頁（新日本法規出版、2010）））及び定款（取締役の互選によって会社を代表すべき取締役を定める旨の規定があるもの（味村治『新訂詳解商業登記（下巻）』56頁（きんざい、1996）））

【取締役会を置かない会社で、定款又は株主総会の決議により代表取締役に選定された代表取締役が辞任により退任する場合】

① 株主総会議事録（商登46②）

> Memo.　取締役会を置かない会社の場合で、定款又は株主総会の決議により定められた代表取締役は、取締役たる地位と代表取締役たる地位が一体となっているため、当該代表取締役の意思のみで代表取締役の地位のみを辞任することはできず、株主総会決議によって、代表取締役の地位のみを辞任することが承認された（定款変更が必要な場合にはその決議も含みます。）議事録の添付が必要となり、原則として、辞任届の添付を要しません（「有限会社の代表取締役（定款又は社員総会により定められた）の代表取締役たる地位のみの辞任」登記研究432号130頁（1984）、同597号126頁（1997））。ただし、代表取締役の辞任の登記であるため、商業登記規則61条8項の適用があり、辞任する代表取締役が当該株主総会に出席し、議事録に登記所に提出している印鑑を押印するか、押印した印鑑についての市町村長作成の印鑑証明書を添付していない場合は、それらを押印した辞任届（及び印鑑証明書）を添付しなければなりません。

② 株主リスト（商登則61③）

第1章　株式会社　（ 10 ～ 94 ）　　63

【取締役会を置かない取締役が各自代表権を有している会社で、新たに取締役の互選により代表取締役を定める旨の規定を設け、又は取締役会を置く定めを定款に設け、取締役の互選又は取締役会の決議によって代表取締役を定めた場合】

①　株主総会議事録（商登46②）

②　株主リスト（商登則61③）

③　取締役の互選書又は取締役会議事録

④　新たに選定された代表取締役の就任承諾書

> Memo.　被選定者の就任承諾によって新たに代表取締役に選定された者の就任の効力が生じ、その時点で他の取締役の代表権が失われることとなるため、退任（代表権喪失）の年月日を明らかにするために代表取締役の選定に関する書面及び就任承諾書の添付も要すると解されています（松井信憲『商業登記ハンドブック〔第4版〕』426頁（商事法務、2021））。

【取締役会を置く会社の場合で、辞任により退任する場合】

①　辞任届（又は株主総会の席上、口頭で辞任を申し出た旨の記載がある議事録（登記手続研究会・前掲41頁））⇨◆記載例

【死亡により退任する場合】

①　戸籍全部（一部）事項証明書等、住民票（松井・前掲422頁）、遺族等からの会社に対する死亡届書等（商業登記実務研究会編『商業登記法逐条解説』323頁（日本加除出版、2005））

> Memo.　13【死亡により退任する場合】もご参照ください。

【取締役会を置かない会社の場合で、取締役の互選により代表取締役に選定された代表取締役が解職により退任する場合】

①　取締役の過半数の一致があったことを証する書面（松井・前掲414頁）

②　定款（商登則61①）

64　　第1章　株式会社　（ 10 ～ 94 ）

【取締役会を置かない会社の場合で、定款又は株主総会決議により選定された代表取締役が解職により退任する場合】

①　株主総会議事録（商登46②）

②　株主リスト（商登則61③）

【取締役会を置く会社の場合で、解職により退任する場合】

①　取締役会議事録（商登46②）

【取締役の資格喪失により代表取締役も退任する場合】

①　取締役の資格喪失を証する書面

【取締役の破産手続開始又は後見開始の審判により代表取締役も退任する場合】

①　取締役の破産手続開始の決定書の謄本等

☑印鑑証明書（商登則61⑧）

> Memo.　当該代表取締役が辞任届に押印した印鑑につき市町村長の作成した証明書を添付します。ただし、当該代表取締役が登記所に印鑑を提出しており、辞任届に押印された印鑑と登記所に提出している印鑑が同一であるときは、この限りではありません。

> Memo.　当該代表取締役が外国人の場合の印鑑証明書の扱いについては、 156 をご参照ください。

☑委任状（商登18）

◆記載例　辞任届

辞任届

　私は、このたび一身上の都合により、令和〇年〇月〇日開催の取締役会終結の時をもって、貴社の代表取締役の地位のみを辞任いたしたく、お届けいたします。

第1章　株式会社　（ 10 ～ 94 ）　　　　65

令和○年○月○日

　　　　　　　　住　所　　○県○市○町○丁目○番○号

　　　　　　　　氏　名　　○○○○　　　　　　　　㊞

　　　　　　　　　　　　　○○株式会社　御中

18　代表取締役の氏名・住所の変更

☑**委任状**（商登18）

> Memo.　　代表取締役の氏又は名若しくは住所に変更があった場合には、委任状以外の添付書面を要しません。

> Memo.　　代表取締役の住所について、住居表示の実施又は行政区画等の変更により地番の変更があった場合で、登録免許税の免税を受ける場合は、当該変更があったことを証する住居表示実施証明書等の証明書を添付します（登税5四・五）。この場合の申請義務等の扱いについては、 46 をご参照ください。

> Memo.　　旧氏の記録の申出を併せて行う場合の添付書面については、 37 をご参照ください。

> Memo.　　代表取締役の住所非表示措置の申出を併せて行う場合の添付書面については、 37 をご参照ください。

19　監査役の就任

☑**株主総会議事録**（商登46②）

> Memo.　　監査役の選任は、株主総会の普通決議（ただし、定足数は3分の1を下回ってはいけません。）により行います（会社329

①・341)。なお、監査役選任に関する種類株式を発行している
場合は、種類株主総会議事録を添付します（この場合、株主
総会決議で監査役を選任することはできません（会社347①・
341)。)。

☑**株主リスト**（商登則61③）

☑**就任承諾書**（商登54①）

> Memo.　株主総会議事録に被選任者が席上その就任を承諾した旨の
> 記載があるときは、これを当該監査役の就任承諾書に代わる
> ものとして取り扱うことができます。なお、 12 もご参照く
> ださい。

> Memo.　監査役の本人確認証明書の添付を要する登記の申請をする
> 場合（新任の場合）において、選任された監査役が株主総会
> の席上で就任を承諾した旨が記載されるとともに、当該監査
> 役の氏名及び住所が記載されている株主総会議事録が添付さ
> れているときは、これを当該監査役の就任承諾書に代わるも
> のとして取り扱うことができます（平27・2・20民商18）。

☑**本人確認証明書**（商登則61⑦）

> Memo.　監査役の本人確認証明書としては、例えば、住民票の写し
> 若しくは戸籍の附票の写し又は運転免許証コピーに当該監査
> 役が原本と相違がない旨を記載し、記名したものが該当しま
> す。詳しくは、 12 の「☑本人確認証明書」をご参照くださ
> い。ただし、当該監査役が再任である場合は、不要です。

☑**委任状**（商登18）

> Memo.　旧氏の記録の申出を併せて行う場合の添付書面については、
> 37 をご参照ください。

20　会計限定の登記

☑**株主総会議事録**（商登46②）⇨◆**記載例**

> Memo.　非公開会社（監査役会設置会社及び会計監査人設置会社を

第1章　株式会社　（ 10 ～ 94 ）　　　　67

除きます。）は、監査役の監査の範囲を会計に関するものに限
定する旨を定款で定めることができるため（会社389①）、株主
総会の特別決議によって、定款を変更する必要があります（会
社309②十一）。

Memo.　　監査役の監査の範囲を会計に関するものに限定する旨を定
款で定めても監査役の任期は満了しません（会社336④）。

Memo.　　監査役の監査の範囲を会計に関するものに限定する旨を廃
止する定款変更をした場合、監査役の任期が満了します（会
社336④三）ので、当該廃止の登記と併せて、監査役の選任の手
続とその登記も必要となります。

☑**株主リスト**（商登則61③）

☑**委任状**（商登18）

◆記載例　株主総会議事録

第○号議案　定款一部変更の件
　議長は、次のとおり定款第○条（機関）を変更したい旨及びその理由
を述べ、本議案の賛否を議場に諮ったところ、出席株主の有する議決権
の3分の2以上の賛成をもって、原案どおり承認可決された。
【変更前】第○条（機関）
　　　　　当会社は、株主総会及び取締役のほか、次の機関を置く。
　　　　　1．取締役会
　　　　　2．監査役
【変更後】第○条（機関）
　　　　　当会社は、株主総会及び取締役のほか、次の機関を置く。
　　　　　ただし、監査役の権限は会計に関するものに限定する。
　　　　　1．取締役会
　　　　　2．監査役

21 監査役の退任

☑**退任を証する書面**（商登54④）

【辞任により退任する場合】

① 辞任届（又は株主総会の席上、口頭で辞任を申し出た旨の記載がある議事録（登記手続研究会編『商業登記法人登記添付書類全集〔改訂版〕』53頁（新日本法規出版、2010）））

> Memo. **13**【辞任により退任する場合】もご参照ください。

【死亡により退任する場合】

① 戸籍全部（一部）事項証明書等、住民票（松井信憲『商業登記ハンドブック〔第4版〕』460頁（商事法務、2021））、遺族等からの会社に対する死亡届書等（商業登記実務研究会編『商業登記法逐条解説〔新版〕』323頁（日本加除出版、2005））

> Memo. **13**【死亡により退任する場合】もご参照ください。

【解任により退任する場合】

① 株主総会議事録（商登46②）

> Memo. 株主総会の特別決議が必要となります（会社339①・309②七）。

> Memo. 監査役選任に関する種類株式を発行している場合は、解任を決議した種類株主総会の議事録に加えて、解任する監査役を選任した種類株主総会の議事録も添付しなければなりません（平14・12・27民商3239）。

【任期満了により退任する場合】

① 定時株主総会の議事録及び定款

> Memo. 選任時の株主総会の決議により任期を短縮した場合には、当該株主総会の議事録を含みます（松井・前掲462頁）。改選の際の株主総会議事録に、任期満了により退任した旨の記載がある場合には、これで足りるとされています（昭53・9・18民四

第1章　株式会社　（ 10 ～ 94 ）　　69

5003）。なお、監査役を置く旨の定款の定めの廃止（会社336④
一）、監査等委員会又は指名委員会等の設置（会社336④二）、監
査役の監査の範囲を会計に関するものに限定する旨の定款の
定めの廃止（会社336④三）、その発行する全部の株式の譲渡制
限規定の廃止（会社336④四）をする定款変更をした場合にも監
査役の任期が満了します。

【資格喪失により退任する場合】

①　資格喪失を証する書面（会社法335条1項・331条1項3号・4
号に該当したことを証する書面）

> Memo.　　なお、監査役の兼任禁止規定（会社335②）に違反し、同項の
> 地位に就任することを承諾したときは、従前の監査役の地位
> を辞任する意思表示をしたものと解されているため（加美和
> 照「兼任禁止（商276）」上柳克郎ほか編『新版注釈会社法（6）（株式会
> 社の機関2）』476頁（有斐閣、1987））、登記事由は「資格喪失」で
> はなく「辞任」による退任となります（松井・前掲459頁）。ただ
> し、取締役に選任されたことを証する株主総会議事録と就任
> 承諾書をもって、監査役の辞任を証する書面とすることがで
> きるかどうかについては若干疑義があります。監査役が同じ
> 株式会社の取締役に就任した場合は辞任の意思表示と認める
> 余地はあると考えますが（山森航太「ポイント解説　基礎から考え
> る商業登記実務（第2回）」登記研究918号27頁（2024））、子会社の取
> 締役に就任した場合は、子会社に対する就任承諾の意思表示
> を、意思表示の直接の受領者ではない親会社に対する辞任の
> 意思表示と認められるかどうかについては消極に解します。
> 少なくとも、この場合には、辞任届を添付すべきだと考えま
> す。

【監査役の破産手続開始又は後見開始の審判により退任する場合】

①　破産手続開始の決定の場合は、当該決定書の謄本、後見開始の
審判の場合は、当該審判書の謄本や後見登記に係る登記事項証明
書

70　　第1章　株式会社　（ 10 ～ 94 ）

☑**株主リスト**（商登則61③）

> Memo.　監査役の退任につき、株主総会の決議が必要な場合に添付します。

☑**委任状**（商登18）

22　社外監査役の登記

☑**委任状**（商登18）

> Memo.　社外性を証する書面は添付書類ではないため、議事録の記載（議事録と合綴されている株主総会参考書類等の記載を含みます。）から、当該監査役の社外性が確認できれば、その他の添付書面は要しません。なお、既に登記されている監査役に社外監査役である旨の登記をする場合など、議事録の記載から当該監査役の社外性が確認できない場合、社外性を有する監査役を特定するため、その旨を委任状に記載します。
> 　また、監査役の選任及び監査役会設置会社の定めの登記と併せて申請する場合、それぞれの添付書類も必要となります。

> Memo.　社外監査役の要件（会社2⑯）を満たさなくなった場合など、社外性を喪失する登記の場合も委任状以外の添付書面は要しません。

23　会計参与の就任

☑**株主総会議事録**（商登46②）

> Memo.　会計参与の選任は、株主総会の普通決議（ただし、定足数は3分の1を下回ってはいけません。）により行います（会社329①・341）。

第1章　株式会社　（ 10 ～ 94 ）　　71

☑**株主リスト**（商登則61③）

☑**就任承諾書**（商登54①）

> Memo.　株主総会議事録に被選任者が席上その就任を承諾した旨の記載があるときは、これを当該会計参与の就任承諾書に代わるものとして取り扱うことができます。なお、 12 もご参照ください。

☑**資格証明書**（商登54②）

> Memo.　会計参与が監査法人又は税理士法人であるときは、当該法人の登記事項証明書（代表者事項証明書でも差し支えありません。）を添付します。ただし、当該登記所の管轄区域内に当該法人の主たる事務所がある場合又は申請書に会社法人等番号を記載した場合は添付を省略できます。

> Memo.　会計参与が法人でないときは、公認会計士又は税理士であることを証する書面（平18・3・31民商782別紙3-1「日本公認会計士協会専務理事名義の証明書」又は同別紙4「日本税理士会連合会会長名義の証明書」）を添付します。

> Memo.　再任の場合でも、資格証明書の添付を省略することはできません。

☑**委任状**（商登18）

> Memo.　計算書類等の備置き場所については、これを確認するための添付書面を要しませんが、会計参与が法人である場合において、添付書面として当該法人の登記事項証明書等が提出されたときは、登記所においては、当該法人の事務所の中から計算書類等の備置き場所が定められているかどうか審査されます（松井信憲『商業登記ハンドブック〔第4版〕』434頁（商事法務、2021））。

> Memo.　旧氏の記録の申出を併せて行う場合の添付書面については、 37 をご参照ください。

24 会計参与の退任

☑**退任を証する書面**（商登54④）

【辞任により退任する場合】

① 辞任届（又は株主総会の席上、口頭で辞任を申し出た旨の記載がある議事録（登記手続研究会編『商業登記法人登記添付書類全集〔改訂版〕』56頁（新日本法規出版、2010)))

Memo. 13 【辞任により退任する場合】もご参照ください。

【死亡により退任する場合】

① 戸籍全部（一部）事項証明書等、住民票（松井信憲『商業登記ハンドブック〔第4版〕』438頁（商事法務、2021))、遺族等からの会社に対する死亡届書等（商業登記実務研究会編『商業登記法逐条解説〔新版〕』323頁（日本加除出版、2005))

Memo. 13 【死亡により退任する場合】もご参照ください。

【解任により退任する場合】

① 株主総会議事録（商登46②）

Memo. 株主総会の普通決議（ただし、定足数は3分の1を下回ってはいけません。）が必要となります（会社339①・341）。

② 株主リスト（商登則61③）

【任期満了により退任する場合】

① 定時株主総会の議事録及び定款

Memo. 選任時の株主総会の決議により任期を短縮した場合には、当該株主総会の議事録を含みます（松井・前掲427頁類推）。改選の際の株主総会議事録に、任期満了により退任した旨の記載がある場合には、これで足りるとされています（昭53・9・18民四5003）。なお、監査等委員会又は指名委員会等を置く旨（若しくは廃止する旨）の定款変更、非公開会社が公開会社となる定款変更（会社334①・332⑦）及び会計参与を置く旨の定款の

第1章　株式会社　(10 ～ 94)　　73

　　定めを廃止する場合の定款変更（会社334②）をした場合にも
　　会計参与の任期が満了します。

【資格喪失により退任する場合】
①　公認会計士、税理士等の登録を抹消された場合等の資格喪失の
　事由を証する書面（会社333①③）に該当したことを証する書面
【会計参与の破産手続開始又は後見開始の審判により退任する場
　合】
①　破産手続開始の決定の場合は、当該決定書の謄本、後見開始の
　審判の場合は、当該審判書の謄本や後見登記に係る登記事項証明
　書
【監査法人又は税理士法人の解散（合併による解散を除く。）により
　退任する場合】
①　当該法人の登記事項証明書（ただし、当該登記所の管轄区域内
　に当該法人の主たる事務所がある場合を除きます。）
☑委任状（商登18）

Memo.　　会計参与である監査法人又は税理士法人が合併により消滅する
　　　　場合には、合併後の存続法人が会計参与の地位を承継すると解さ
　　　　れるため、会計監査人と同様に会計参与の合併による退任及び就
　　　　任の登記が必要となります（松井・前掲440頁）。この場合について
　　　　は、 26 をご参照ください。

25　会計参与の氏名・名称の変更

☑変更証明書（商登54③）

Memo.　　会計参与が監査法人又は税理士法人であるときは、当該法
　　　　人の登記事項証明書を添付します。ただし、当該登記所の管
　　　　轄区域内に当該法人の主たる事務所がある場合又は申請書に
　　　　会社法人等番号を記載した場合を除きます。

74 第1章 株式会社 （ 10 ～ 94 ）

☑**委任状**（商登18）

> Memo.　法人ではない会計参与の氏又は名に変更があった場合には、委任状以外の添付書面を要しません。

> Memo.　旧氏の記録の申出を併せて行う場合の添付書面については、 37 をご参照ください。

26　会計参与の合併（合併により消滅する場合）

☑**退任を証する書面**（商登54④）

> Memo.　会計参与である監査法人又は税理士法人が消滅法人として合併した旨の記載がある登記事項証明書を添付します。ただし、当該登記所の管轄区域内に当該法人の主たる事務所がある場合又は申請書に会社法人等番号を記載した場合を除きます。

☑**資格証明書**（商登54②二）

> Memo.　存続法人である監査法人又は税理士法人の登記事項証明書（代表者事項証明書でも差し支えありません。）を添付します。ただし、当該登記所の管轄区域内に当該法人の主たる事務所がある場合又は申請書に会社法人等番号を記載した場合を除きます。なお、就任承諾書の添付は不要です。

☑**委任状**（商登18）

27　会計参与の計算書類等の備置き場所の変更

☑**委任状**（商登18）

> Memo.　会計参与の計算書類等の備置き場所に変更があった場合には、委任状以外の添付書面を要しません。

第1章　株式会社　（ 10 ～ 94 ）　　75

28　会計監査人の就任

☑定時株主総会議事録（商登46②）

> Memo.　会計監査人の選任は、株主総会の普通決議により行います（会社329①・309①）。なお、後述のとおり、再任の際には株主リストの添付は要しませんが、会計監査人の重任の年月日を明らかにするため、退任を証する書面（商登54④）として、定時株主総会の議事録の添付は必要となります（辻雄介＝大西勇「株主リストに関する諸問題」登記情報667号7頁（2017））。

☑株主リスト（商登則61③）

> Memo.　会計監査人が任期満了時の定時株主総会において別段の決議がされなかったときは、当該定時株主総会において再任されたものとみなされますが、この場合の会計監査人の重任登記の際には株主リストの添付は要しません（辻＝大西・前掲7頁）。

☑就任承諾書（商登54①）

> Memo.　株主総会議事録に被選任者が席上その就任を承諾した旨の記載があるときは、これを当該会計監査人の就任承諾書に代わるものとして取り扱うことができます。なお、 12 もご参照ください。

> Memo.　監査契約書も当該会計監査人の就任承諾書に代わるものとして取り扱うことができます（矢部博志「会社法施行後における商業登記実務の諸問題」登記研究702号62頁（2006））。

> Memo.　会計監査人の任期満了時の定時株主総会において別段の決議がされなかったときは、会計監査人の重任登記の際には就任承諾書の添付は要しません（平18・3・31民商782）。

☑資格証明書（商登54②）

> Memo.　会計監査人が監査法人であるときは、当該法人の登記事項証明書（代表者事項証明書でも差し支えありません。）を添付します。ただし、当該登記所の管轄区域内に当該法人の主た

る事務所がある場合又は申請書に会社法人等番号を記載した場合を除きます。

> Memo. 会計監査人が法人でないときは、公認会計士であることを証する書面を添付します。

> Memo. 再任の場合でも、資格証明書の添付を省略することはできません。

☑**委任状**（商登18）

29　会計監査人の退任

☑**退任を証する書面**（商登54④）

【辞任により退任する場合】

① 　辞任届（又は株主総会の席上、口頭で辞任を申し出た旨の記載がある議事録（登記手続研究会編『商業登記法人登記添付書類全集〔改訂版〕』58頁（新日本法規出版、2010)))

> Memo. 13 【辞任により退任する場合】もご参照ください。

【死亡により退任する場合】

① 　戸籍全部（一部）事項証明書等、住民票、遺族等からの会社に対する死亡届書等（商業登記実務研究会編『商業登記法逐条解説〔新版〕』323頁（日本加除出版、2005)）

> Memo. 13 【死亡により退任する場合】もご参照ください。

【株主総会決議による解任により退任する場合】

① 　株主総会議事録（商登46②）

> Memo. 株主総会の普通決議が必要となります（会社339① · 309①）。

② 　株主リスト（商登則61③）

【監査役等による解任により退任する場合】

① 　監査役（監査等委員又は監査委員）の全員の同意書

> Memo. 会計監査人が職務上の義務に違反し、又は職務を怠ったと

第1章　株式会社　（ 10 ～ 94 ）　　77

き、会計監査人としてふさわしくない非行があったとき、心身の故障のため、職務の執行に支障があり、又はこれに堪えないときには、監査役（監査等委員会設置会社の場合は監査等委員会の委員、指名委員会等設置会社の場合は監査委員会の委員）が2人以上ある場合に全員の同意によって、会計監査人を解任することができます（会社340）。

【任期満了により退任する場合】

①　株主総会議事録

Memo.　再任しない旨の決議をした定時株主総会議事録のほか、現会計監査人の「後任として」、新たな会計監査人を選任する旨を決議した定時株主総会議事録を含みます。また、会計監査人設置会社の定めを廃止する定款変更を決議した株主総会議事録を含みます（松井信憲『商業登記ハンドブック〔第4版〕』472頁（商事法務、2021））。

【資格喪失により退任する場合】

①　公認会計士等の登録を抹消された場合等（会社法337条1項及び3項に該当したことを証する書面）又は業務一部停止処分により欠格事由（会社337③）に該当した場合には、その行政処分が掲載された官報（松井・前掲478頁）等

【会計監査人の破産手続開始又は後見開始の審判により退任する場合】

①　破産手続開始の決定の場合は、当該決定書の謄本、後見開始の審判の場合は、当該審判書の謄本や後見登記に係る登記事項証明書

【監査法人の解散（合併による解散を除く。）により退任する場合】

①　当該法人の登記事項証明書（ただし、当該登記所の管轄区域内に当該法人の主たる事務所がある場合又は申請書に会社法人等番号を記載した場合を除きます。）

78　第1章　株式会社　（ 10 ～ 94 ）

☑**委任状**（商登18）

> **Memo.**　会計監査人である監査法人が合併により消滅する場合には、合併後の存続法人が会計監査人の地位を承継すると解されるため（龍田節「会計監査人の資格（商特4）」上柳克郎ほか編『新版注釈会社法（6）（株式会社の機関）』537頁（有斐閣、1987））、会計監査人の合併による退任及び就任の登記が必要となります（松井・前掲479頁）。この場合については、 31 をご参照ください。

30　会計監査人の氏名・名称の変更

☑**変更証明書**（商登54③）

> **Memo.**　会計監査人が監査法人であるときは、当該法人の登記事項証明書を添付します。ただし、当該登記所の管轄区域内に当該法人の主たる事務所がある場合又は申請書に会社法人等番号を記載した場合を除きます。

☑**委任状**（商登18）

> **Memo.**　法人ではない会計監査人の氏又は名に変更があった場合には、委任状以外の添付書面を要しません。

> **Memo.**　旧氏の記録の申出を併せて行う場合の添付書面については、 37 をご参照ください。

31　会計監査人の合併（合併により消滅する場合）

☑**退任を証する書面**（商登54④）

> **Memo.**　会計監査人である監査法人が消滅法人として合併した旨の記載がある登記事項証明書を添付します。ただし、当該登記

第1章　株式会社　（ 10 ～ 94 ）　　　79

所の管轄区域内に当該法人の主たる事務所がある場合又は申
請書に会社法人等番号を記載した場合を除きます。

☑**資格証明書**（商登54②二）

> Memo.　存続法人である監査法人の登記事項証明書（代表者事項証
> 明書でも差し支えありません。）を添付します。ただし、当該
> 登記所の管轄区域内に当該法人の主たる事務所がある場合又
> は申請書に会社法人等番号を記載した場合を除きます。な
> お、就任承諾書の添付は不要です。

☑**委任状**（商登18）

32　一時会計監査人を行うべき者の就任

☑**選任を証する書面**（商登55①一）

> Memo.　一時会計監査人の選任は、監査役（監査役会設置会社の場
> 合は監査役会、監査等委員会設置会社の場合は監査等委員会、
> 指名委員会等設置会社の場合は監査委員会）が選任するため
> （会社346④～⑧）、これらの機関の決定に係る選任書（監査役
> 会議事録、監査等委員会又は監査委員会の議事録）を添付し
> ます。

☑**就任承諾書**（商登55①二）

> Memo.　選任書（監査役会議事録、監査等委員会又は監査委員会の
> 議事録）に被選任者が席上その就任を承諾した旨の記載があ
> るときは、これを当該一時会計監査人の就任承諾書に代わる
> ものとして取り扱うことができます。

> Memo.　監査契約書も当該一時会計監査人の就任承諾書に代わるも
> のとして取り扱うことができます（矢部博志「会社法施行後にお
> ける商業登記実務の諸問題」登記研究702号62頁（2006））。

☑**資格証明書**（商登55①三）

> Memo.　会計監査人が監査法人であるときは、当該法人の登記事項

証明書を添付します。ただし、当該登記所の管轄区域内に当該法人の主たる事務所がある場合を除きます。

Memo. 会計監査人が法人でないときは、公認会計士であることを証する書面を添付します。

☑**委任状**（商登18）

---

33 監査等委員会設置会社の監査等委員である取締役の就任

☑**株主総会議事録**（商登46②）

Memo. 監査等委員である取締役の選任は、監査等委員である取締役とそれ以外の取締役とを区別して、株主総会の普通決議（ただし、定足数は３分の１を下回ってはいけません。）により行います（会社329①・341）。なお、監査等委員である取締役の選任に関する種類株式を発行している場合は、種類株主総会議事録を添付します（この場合、株主総会決議では監査等委員である取締役を選任することはできません（会社347・341）。）。

☑**株主リスト**（商登則61③）

☑**就任承諾書**（商登54①）

Memo. 株主総会議事録に被選任者が席上その就任を承諾した旨の記載があるときは、これを当該監査等委員である取締役の就任承諾書に代わるものとして取り扱うことができます。なお、12 もご参照ください。

Memo. 監査等委員である取締役の本人確認証明書の添付を要する登記の申請をする場合（新任の場合）において、選任された監査等委員である取締役が株主総会の席上で就任を承諾した旨が記載されるとともに、当該監査等委員である取締役の氏名及び住所が記載されている株主総会議事録が添付されているときは、これを当該監査等委員である取締役の就任承諾書

第1章　株式会社　（ 10 ～ 94 ）　　81

に代わるものとして取り扱うことができます（平27・2・20民商18）。

☑本人確認証明書（商登則61⑦）

> **Memo.**　監査等委員である取締役の就任承諾書に記載した取締役の氏名及び住所と同一の氏名及び住所が記載されている本人確認証明書を添付しなければなりません。監査等委員である取締役の本人確認証明書としては、例えば、住民票の写し（マイナンバーが記載されていないもの）若しくは戸籍の附票の写し又は運転免許証コピー（裏面もコピーが必要です。）、マイナンバーカードの表面のコピー（裏面のコピーは不要です。）に当該取締役が原本と相違がない旨を記載し、記名したものが該当します。なお、市町村長から交付される個人番号の「通知カード」は、本人確認証明書として使用することはできません。ただし、当該監査等委員である取締役が再任である場合は、本人確認証明書は不要です。

> **Memo.**　監査等委員である取締役として、印鑑証明書を添付しなければならない場合は、別途本人確認証明書を提出する必要はありません（商登則61⑦ただし書）。

☑委任状（商登18）

> **Memo.**　社外取締役の登記をする場合でも、社外性を証する書面は添付書類ではありません。

> **Memo.**　旧氏の記録の申出を併せて行う場合の添付書面については、 37 をご参照ください。

34　監査等委員会設置会社の監査等委員以外の取締役の就任

12 をご参照ください。

82　　　第1章　株式会社　（ 10 ～ 94 ）

35　監査等委員会設置会社の監査等委員である取締役の退任

☑退任を証する書面（商登54④）

【辞任により退任する場合】

① 辞任届（又は株主総会の席上、口頭で辞任を申し出た旨の記載がある議事録（登記手続研究会編『商業登記法人登記添付書類全集〔改訂版〕』41頁（新日本法規出版、2010）））

Memo.　 13 【辞任により退任する場合】もご参照ください。

【死亡により退任する場合】

① 戸籍全部（一部）事項証明書等、住民票（松井信憲『商業登記ハンドブック〔第4版〕』422頁（商事法務、2021））、遺族等からの会社に対する死亡届書等（商業登記実務研究会編『商業登記法逐条解説〔新版〕』323頁（日本加除出版、2005））

Memo.　 13 【死亡により退任する場合】もご参照ください。

【解任により退任する場合】

① 株主総会議事録（商登46②）

Memo.　株主総会の特別決議が必要となります（会社339①・309②七）。

Memo.　監査等委員である取締役の選任に関する種類株式を発行している場合は、解任を決議した種類株主総会の議事録に加えて、解任する監査等委員である取締役を選任した種類株主総会の議事録も添付しなければなりません（平14・12・27民商3239）。

② 株主リスト（商登則61③）

【任期満了により退任する場合】

① 定時株主総会の議事録及び定款

Memo.　選任時の株主総会の決議により任期を短縮した場合には、当該株主総会の議事録を含みます（松井・前掲497頁・427頁）。改

第1章　株式会社　（ 10 ～ 94 ）　　　83

選の際の株主総会議事録に、任期満了により退任した旨の記
載がある場合には、これで足りるとされています（昭53・9・
18民四5003）。

【資格喪失により退任する場合】

①　資格喪失を証する書面（会社法331条1項3号・4号・3項に該
　　当したことを証する書面）

【取締役の破産手続開始又は後見開始の審判により退任する場合】

①　破産手続開始の決定の場合は、当該決定書の謄本、後見開始の
　　審判の場合は、当該審判書の謄本や後見登記に係る登記事項証明
　　書

☑委任状（商登18）

36	監査等委員会設置会社の監査等委員以外の取締役の退任

13 をご参照ください。

37	旧氏・住所非表示措置の申出

（1）　旧氏の記録を申し出る場合

☑申出書（商登則81の2②）⇨◆書式例1

> Memo.　次に掲げる事項を記載した申出書を登記所に提出します。
>
> ①　会社の商号及び本店の所在場所並びに当該会社の代表者
> 　　の資格、氏名、住所及び連絡先
> ②　旧氏を記録すべき役員の氏名
> ③　②の役員について記録すべき旧氏
> ④　代理人によって申出をするときは、当該代理人の氏名又
> 　　は名称、住所及び連絡先並びに代理人が法人であるときは

その代表者の資格及び氏名

⑤　申出の年月日

> **Memo.**　株式会社の設立の登記、役員等の就任による変更の登記、清算人の登記又は役員等の氏の変更の登記と同時に行う旧氏の記録の申出については、申出書の提出をする方法のほか、申請書に申出事項を記載する方法で行われたものであっても差し支えないとされています（令4・8・25民商411）。

☑旧氏の記録を証する書面（商登則81の2③）

> **Memo.**　旧氏の記録を申し出る場合、併記しようとする旧氏の記載がある除籍抄本等から現在の氏の記載がある戸籍に至る全ての戸除籍抄本等が必要とされています。住民票やマイナンバーカード、運転免許証に既に併記されている旧氏と同じ旧氏の併記を希望する場合には、これらの写しでも足りるとされています（令4・8・25民商411）。

☑委任状（商登18）

（2）　旧氏の記録を希望しない申出をする場合

　この場合の添付書類は旧氏の記録を証する書面を除き、前記（1）と同様です。

（3）　住所の非表示措置を申し出る場合（DV被害者等の場合）

☑申出書（商登則31の2②）⇨◆書式例2

> **Memo.**　次に掲げる事項を記載した申出書を登記所に提出します。
> ①　会社の商号及び本店の所在場所
> ②　申出人の資格、氏名、住所及び連絡先
> ③　被害者等の資格、氏名、住所及び連絡先
> ④　代理人によって申出をするときは、当該代理人の氏名又は名称、住所及び連絡先並びに代理人が法人であるときはその代表者の資格及び氏名
> ⑤　住所非表示措置を希望する旨及びその理由
> ⑥　申出の年月日

第1章　株式会社　（ 10 ～ 94 ）　　85

☑住所が明らかにされることにより被害を受けるおそれがあることを
証する書面（商登則31の2③）

> Memo.　市区町村が発行しているDV等支援措置決定通知書や、ス
> トーカー規制法に基づく警告等実施書面、配偶者暴力相談支
> 援センターのDV被害者相談証明といった公的書面がこれに
> 該当します（令4・8・25民商411）。

☑申出書に記載されている被害者等の氏名及び住所が記載されている
市町村長（特別区の区長を含む。）その他の公務員が職務上作成した
証明書（商登則31の2③二）

> Memo.　被害者等の住民票の写し若しくは住民票記載事項証明書、
> 戸籍の附票の写し又は外国に居住する取締役等の氏名及び住
> 所が記載されている日本国領事が作成した証明書のほか、運
> 転免許証やマイナンバーカード等の謄本であって、被害者等
> が原本と相違ない旨を記載し、記名したものが該当します。
> なお、運転免許証等、裏面に変更履歴等が記載される証明書
> の謄本については、裏面も複写されたものでなければなりま
> せん（令4・8・25民商411）。

☑委任状（商登則31の2③三）

> Memo.　住所非表示措置の申出がされた後に、被害者等の重任及び氏名
> 変更の登記がされた場合であっても、これと同時に住所非表示措
> 置を希望しない旨の申出がされない限り、登記官は住所非表示措
> 置を終了させることはありませんが、被害者等の住所変更の登記
> が申請された場合は、従前の住所非表示措置は終了し、新しい住
> 所について非表示を求める場合は、新たな住所非表示措置申出を
> 行う必要があります（令4・8・25民商411）。

（4）　住所非表示措置の終了を申し出る場合（DV被害者等の場
合）

この場合の添付書類は、住所が明らかにされることにより被害を受

けるおそれがあることを証する書面及び委任状を除き前記（3）と同様
です。

> Memo. 住所非表示措置の終了は、代理人から申し出ることはでき
> ません。

（5） 住所の非表示措置を申し出る場合

☑代表取締役の住所非表示措置の申出に関する書面（商登則31の3）

株式会社（特例有限会社を除きます。）の代表取締役の就任登記と併
せて、代表取締役の住所の一部を登記事項証明書や登記事項要約書、
登記情報提供サービスに表示しないこととする措置を申し出ることが
できます。この場合、以下の書面の添付が必要となります。

【上場会社である株式会社の場合】

① 金融商品取引所に株式会社の株式が上場されていることを認め
るに足りる書面

> Memo. 具体的には、当該株式会社の上場に係る情報が掲載された
> 金融商品取引所のホームページの写し等が該当し、この書面
> には当該株式会社の代表取締役等による奥書等は不要とされ
> ています（令6・7・26民商116）。
>
> また、既に代表取締役等住所非表示措置が講じられている
> 場合（例えば、既に非表示措置を講じている代表取締役が住
> 所変更登記を申請する場合に変更後の住所について非表示措
> 置の申出をする場合、あるいは、代表取締役のうち1名につ
> いて非表示措置が講じられている場合に、もう1名の代表取
> 締役について非表示措置の申出をする場合等）には、添付書
> 面は不要です。この場合には、登記官は、登記記録から、当
> 該会社が公開会社であることを確認することをもって足りる
> とされています（令6・7・26民商116）。

【上場会社以外の株式会社である場合】

① 登記申請を受任した司法書士などの資格者代理人が、実際にそ
の株式会社が本店所在地に実在することを確認した書面又は株式

第1章　株式会社　（ 10 ～ 94 ）　　　　87

会社が受取人として記載された書面がその本店の所在場所に宛て
て配達証明郵便等により送付されたことを証する書面

Memo.　　前者の書面には、当該資格者代理人において当該株式会社
の本店所在場所における実在性を確認した日時及び具体的な
方法等を記載した当該資格者代理人の職印（当該資格者代理
人が法人の場合は、当該法人が登記所に提出している印鑑）
を押印した書面等が該当します（令6・7・26民商116）。⇨◆
書式例3

② 　代表取締役等の住所等を証する書面

Memo.　　住民票の写し若しくは住民票記載事項証明書、戸籍の附票
の写し又は当該代表取締役等の氏名及び住所が記載された日
本国領事が作成した証明書のほか、運転免許証や個人番号カー
ド等の写しであって、当該代表取締役等が原本と相違ない
旨記載し、記名したものが該当します。なお、これらの証明
書が代表取締役等住所非表示措置の申出と併せて行う登記の
申請書に添付されている場合には、当該申出のために改めて
の添付は要しないものとされていますが、当該登記の申請で
登記される代表取締役等の住所については、これらの証明書
に記載されている住所と合致することを要します（令6・7・
26民商116）。

※本書面は、当該非表示措置が講じられた住所について、利
害関係を有する者からの附属書類の閲覧請求によって、利
害関係人が閲覧できる場合があります（商登則21）。

③ 　株式会社の実質的支配者の本人特定事項を証する書面

Memo.　　当該申出と併せて行う登記の申請を受任した資格者代理人
（司法書士又は司法書士法人に限られます。）が作成した本
人特定事項の確認記録の写し（犯罪による収益の移転防止に関す
る法律4①）、当該申出と併せて行う登記の申請の日の属する
年度又はその前年度において申告した、申告受理及び認証証
明書（公証58の2①）等が該当します。

※既に代表取締役等住所非表示措置が講じられている場合は、②のみの添付で足ります。

※株式会社が一定期間内（当該申出と併せて行う登記の申請の日の属する年度又はその前年度）に実質的支配者リストの保管の申出をしている場合で、その旨が当該登記の申請書に記載されている場合には、③の添付は不要です。

☑委任状（商登則31の2③三）

Memo.　代表取締役の住所非表示措置の申出は、設立の登記、本店を他の登記所の管轄区域内に移転した場合の新所在地における登記、代表取締役若しくは代表執行役の就任（重任の登記を含みます。）若しくは住所変更による変更の登記、清算人の登記又は代表清算人の就任若しくは住所変更による変更の登記といった、申出をする住所非表示措置の対象となる代表取締役等の住所が登記されることとなる登記の申請と同時に行う場合に限りすることができます。当該住所非表示措置の申出のみを行うことはできません。

Memo.　また、重任の登記や本店を他の登記所の管轄区域内に移転した場合の新所在地における登記であって、既に登記されている代表取締役又は代表執行役の住所から変更がない場合であっても、代表取締役等住所非表示措置の申出をすることができます。

Memo.　代表取締役等住所非表示措置が講じられた場合には、登記事項証明書等によって会社代表者の住所を証明することができないこととなるため、金融機関から融資を受けるに当たって不都合が生じたり、不動産取引等に当たって必要な書類（会社の印鑑証明書等）が増えたりするなど、一定の支障が生じることが想定されます。そのため、代表取締役等住所非表示措置の申出をする前に、このような影響があり得ることについて、慎重かつ十分な検討が必要です。

Memo.　代表取締役等住所非表示措置が講じられた場合であっても、代表取締役の住所変更登記の申請義務が免除されるわけではないた

第1章　株式会社　（ 10 ～ 94 ）　　89

め、代表取締役等の住所に変更が生じた場合には、その旨の登記
の申請をする必要があります。なお、代表取締役の住所変更登記
については、 18 をご参照ください。

Memo.　　代表取締役等住所非表示措置が講じられている株式会社の登記
の申請があった場合において、代表取締役等住所非表示措置が講
じられている代表取締役等の住所と同一のものを登記するとき
は、引き続き代表取締役等住所非表示措置を講ずるものとされま
した（商登則31の3③）。「同一のものを登記するとき」とは、本店を
他の登記所の管轄区域内に移転した場合の新所在地における登
記、重任又は再任の登記（いずれも当該代表取締役等の住所に変
更がない場合に限ります。）が該当し、この場合には、改めて代表
取締役等住所非表示措置の申出をすることを要しません。他方
で、既に代表取締役等住所非表示措置が講じられている代表取締
役等であっても、当該代表取締役等の住所に変更がある登記の申
請をする場合で、変更後の住所について、住所非表示措置を希望
する場合には、改めて代表取締役等住所非表示措置の申出が必要
となりますので、注意が必要です。

（6）　住所非表示措置の終了を申し出る場合

☑委任状（商登則31の2③三）

Memo.　　代表取締役の住所非表示措置を希望しない旨の申出は、登記申
請と同時である必要はなく、単独で行うことができます。▷◆
書式例4

90　第1章　株式会社　（ 10 ～ 94 ）

◆書式例1　旧氏併記申出書

旧氏併記申出書

申　出　年　月　日	
商　　　　　号 （名　　　称）	
本　　　　　店 （主たる事務所の所在地）	
会社の代表者等の表示	住所 資格 氏名　　　　　　　　　印（注1） 連絡先　　　　ー　　　ー
旧氏を記録する 者の資格及び氏 名	資格 氏名
記録すべき旧氏	□　初めて旧氏を記録する（注2）
代 理 人 の 表 示	住所 氏名 連絡先　　　　ー　　　ー
添　付　書　面	□　戸籍の全部事項証明書・個人事項証明書・一部事項証明書 □　戸籍謄本・抄本 □　その他の公的書面（　　　　　　　　　　　） □　委任状
（申出会社等の本店等所在地を管轄する登記所）　　（地方）法務局　　宛て	

（注1）申出をする会社等の代表者が登記所に提出している印鑑を押印します。なお、申出が代理人によって
　　　行われる場合、申出書への押印に代えて、委任状に押印します。

（注2）当該役員等について初めて旧氏を記録する場合のみ、チェックします。記録する旧氏を変更する場合
　　　及び過去旧氏を記録していたがこれを希望しない旨の申出により現在は旧氏を記録していない場合は、
　　　チェックしません。

（出典：法務省ウェブサイト）

第1章　株式会社　（ 10 ～ 94 ）

◆書式例2　住所非表示措置申出書

住所非表示措置申出書

申 出 年 月 日	
商　　　　　号 （氏名又は名称）	
本　　　　　店 （営業所又は住所）	
申 出 人 の 表 示	住所 資格 氏名　　　　　　　　　　　印（注1） 連絡先　　　　－　　　　－
被 害 者 等 の 表 示	住所 資格 氏名 連絡先　　　　－　　　　－
代 理 人 の 表 示	住所 氏名 連絡先　　　　－　　　　－
住 所 非 表 示 措 置を 希 望 す る 旨 及び そ の 理 由	私は、以下のとおり現住所に関する住所非表示措置を希望します。 ・現住所に関して非表示措置を希望する期間（開始時期）（注2） ・非表示措置を希望する理由
住所が明らかにされることにより被害を受けるおそれがあることを証する書面 （いずれか1つにチェック）	□　Ｄ Ｖ 等 支 援 措 置 決 定 通 知 書 □　保 護 命 令 決 定 書 の 写 し □　ストーカー規制法に基づく警告等実施書面 □　その他の公的書面（　　　　　　　　　　　）（注3）
1　申出をした年の翌年から3年の期間満了により措置終了となることを了承します。 2　捜査機関からの捜査事項照会や裁判所からの調査嘱託等により、住所が表示された登記事項証明書等が発行されることが有り得ることを了承します。	
（申出会社等の本店等所在地を管轄する登記所）　　　（地方）法務局　　　宛て	

（注1）申出人が被害者等でない場合、申出をする会社等の代表者が登記所に提出している印鑑を押印します。

　　　なお、被害者等本人が申出人となる場合、申出書への押印は不要です。

（注2）記載がない場合は、履歴事項全部証明書に表示される範囲で現住所に係る非表示措置を行います。

（注3）配偶者暴力相談支援センターのＤＶ被害者相談証明等がこれに該当します。

（出典：法務省ウェブサイト）

92　　第1章　株式会社　（ 10 ～ 94 ）

◆書式例3　本店の実在性を確認したことを証する書面

本店の実在性を確認したことを証する書面

年　　月　　日

　当職は、本件登記申請の代理人として、以下のとおり、申請に係る株式会社が登記上の本店所在場所に実在することを確認したことから、その旨を証明する。

〒　　－
住所

氏名又は名称　　　　　　　［印］

1　本店
2　商号
3　代表取締役等住所非表示措置の対象者
　　　　資格：
　　　　住所：
　　　　氏名：
4　本店実在性の確認の日時・方法
　　　　日時：　　年　　月　　日
　　　　方法：□現認　　　□郵送　　□その他（　　　　　　　　）
5　本店実在性の具体的確認方法

（令6・7・26民商116別紙様式1）

第1章　株式会社　（10～94）　93

◆書式例4　代表取締役等住所非表示措置を希望しない旨の申出書

代表取締役等住所非表示措置を希望しない旨の申出書

申 出 年 月 日	年　　　月　　　日
商　　　　　号	
本　　　　　店	
申 出 人 の 表 示	住所 資格 氏名　　　　　　　　　　　　　印（注1） 連絡先　　　　　－　　　－
代 理 人 の 表 示 　　　　　　（注2）	住所 氏名 連絡先　　　　　－　　　－
代表取締役等住所 非表示措置を希望 しない代表取締役 等の氏名等	住所 資格 氏名
（申出会社の本店所在地を管轄する登記所）　　（地方）法務局　　　宛て	

（注1）申出をする株式会社の代表取締役等が登記所に提出している印鑑を押印してください。なお、代理人
　　　によって申出をする場合、申出書への押印は不要です。

（注2）代理人によって申出をする場合、代理人の権限を証する書面に、申出をする株式会社の代表取締役等
　　　が登記所に提出している印鑑を押印してください。

（出典：法務省ウェブサイト）

94   第1章　株式会社　（ 10 ～ 94 ）

第3　商号・目的の変更・本店移転等

38　商号の変更

☑**株主総会議事録**（商登46②）⇨◆記載例

> Memo.　商号は、定款の必要的記載事項です（会社27二）。変更する
> ためには、株主総会の特別決議（ 3 （1）ア（イ）参照）が必
> 要となります。また、商号に使用することができる文字等の
> 制限（商登則50、平14法務告315）、同一商号・同一本店の禁止（商
> 登27）等の商号選定に関する制限には注意を要します。

☑**株主リスト**（商登則61③）
☑**委任状**（商登18）

◆**記載例　株主総会議事録**

第○号議案　定款変更の件
　議長は、商号変更を目的として、当会社の定款第○条を以下のとおり
変更することについて説明し、これを議場に諮ったところ、満場一致を
もって可決確定した。
第○条（商号）
　当会社の商号は、株式会社○○と称する。

39　目的の変更

☑**株主総会議事録**（商登46②）⇨◆記載例

> Memo.　目的は、定款の必要的記載事項です（会社27一）。変更する
> ためには、株主総会の特別決議（ 3 （1）ア（イ）参照）が必
> 要となります。目的については、営利性、適法性、明確性が

第1章　株式会社　（ 10 ～ 94 ）　　　95

必要とされていますので注意を要します。なお、目的の具体
性については、登記官の審査の対象とはなりません（平18・3・
31民商782）。

☑**株主リスト**（商登則61③）

☑**委任状**（商登18）

◆記載例　株主総会議事録

第○号議案　定款変更の件
　議長は、事業目的を変更するため、当会社の定款第○条を以下のとお
り変更することについて説明し、これを議場に諮ったところ、満場一致
をもって可決確定した。
第○条（目的）
　当会社は、次の事業を営むことを目的とする。
1．○○の製造及び売買
2．○○コンサルティング
3．前各号に附帯関連する一切の事業

40　公告方法の変更

☑**株主総会議事録**（商登46②）⇨ ◆記載例1

Memo.　　公告方法を変更するためには、株主総会の特別決議（ 3
　　　　（1）ア（イ）参照）が必要となります。
　　　　　公告方法は、次のいずれかを定款で定めることができます
　　　　（会社939①）。なお、定款に公告方法を定めていない会社につ
　　　　いては、官報が公告方法となります（会社939④）。
　　　　① 官報
　　　　② 時事に関する事項を掲載する日刊新聞紙
　　　　③ 電子公告

96 　第1章　株式会社　（ 10 ～ 94 ）

　　　　　電子公告を公告方法とする場合には、定款にはその旨を定
　　　　めれば足ります。具体的なウェブページのURLは、業務の決
　　　　定として代表取締役が定めれば足ります。したがって、ウェ
　　　　ブページのURLは、登記申請書に記載することをもって足り
　　　　ます。また、電子公告を公告方法とする場合、会社法939条3
　　　　項の規定に基づき、事故その他やむを得ない事由によって公
　　　　告ができない時の予備的公告方法として、官報又は日刊新聞
　　　　紙を定めることができます。この場合には、その定めも登記
　　　　する必要があります。

☑**株主リスト**（商登則61③）
☑**委任状**（商登18）

Memo.　代理人による申請の場合、公告方法を電子公告とする際の具体
　　　　的なウェブページのURLは、委任状に記載する、若しくは、「アド
　　　　レス決定書」を添付することにより、明らかにする必要がありま
　　　　す。⇨◆記載例2

◆**記載例1　株主総会議事録**

第○号議案　定款変更の件
　議長は、公告方法を変更するため、当会社の定款第○条を以下のとお
り変更することについて説明し、これを議場に諮ったところ、満場一致
をもって可決確定した。
【官報とする場合の例】
第○条（公告方法）
　当会社の公告方法は、官報に掲載する方法とする。
【時事に関する事項を掲載する日刊新聞紙とする場合の例】
第○条（公告方法）
　当会社の公告方法は、○○新聞に掲載する方法とする。
【電子公告とする場合の例】
第○条（公告方法）
　当会社の公告方法は、電子公告とする。ただし、電子公告によること

第1章　株式会社　（ 10 ～ 94 ）　　　　　　97

──────────────────────────────
ができないやむを得ない事由が生じたときは、官報（○○新聞）に掲載
する。
──────────────────────────────

◆記載例２　アドレス決定書

──────────────────────────────
アドレス決定書
　当会社の電子公告のURLの設定に際してのURLは、以下のとおりとす
る。
https://www.○○○.co.jp

　　　　　　　　　　　　　　　　　　　　　株式会社○○
　　　　　　　　　　　　　　　　　　　代表取締役○○○○
──────────────────────────────

Memo.　　URLは、実際に閲覧できるページであるものが原則です。しか
し、例えば決算公告にしても、掲載されるウェブページが事業年
度ごとに異なることもあり得ますので、電子公告が掲載されたペ
ージへのリンクが分かりやすく設定されたトップページのような
アドレスでもよいとされています（松井信憲『商業登記ハンドブック〔第
４版〕』22頁（商事法務、2021）、貸借対照表の電磁的開示のURLに関する中川
晃「平成14年４月・５月施行商法等改正に伴う商業・法人登記事務の取扱いに
ついて（下）」登記研究658号144頁（2002））。

| 41 | 貸借対照表の電磁的開示のためのウェブページの URLの設定・変更・廃止 |

☑委任状（商登18）

Memo.　　URLの設定・変更・廃止は、代表取締役の決定で足ります。た
だし、URLの設定・変更の場合、委任状にURLの記載がなければ、
代表取締役が作成した「アドレス決定書」を別途作成することに
なります（ 40 記載例２参照）。なお、公告方法を電子公告として
いる会社については、本制度を採用することはできませんが、貸
借対照表の公告のためのURLを、電子公告のURLとは別に定める

ことが可能とされています（松井信憲『商業登記ハンドブック〔第4版〕』222頁（商事法務、2021））。

42　本店の移転

（1）　定款変更が不要な場合（同一市区町村内での移転の場合）

☑**取締役会議事録又は取締役の過半数の一致を証する書面**（商登46①②）⇨◆**記載例1**

> **Memo.**　非取締役会設置会社においては、株主総会の決議で決定することも可能です（ 3 （1）ア（ア）参照）。この場合には、株主総会議事録と株主リストを添付します。

☑**委任状**（商登18）

（2）　定款変更が必要な場合（同一市区町村外への移転の場合）

　（1）の書面のほかに、次の書面が必要となります。なお、管轄外の本店移転登記の場合、委任状は旧管轄と新管轄のそれぞれに提出する必要があります。また、管轄外の本店移転登記については、 37 の代表取締役の住所非表示措置の申出が可能となる対象の登記でありますので、管轄外本店移転登記と同時に代表取締役の住所非表示措置の申出を行う場合には、 37 の申出を行うために必要な書類も添付することとなります（ 37 参照）。

☑**株主総会議事録**（商登46②）⇨◆**記載例2**

> **Memo.**　本店所在地は、定款の必要的記載事項です（会社27三）。変更するためには、株主総会の特別決議（ 3 （1）ア（イ）参照）が必要となります。

☑**印鑑届**（商登則9①四）

> **Memo.**　新管轄に届出する印鑑が、旧管轄で届出している印鑑と同一である場合には、代表取締役個人の印鑑証明書の添付を省略することができます（令3・1・29民商11）。

第1章　株式会社　(10 ～ 94)　　99

◆記載例1　取締役会議事録

第○号議案　本店移転の件
　議長は、当会社の本店を以下のとおり移転したい旨を議場に諮ったところ、出席取締役全員の賛成をもって決定した。
　　新本店　○県○市○町○丁目○番○号
　　移転日　令和○年○月○日

◆記載例2　株主総会議事録

第○号議案　定款変更の件
　議長は、本店移転を目的として、当会社の定款第○条を以下のとおり変更することについて説明し、これを議場に諮ったところ、満場一致をもって可決確定した。
第○条（本店所在地）
　当会社の本店は、○県○市に置く。
　変更年月日　令和○年○月○日

＜記載のポイント＞
　定款変更の効力発生日は、一般的には、本店移転の効力発生日と同日にするように決議することが多いと思われます。

43　支店の設置

☑取締役会議事録又は取締役の過半数の一致を証する書面（商登46①②）⇨◆記載例

> Memo.　非取締役会設置会社においては、株主総会の決議で決定することも可能です（ 3 （1）ア（ア）参照）。この場合には、株主総会議事録と株主リストを添付します。

> Memo.　支店設置に際して、支配人を置く場合には、支店設置の決

議（決定）とは別に、支配人選任の決議（決定）をする必要
があります。なお、支配人の選任の登記には就任承諾書は不
要です。

☑委任状（商登18）

◆記載例　取締役会議事録

第○号議案　支店設置の件
　議長は、令和○年○月○日付けで以下の場所に支店を設置したい旨を
議場に諮ったところ、出席取締役全員の賛成をもって決定した。
　　支店設置場所　○県○市○町○丁目○番○号

44　支店の移転

☑取締役会議事録又は取締役の過半数の一致を証する書面（商登46①
②）⇨◆記載例

> **Memo.**　非取締役会設置会社においては、株主総会の決議で決定す
> ることも可能です（ 3 （1）ア（ア）参照）。この場合には、株
> 主総会議事録と株主リストを添付します。

> **Memo.**　支配人を置いている会社については、支店移転の登記と同
> 時に支配人を置いた営業所移転の登記もしなければなりませ
> んが（商登則58）、追加で必要となる添付書面はありません。

☑委任状（商登18）

◆記載例　取締役会議事録

第○号議案　支店移転の件
　議長は、令和○年○月○日付けで○○支店（住所　○県○市○町○丁
目○番○号）を以下の場所に移転したい旨を議場に諮ったところ、出席

第1章　株式会社　（ 10 ～ 94 ）　　　101

取締役全員の賛成をもって決定した。
　　移転後の○○支店の住所　○県○市○町○丁目○番○号

45　支店の廃止

☑**取締役会議事録又は取締役の過半数の一致を証する書面**（商登46①
　②）⇨ **◆記載例**

> Memo.　非取締役会設置会社においては、株主総会の決議で決定することも可能です（ 3 （1）ア（ア）参照）。この場合には、株主総会議事録と株主リストを添付します。

> Memo.　支配人を置いている会社については、支店廃止の登記と同時に支配人を置いた営業所廃止の登記もしなければなりませんが（商登則58）、追加で必要となる添付書面はありません。

☑**委任状**（商登18）

◆記載例　取締役会議事録

第○号議案　支店廃止の件
　議長は、令和○年○月○日付けで○○支店（住所　○県○市○町○丁目○番○号）を廃止したい旨を議場に諮ったところ、出席取締役全員の賛成をもって決定した。

46　本店・支店の表示の変更

（1）　行政区画の変更（地番に変更がない場合）

　商業登記法26条により、行政区画、郡、区、市町村内の町若しくは字又はそれらの名称の変更があったときは、その変更による登記があったものとみなされるため、当事者に登記申請義務はありません。

102　　　　第1章　株式会社　（ 10 ～ 94 ）

（2）　住居表示の実施、行政区画の変更に伴い地番変更がある場合、土地改良事業・土地区画整理事業等施行による地番変更がある場合

この場合には、当事者に申請義務がありますので、変更があった日から2週間以内に変更の登記申請をしなければなりません。ただし、変更登記の義務はありますが、法定期間内にその申請がなされないときでも必ずしも会社法違反とすべきではなく、手続上懈怠があると認める事件に限って、所轄地方裁判所に通知するものとされています（大13・3・26民事5429）。

☑**委任状**（商登18）

> Memo.　商業登記法上の添付書面ではありませんが、登記申請に際して非課税の取扱いを受けるためには、市町村長の作成による証明書（住居表示実施証明書）、土地改良事業等の施行者の証明書、住居番号決定通知書等（登税5四・五、登税規1、昭37・9・11民事甲2609）の書類を添付する必要があります。

47　取締役会の設置

☑**株主総会議事録**（商登46②）⇨◆記載例

> Memo.　定款の変更となるため、株主総会の特別決議（ 3 （1）ア（イ）参照）が必要です。非監査役設置会社（会計参与設置会社である非公開会社を除きます。）については、取締役会の設置と同時に監査役設置会社となるための定款変更も必要となります（ 49 を参照）。
> 　　　なお、取締役を新たに選任する場合については 12 をご参照ください。

☑**株主リスト**（商登則61③）

第1章　株式会社　（ 10 ～ 94 ）　　　103

☑取締役会議事録（商登46②③）

> **Memo.**　　代表取締役の選定機関の変更に伴い、代表取締役の変更の有無に関係なく代表取締役を選定する必要があります。
>
> 　なお、従前の代表取締役が取締役会において再任された場合には、登記実務上、登記事項に変更が生じないと取り扱われるため、代表取締役の変更の登記を要しないとされています（松井信憲『商業登記ハンドブック〔第4版〕』395頁（商事法務、2021））。代表取締役に変更がある場合には、代表取締役の退任及び就任の登記が必要となりますので、添付書類については 16 17 をご参照ください。

☑委任状（商登18）

◆記載例　株主総会議事録

第○号議案　定款変更の件

　議長は、取締役会を置くことを目的として、当会社の定款第○章を「取締役及び取締役会」と変更するとともに、別紙のとおりに変更したい旨説明し、これを議場に諮ったところ、満場一致をもって可決確定した。

> **Memo.**　　取締役会を置くことにより、その他の定款の規定に影響する場合には、その規定も併せて見直す必要があります。

48　取締役会の廃止

☑株主総会議事録（商登46②）⇨◆記載例

> **Memo.**　　定款の変更となるため、株主総会の特別決議（ 3 （1）ア（イ）参照）が必要です。取締役会の廃止に伴い代表取締役の選定機関に変更が生じることになりますので、変更後の選定機関による選定行為が必要となります。ただし、変更後の選

104　　第1章　株式会社　（ 10 ～ 94 ）

定機関によって従前の代表取締役が再任された場合における
登記実務の取扱いについては、 47 をご参照いただき、代表
取締役に変更が生じる場合の代表取締役の選定に関する添付
書類については、 16 をご参照ください。なお、取締役会の
廃止に伴い、取締役の中から代表取締役を定めないとした場
合には、「代表権の付与」の登記をすることになります。代表
権の付与の登記については、就任承諾書の添付は不要です。

☑**株主リスト**（商登則61③）

☑**委任状**（商登18）

◆記載例　株主総会議事録

第○号議案　定款変更の件
　議長は、取締役会を廃止することを目的として、当会社の定款「第○
章　取締役及び取締役会」を「第○章　取締役」と変更して、別紙のと
おりに変更したい旨説明し、これを議場に諮ったところ、満場一致をも
って可決確定した。

Memo.　取締役会を廃止することにより、その他の定款の規定に影響す
る場合には、その規定も併せて見直す必要があります。

49　監査役の設置

☑**株主総会議事録**（商登46②）⇨◆記載例

Memo.　定款の変更となるため、株主総会の特別決議（ 3 （1）ア
（イ）参照）が必要です。なお、監査役の選任については 19
をご参照ください。

☑**株主リスト**（商登則61③）

☑**委任状**（商登18）

第1章 株式会社 （ 10 ～ 94 ） 105

◆記載例　株主総会議事録

第○号議案　定款変更の件
　議長は、監査役を置くことを目的として、当会社の定款に「第○章
監査役」を設け、別紙のとおりに変更したい旨説明し、これを議場に諮
ったところ、満場一致をもって可決確定した。

Memo.　　監査役の監査の権限を会計に関するものに限る場合について
は、 20 をご参照ください。また、監査役を置くことにより、その
他の定款の規定に影響する場合には、その規定も併せて見直す必
要があります。

50　監査役の廃止

☑**株主総会議事録**（商登46②）⇨◆**記載例**

Memo.　　定款の変更となるため、株主総会の特別決議（ 3 （1）ア
（イ）参照）が必要です。取締役会設置会社である非公開会社
が、非監査役設置会社である場合には、会計参与を置く旨の
規定を設ける必要があります（会社327②）。
　　なお、監査役の退任については、 21 をご参照ください。

☑**株主リスト**（商登則61③）

☑**委任状**（商登18）

◆記載例　株主総会議事録

第○号議案　定款変更の件
　議長は、監査役を廃止することを目的として、当会社の定款「第○章
監査役」を削除して、別紙のとおりに変更したい旨説明し、これを議
場に諮ったところ、満場一致をもって可決確定した。

Memo.　　監査役を廃止することにより、その他の定款の規定に影響する
場合には、その規定も併せて見直す必要があります。

106　　　　第1章　株式会社　（ 10 ～ 94 ）

51　監査役会の設置

☑**株主総会議事録**（商登46②）⇨◆**記載例**

> Memo.　定款の変更となるため、株主総会の特別決議（ 3 （1）ア
> （イ）参照）が必要です。
> 　監査役会設置会社とする場合、その他の機関設計について
> も注意が必要です（会社328①）。
> ①　監査役会設置会社は、取締役会設置会社である必要があ
> 　ります。
> ②　公開会社である大会社については、監査役会及び会計監
> 　査人を置く必要があります（会計監査人設置会社について
> 　は、 55 をご参照ください。）。
> 　また、監査役会設置会社においては、監査役は3名以上で、
> そのうち半数以上は、社外監査役でなければならず（会社335
> ③）、かつ、社外監査役の登記もする必要があります（会社911
> ③十八）。

☑**株主リスト**（商登則61③）
☑**委任状**（商登18）

◆**記載例　株主総会議事録**

第○号議案　定款変更の件
　議長は、監査役会を置くことを目的として、当会社の定款第○章を「監
査役及び監査役会」と変更するとともに、別紙のとおりに変更したい旨
説明し、これを議場に諮ったところ、満場一致をもって可決確定した。

> Memo.　登記事項ではありませんが、監査役会を置く場合には、監査役
> の過半数をもって常勤監査役を選定する必要があります。また、
> その他の定款の規定の追加が必要となる場合には、その規定も併
> せて見直す必要があります。

第1章　株式会社　（ 10 ～ 94 ）　　107

52　監査役会の廃止

☑**株主総会議事録**（商登46②）⇨ ◆記載例

> Memo.　定款の変更となるため、株主総会の特別決議（ 3 （1）ア
> （イ）参照）が必要です。
>
> 　　監査役会を廃止する場合、 51 に記載のその他の機関設計
> について影響がないかどうか注意が必要です。
>
> 　　また、社外監査役の登記は、監査役会設置会社である場合
> にのみ登記が必要であるため、監査役会の廃止に伴い社外監
> 査役の登記を抹消する必要があります。

☑**株主リスト**（商登則61③）

☑**委任状**（商登18）

◆記載例　株主総会議事録

> 第○号議案　定款変更の件
> 　議長は、監査役会を廃止することを目的として、当会社の定款「第○
> 章　監査役及び監査役会」を「第○章　監査役」と変更して、別紙のと
> おりに変更したい旨説明し、これを議場に諮ったところ、満場一致をも
> って可決確定した。

> Memo.　監査役会を廃止することにより、その他の定款の規定に影響す
> る場合には、その規定も併せて見直す必要があります。

53　会計参与の設置

☑**株主総会議事録**（商登46②）⇨ ◆記載例

> Memo.　定款の変更となるため、株主総会の特別決議（ 3 （1）ア
> （イ）参照）が必要です。 50 のとおり、取締役会設置会社で

108　　第1章　株式会社　(10 ～ 94)

　　　ある非公開会社が、監査役を置いていない場合には、会計参
　　与は必ず置かなければなりません（会社327②）。
　　　なお、会計参与の選任については、 23 をご参照ください。

☑**株主リスト**（商登則61③）
☑**委任状**（商登18）

◆**記載例　株主総会議事録**

第〇号議案　定款変更の件
　議長は、会計参与を置くことを目的として、当会社の定款に「第〇章
　会計参与」を設け、別紙のとおりに変更したい旨説明し、これを議場
に諮ったところ、満場一致をもって可決確定した。

Memo.　　会計参与に関するその他の規定についても定款で定める必要が
あります。

54　会計参与の廃止

☑**株主総会議事録**（商登46②）⇨ ◆**記載例**

Memo.　　定款の変更となるため、株主総会の特別決議（ 3 （1）ア
（イ）参照）が必要です。 50 のとおり、取締役会設置会社で
ある非公開会社が、会計参与を置く旨の規定を廃止する場合
には、監査役を置く旨の規定を設ける必要があります（会社
327②）。
　　　なお、会計参与の退任については、 24 をご参照ください。

☑**株主リスト**（商登則61③）
☑**委任状**（商登18）

◆**記載例　株主総会議事録**

第〇号議案　定款変更の件
　議長は、会計参与を廃止することを目的として、当会社の定款「第〇

第 1 章　株式会社　（ 10 ～ 94 ）　　　109

章　会計参与」を削除して、別紙のとおりに変更したい旨説明し、これ
を議場に諮ったところ、満場一致をもって可決確定した。

Memo.　　会計参与を廃止することにより、その他の定款の規定に影響す
る場合には、その規定も併せて見直す必要があります。

55　会計監査人の設置

☑**株主総会議事録**（商登46②）⇨◆記載例

Memo.　　定款の変更となるため、株主総会の特別決議（ 3 （1）ア
（イ）参照）が必要です。
　　以下に該当する場合には、会計監査人は必ず置かなければ
なりません。
　・監査等委員会設置会社及び指名委員会等設置会社（会社327
⑤）
　・大会社（会社328）
　　なお、会計監査人の選任については、 28 をご参照くださ
い。

☑**株主リスト**（商登則61③）
☑**委任状**（商登18）

◆**記載例　株主総会議事録**

第〇号議案　定款変更の件
　議長は、会計監査人を置くことを目的として、当会社の定款に「第〇
章　会計監査人」を設け、別紙のとおりに変更したい旨説明し、これを
議場に諮ったところ、満場一致をもって可決確定した。

Memo.　　会計監査人に関するその他の規定についても定款で定める必要
があります。

110　　　　第1章　株式会社　（ 10 ～ 94 ）

56　会計監査人の廃止

☑**株主総会議事録**（商登46②）⇨◆**記載例**

> Memo.　定款の変更となるため、株主総会の特別決議（ 3 （1）ア
> （イ）参照）が必要です。 55 に記載の会計監査人を設置しな
> ければいけない場合に該当しなくなった場合に廃止すること
> ができます。
>
> 　なお、会計監査人の退任については、 29 をご参照くださ
> い。

☑**株主リスト**（商登則61③）

☑**委任状**（商登18）

◆**記載例　株主総会議事録**

第○号議案　定款変更の件
　議長は、会計監査人を廃止することを目的として、当会社の定款「第
○章　会計監査人」を削除して、別紙のとおりに変更したい旨説明し、
これを議場に諮ったところ、満場一致をもって可決確定した。

> Memo.　会計監査人を廃止することにより、その他の定款の規定に影響
> する場合には、その規定も併せて見直す必要があります。

57　監査等委員会設置会社の定めの設定

☑**株主総会議事録**（商登46②）⇨◆**記載例**

> Memo.　定款の変更となるため、株主総会の特別決議（ 3 （1）ア
> （イ）参照）が必要です。監査等委員会設置会社の定めは、会
> 社の規模や公開会社か否かを問わずに定款に置くことができ

第1章　株式会社　（ 10 ～ 94 ）　　　111

ます（会社326②）。

　監査等委員会設置会社は、取締役会及び会計監査人を置か
なければならず、監査役を置くことはできません（会社327①
三・④⑤）。また、監査等委員会設置会社の定めの設定に伴い、
取締役の任期が満了により退任となります（会社332⑦一）。

　なお、監査等委員である取締役の就任については、 33 を、
監査等委員以外の取締役の就任については、 34 を、代表取
締役の就任については、 16 を、会計監査人の選任について
は、 28 をそれぞれご参照ください。

　また、監査等委員である取締役は、３名以上で、その過半
数は、社外取締役でなければならず（会社331⑥）、かつ、当該
社外取締役の登記もする必要があります（会社911③二十二）。

☑**株主リスト**（商登則61③）

☑**委任状**（商登18）

◆記載例　株主総会議事録

第〇号議案　定款変更の件
　議長は、監査等委員会設置会社となることを目的として、当会社の定
款に「第〇章　監査等委員会」を設け、別紙のとおりに変更したい旨説
明し、これを議場に諮ったところ、満場一致をもって可決確定した。

Memo.　監査等委員会の設置に伴い定款で定める規定についても検討す
る必要があります。

58　監査等委員会設置会社の定めの廃止

☑**株主総会議事録**（商登46②）⤳◆記載例

Memo.　定款の変更となるため、株主総会の特別決議（ 3 （1）ア

112　　第 1 章　株式会社　（ 10 〜 94 ）

（イ）参照）が必要です。監査等委員会設置会社の定めの廃止
をすることにより、その他の機関を置く必要がある場合には、
当該機関を置く旨の定款変更も併せて行う必要があります。
また、監査等委員会設置会社の定めの廃止に伴い、取締役の
任期が満了により退任となります（会社332⑦二）。
　なお、監査等委員会設置会社の定めの廃止による取締役の
退任については、 35 及び 36 をご参照ください。その他変
更後の機関設計に応じた役員の選任が必要となる場合があり
ます。

☑**株主リスト**（商登則61③）

☑**委任状**（商登18）

◆記載例　株主総会議事録

> 第○号議案　定款変更の件
> 　議長は、監査等委員会設置会社の定めを廃止することを目的として、
> 当会社の定款「第○章　監査等委員会」を削除して、別紙のとおりに変
> 更したい旨説明し、これを議場に諮ったところ、満場一致をもって可決
> 確定した。

Memo.　　上記のとおり、監査等委員会設置会社の定めを廃止することに
より、その他の機関を置く必要がある場合には、当該機関を置く
旨の定め、その他所要の規定も併せて見直す必要があります。

59　役員等の責任免除の定めの設定・変更

（1）取締役等の会社に対する責任の免除に関する規定の設定・変更

☑**株主総会議事録**（商登46②）⇨◆記載例 1

Memo.　　定款の変更となるため、株主総会の特別決議（ 3 （1）ア

第1章　株式会社　（ 10 ～ 94 ）　　　113

（イ）参照）が必要です。本定めを設定するには、監査役設置
会社（取締役が2名以上ある場合に限ります。）、監査等委員
会設置会社、指名委員会等設置会社のいずれかに該当してい
る必要があります（会社426①）。

☑**株主リスト**（商登則61③）

☑**委任状**（商登18）

（2）　責任限定に関する規定の設定・変更

☑**株主総会議事録**（商登46②）⇨◆記載例2

> Memo.　定款の変更となるため、株主総会の特別決議（ 3 （1）ア
> （イ）参照）が必要です。
> 　　なお、（1）の取締役等の会社に対する責任の免除に関する
> 規定の設定と異なり、本定めは機関設計のいかんを問わず設
> けることが可能です。

☑**株主リスト**（商登則61③）

☑**委任状**（商登18）

◆記載例1　株主総会議事録

第○号議案　定款変更の件
　議長は、取締役等の会社に対する責任の免除に関する規定の設定（変
更）を目的として、当会社の定款第○条を以下のとおり設けること及び
これに伴い以下の条文については繰下げを行うことについて説明し、こ
れを議場に諮ったところ、満場一致をもって可決確定した。
第○条（役員の責任免除）
　当会社は、会社法第426条第1項の規定により、取締役の過半数の同意
（取締役会の決議）によって、取締役、監査役又は会計監査人の負う会
社法第423条第1項の責任を法令の限度において免除することができる。
以下、条文繰下げ

114　　第1章　株式会社　（ 10 ～ 94 ）

◆記載例2　株主総会議事録

第○号議案　定款変更の件
　議長は、責任限定契約に関する規定の設定（変更）を目的として、当会社の定款第○条を以下のとおり設けること及びこれに伴い以下の条文については繰下げを行うことについて説明し、これを議場に諮ったところ、満場一致をもって可決確定した。
第○条（責任限定契約）
　当会社は、会社法第427条第1項の規定により、非業務執行取締役等との間に、会社法第423条第1項の責任を限定する契約を締結することができる。ただし、当該契約に基づく責任の限度額は、○円以上であらかじめ定めた金額又は法令が規定する額のいずれか高い額とする。
以下、条文繰下げ

＜記載のポイント＞

　責任限定契約を締結することができる非業務執行取締役等とは、非業務執行取締役、監査役、会計参与及び会計監査人になりますので、対象となる役員を明確にする必要があります。なお、非取締役会設置会社の取締役であっても、代表取締役でなく、かつ、実際に業務を執行していなければ、業務執行取締役には該当せず、当該取締役が、支配人その他の使用人を兼務していない限り、非業務執行取締役に該当するため、責任限定契約を締結することができます（内田修平「実務問答会社法第85回　I取締役会非設置会社の取締役との責任限定契約の締結の可否」旬刊商事法務No.2360 53頁（2024））。

60　　役員等の責任免除の定めの廃止

　取締役等の会社に対する責任の免除に関する規定の廃止、責任限定に関する規定の廃止に共通して、以下の書面が必要となります。

☑**株主総会議事録**（商登46②）▷◆記載例

> Memo.　　定款の変更となるため、株主総会の特別決議（ 3 （1）ア（イ）参照）が必要です。

☑**株主リスト**（商登則61③）

☑**委任状**（商登18）

◆**記載例　株主総会議事録**

第○号議案　定款変更の件

　議長は、取締役等の会社に対する責任の免除に関する規定（責任限定契約に関する規定）を廃止することを目的として、当会社の定款第○条を削除すること及びこれに伴い所要の変更を行うことについて説明し、これを議場に諮ったところ、満場一致をもって可決確定した。

第4 株 式

61 発行可能株式総数の変更

（1） 原則的な変更（会社466）

☑**株主総会議事録**（商登46②）⟹◆記載例

> **Memo.** 発行可能株式総数は、定款の必要的記載事項です（会社37①）。よって、株主総会の特別決議（3（1）ア（イ）参照）によって変更する必要があります（会社309②十一）。

> **Memo.** 公開会社の場合、増加後の発行可能株式総数は発行済株式総数の4倍を超えることができません（会社113③一）。一方、非公開会社については、そのような制約はありません。

☑**株主リスト**（商登則61③）

☑**委任状**（商登18）

（2） 株式分割と同時に増加する変更（会社184②）

☑**取締役会議事録（又は取締役の決定書）**（商登46②）

> **Memo.** 取締役会設置会社が、株式分割の効力発生日における発行可能株式総数を変更する場合（現に一種類の株式を発行している場合に限ります。）には、株式の分割比率の範囲内において、取締役会の決議により発行可能株式総数を増加することができます（会社184②）。⟹ 74 ◆記載例

> **Memo.** 非取締役会設置会社の場合には、取締役の過半数の一致により、発行可能株式総数を増加することができます（会社184②）。

☑**委任状**（商登18）

（3） 株式併合に伴う変更（会社180）

> **Memo.** 株式併合を行う場合には、効力発生日における発行可能株式総数を定めなければなりません（会社180②四）。当該発行可

第1章　株式会社　（ 10 ～ 94 ）　　117

能株式総数は、効力発生日において定款を変更したものとみ
なされます（会社182②）。⇨ 73 ◆記載例

☑**委任状**（商登18）

◆**記載例　株主総会議事録**

> 第○号議案　定款一部変更の件
> 　議長は、次のとおり定款第○条（発行可能株式総数）を変更したい旨
> 及びその理由を述べ、本議案の賛否を議場に諮ったところ、満場異議な
> くこれを承認可決した。
> 【変更前】第○条（発行可能株式総数）
> 　　　　　当会社の発行可能株式総数は、1,000株とする。
> 【変更後】第○条（発行可能株式総数）
> 　　　　　当会社の発行可能株式総数は、4,000株とする。

＜記載のポイント＞
　定款変更は、決議がなされた時に効力が生じるのが原則です。ただし、
実務上は期限付決議とすることが多いので、その場合は定款変更の効力発
生日を記載する必要があります。定款変更案の分量が多い場合は、議事録
の別紙を作成して添付することが多いと思われます。

62　株式の内容の変更（単一株式発行会社）

（1）　譲渡制限株式の定めの設定

☑**株主総会議事録**（商登46②）

> Memo.　　株式会社は発行する全部の株式の内容として、譲渡による
> 当該株式の取得について当該株式会社の承認を要することを
> 定款に定めることができます（会社107①一）。譲渡制限株式の
> 定めの設定は、株主総会の特殊決議（ 3 （1）ア（イ）参照）

によって行います（会社309③一）。非常に厳しい決議要件となっているため、決議の際は留意する必要があります。

☑**株主リスト**（商登則61③）

☑**株券提供公告をしたことを証する書面又は株券が発行されていないことを証する書面**（商登62・59①二）

> Memo. ①株券を発行している会社は、定款に定める公告方法により、定款変更の効力発生日の1か月前までに、株券提供公告及び株主全員に対して各別に通知をしなければなりません（会社219①一）。ただし、登記の添付書面としては、公告をしたことを証する書面（官報の掲載紙等）のみで足ります。②株券発行会社であって、現に株券を発行していない場合（会社215④）は、株券が発行されていないことが記載された株主名簿を添付します。③株券不発行会社については、登記記録上、株券を発行しないことが確認できますので、本書面は不要です。
>
> なお、実務上は、譲渡制限株式の定めの設定と並行して株券を発行する定めの廃止を併せて行うケースが多いようですが（ 66 参照）、譲渡制限株式の設定に先立ち、株券を発行する旨の定めを廃止する場合は、本書面の添付は不要になります。

☑**委任状**（商登18）

（2）　譲渡制限株式の定めの変更及び廃止

☑**株主総会議事録**（商登46②）➡ ◆記載例1

> Memo. 譲渡制限株式の定めを変更し又は廃止する定款変更は、株主総会の特殊決議ではなく特別決議（ 3 （1）ア（イ）参照）によって行うことができます（会社309②十一）。譲渡制限株式の定めを廃止すると、公開会社（会社2五）に移行することとなり、少なくとも取締役会及び監査役（監査の範囲を会計に限定することはできません。）又は監査等委員会若しくは指

第1章　株式会社　（ 10 ～ 94 ）　　　119

名委員会の設置が義務付けられていますので（会社327①一・二）、定款変更決議の際は、当該機関の設置を併せて行わなければならない場合があります（ 47 49 57 参照）。また、譲渡制限株式の定めを廃止する定款変更の効力発生時点の発行可能株式総数は、発行済株式総数の４倍を超えることができきませんので（会社113③二）、この点にも注意する必要があります（ 61 参照）。

☑**株主リスト**（商登則61③）

☑**委任状**（商登18）

（3）　取得請求権付株式の定めの設定、変更又は廃止

☑**株主総会議事録**（商登46②）

> Memo.　　株式会社は発行する全部の株式の内容として、株主がその有する株式について、株式会社に対し当該株式の取得を請求することができる旨を定款に定めることができます（会社107①二）。この定めを設定、変更又は廃止する定款変更は、株主総会の特別決議（ 3 （1）ア（イ）参照）によって行います（会社309②十一）。
>
> 　　なお、取得請求権付株式の定めは、種類株式発行会社（会社２十三）において用いられるのが一般的です。

☑**株主リスト**（商登則61③）

☑**委任状**（商登18）

（4）　取得条項付株式の定めの設定、変更、廃止

☑**株主総会議事録**（商登46②）　⇨ ◆記載例2

> Memo.　　株式会社は発行する全部の株式の内容として、一定の事由が生じたことを条件として、株式会社が株主の有する株式を株主から取得できる旨を定款に定めることができます（会社107①二）。この定めを設定、変更又は廃止する定款変更は、株主総会の特別決議（ 3 （1）ア（イ）参照）によって行います（会社309②十一）。

120　　第1章　株式会社　（ 10 ～ 94 ）

　　　なお、取得条項付株式の定めは、種類株式発行会社（会社2
　　十三）において用いられるのが一般的です。

☑**株主リスト**（商登則61③）

☑**株主全員の同意があったことを証する書面**（商登46①）

> Memo.　　取得条項付株式を設定し又は変更しようとする場合には、
> 株主全員の同意を得なければなりません（会社110）。この同
> 意は、定款変更の決議とは別途必要になります。⇨◆**記載**
> **例2**
> 　　同意があったことを証する書面については、 3 （1）オを
> ご参照ください。

☑**株主リスト**（商登則61②）

> Memo.　　株主全員の同意を要する場合は、商業登記規則61条2項の
> 株主リストを添付しなければなりません。商業登記規則61条
> 3項の株主リストとは、記載事項が異なっていますので、ご
> 留意ください。

☑**委任状**（商登18）

◆**記載例1　株主総会議事録**

第○号議案　定款一部変更の件
　　議長は、令和○年○月○日付けで別紙「定款変更案」のとおり定款を
変更したい旨を述べ、定款変更の概要及びその理由を説明した後、本議
案の賛否を議場に諮ったところ、満場異議なくこれを承認可決した。
　【定款変更の概要】
　1．株式の譲渡制限規定の廃止
　2．取締役会及び監査役の設置
　3．取締役会に関する所要の規定の新設
　4．監査役に関する所要の規定の新設

＜記載のポイント＞
1　定款変更の内容が多岐にわたる場合には、定款変更案は議事録の別紙

第1章　株式会社　（ 10 ～ 94 ）　　　121

とすることがほとんどだと思われます。別紙としては、変更前後の対照
表や、変更後（又は変更前及び変更後）の定款の全文を添付することにな
ります。

2　株式の譲渡制限の設定に係る定款変更の効力発生日は、株主総会の
決議内容とはされていませんが、株券提供公告及び株主への通知（会社219
①一）、反対株主の株式買取請求に係る通知又は公告（会社116①一・④）の基
準となるため、実務上は効力発生日を併せて決議することが必要です。

◆記載例2　株主総会議事録

> 第○号議案　　株式の取得条項に係る定款変更の件
> 　議長は、下記のとおり定款を変更し、株式の取得条項を設定したい旨
> を述べ、また本議案については、株主全員の同意を要する事項であるこ
> とを説明した後、本議案の賛否を議場に諮ったところ、満場異議なく承
> 認可決された。
> 　　　　　　　　　　　　　　　記
> 　第○条（取得条項）
> 　　当会社は、当会社が別に定める日が到来したときに、当会社の株式
> を取得することができる。取得の対価は、1株につき金○円とする。
>
> 　また、議長は、本日の株主総会には当会社の株主全員が出席しており、
> 本議案につき株主全員が賛成したことから、会社法第110条に規定する
> 総株主の同意が得られた旨が確認された。

＜記載のポイント＞

　株主全員の同意があったことを証する書面として、株主総会議事録の記
載を援用する場合の記載例となっています。

　①株主全員が出席していること、②議案の採決のほかに、取得条項を定
めることについての株主全員の同意が得られたことを、明確に記載してお
くことが必要になると思われます。

122　　　第1章　株式会社　（ 10 ～ 94 ）

63　　異なる種類の株式（種類株式）の追加

（1）　　種類株式（優先株式（剰余金の配当、残余財産の分配）、議
　　　決権制限株式、譲渡制限株式、取得請求権付株式、取得条項
　　　付株式、全部取得条項付種類株式、拒否権付株式、取締役等
　　　選解任権付株式（会社108①））及び種類株主総会の決議を要し
　　　ない旨の定め（会社322②）を追加する場合

☑**株主総会議事録**（商登46②）

　　Memo.　　内容の異なる種類の株式を追加（種類株式の追加）するに
　　　　は、株主総会の特別決議（ 3 （1）ア（イ）参照）によって、定
　　　　款に追加する各種類の株式の内容（会社108②各号）のほか、発
　　　　行可能種類株式総数（会社108②）を定めることにより行いま
　　　　す。

　　　　　なお、実務上は、株式の種類を組み合わせた（例えば、優
　　　　先株式、取得請求権付株式及び取得条項付株式の組合せなど）
　　　　定款規定を設けるのが一般的です。

☑**種類株主総会議事録**（商登46②）

　　Memo.　　種類株式の追加が、ある種類の株主に損害を及ぼすおそれ
　　　　があるときは、当該種類の種類株主総会の特別決議が必要で
　　　　す（会社322①一・324②四）。

　　　　　実務上は、「損害を及ぼすおそれ」の判定が困難な場合が多
　　　　いため、種類株主総会を開催することが多いようです。また、
　　　　「損害を及ぼすおそれが全くない」という場合については、
　　　　①株主総会議事録にその旨を記載する、あるいは、②会社の
　　　　代表者の作成に係る上申書に損害を及ぼすおそれがない旨を
　　　　証明することで種類株主総会の開催を不要としています。

☑**株主リスト**（商登則61③）

　　Memo.　　株主総会の決議に係る株主リストのほか、種類株式総会を

第1章　株式会社　（ 10 ～ 94 ）　　123

要する場合は種類株主総会の決議に係る株主リストをそれぞ
れ添付します。

☑**委任状**（商登18）

（2）　既存の種類株式の内容を変更して譲渡制限株式とする場合

☑**株主総会議事録**（商登46②）

> Memo.　既発行の種類株式の内容を変更して、譲渡制限株式の定め
> を設定する場合は、基本的に前記（1）の場合と同様ですが、
> 当該定款変更に係る株主総会の決議は、特殊決議ではなく特
> 別決議（ 3 （1）ア（イ）参照）で足ります（会社309②十一）。

☑**種類株主総会議事録**（商登46②）

> Memo.　譲渡制限株式の定めを設定する種類株式に係る種類株主総
> 会の特殊決議（会社111②）を要します。
> 　また、当該既存の株式の内容の変更が、ある種類の株主に
> 損害を及ぼすおそれがあるときは、当該種類の種類株主総会
> の特別決議も必要です（会社322①一・324②四）。

☑**株主リスト**（商登則61③）

> Memo.　株主総会の決議に係る株主リストのほか、種類株式総会を
> 要する場合は種類株主総会の決議に係る株主リストをそれぞ
> れ添付します。

☑**株券提供公告をしたことを証する書面又は株券が発行されていない**
ことを証する書面（商登62・59①二）

> Memo.　 62 （1）をご参照ください。

☑**委任状**（商登18）

（3）　既存の種類株式の内容を変更して取得条項付株式とする場合

☑**株主総会議事録**（商登46②）

> Memo.　既存の種類株式の内容を変更して取得条項を追加する定款
> 変更は、株主総会の特別決議（ 3 （1）ア（イ）参照）によっ
> て行います（会社309②十一）。

124　　　第1章　株式会社　（ 10 ～ 94 ）

☑**種類株主総会議事録**（商登46②）

> Memo.　　種類株式の追加が、ある種類の株主に損害を及ぼすおそれがあるときは、種類株主総会の特別決議が必要です（会社322①一・324②四）。

☑**株主リスト**（商登則61③）

> Memo.　　株主総会の決議に係る株主リストのほか、種類株主総会を要する場合は種類株主総会の決議に係る株主リストをそれぞれ添付します。

☑**株主全員の同意があったことを証する書面**（商登46①）

> Memo.　　既存の種類株式の内容を変更（定款変更）して取得条項を追加する場合、又は既存の取得条項を変更（廃止する場合を除きます。）する場合には、当該種類の株主全員の同意を得なければなりません（会社111①）。この同意は、定款変更の決議とは別途必要になります。
>
> 　　同意があったことを証する書面については、 3 （1）オをご参照ください。

☑**株主リスト**（商登則61②）

> Memo.　　株主全員の同意を要する場合は、商業登記規則61条2項の株主リストを添付しなければなりません。

☑**委任状**（商登18）

（4）　既存の種類株式の内容を変更して、当該種類株式について種類株主総会の決議不要の定めを設ける場合

☑**株主総会議事録**（商登46②）

> Memo.　　会社法322条1項（1号を除きます。）の決議は、定款において種類株主総会の決議を要しない旨を定めることができます（会社322②）（以下「種類株主総会決議不要の定め」といいます。）。
>
> 　　この定款変更は、株主総会の特別決議（ 3 （1）ア（イ）参照）によって行います。

第 1 章 株式会社 （ 10 ～ 94 ） 125

☑**株主リスト**（商登則61③）

☑**株主全員の同意があったことを証する書面**（商登46①）

> Memo. 定款において種類株主総会決議不要の定めを設ける場合
> は、当該定款の定めを設ける種類の株式を有する種類株主全
> 員の同意が必要です（会社322④）。
> 　種類株主総会決議不要の定めは、実務上非常に多く利用さ
> れており、種類株式発行会社へ移行する際、追加する種類株
> 式と既存の普通株式双方に、この定めを設定するという方法
> が採られるのが一般的です。この場合は、普通株式に係る株
> 主全員の同意が必要になります。

☑**株主リスト**（商登則61②）

> Memo. 株主全員の同意を要する場合は、商業登記規則61条２項の
> 株主リストを添付しなければなりません。

☑**委任状**（商登18）

（5） ある既存の種類株式の全部を別の種類の株式に変更する場合

☑**株主総会議事録**（商登46②）

> Memo. 既発行の種類株式の内容を変更して、別の種類の株式とす
> るには（例えば、既発行の普通株式、Ａ種株式、Ｂ種株式の
> うち、Ｂ種株式の全部をＡ種株式の内容に変更する場合）、当
> 該定款変更に係る株主総会の特別決議（ 3 （1）ア（イ）参照）
> で行います（会社309②十一）。なお、普通株式の一部をＡ種株
> 式に変更する場合については、 65 をご参照ください。

☑**種類株主総会議事録**（商登46②）

> Memo. 当該既存の株式の内容の変更が、ある種類の株主に損害を
> 及ぼすおそれがあるときは、当該種類の種類株主総会の特別
> 決議も必要です（会社322①一・324②四）。

☑**株券提供公告をしたことを証する書面又は株券が発行されていない
ことを証する書面**（商登62・59①二）

> Memo. 変更後の種類の株式が譲渡制限株式であって（譲渡制限株

126　　　第1章　株式会社　（ 10 ～ 94 ）

式の定めを設定することになる場合）、かつ、株券発行会社で
ある場合に必要になります。詳細は 62 （1）をご参照くださ
い。

☑**株主全員の同意があったことを証する書面**（商登46①）

> Memo.　　①変更後の種類の株式が取得条項付株式である場合（取得
> 条項を追加、変更することになる場合）又は②変更後の種類
> の株式に種類株主総会決議不要の定めがある場合には、株式
> の種類を変更する種類株主全員の同意が必要です。詳細は、
> 前記（3）（4）をご参照ください。

☑**株主リスト**（商登則61②③）

> Memo.　　株主総会の決議に係る株主リストのほか、種類株式総会を
> 要する場合は種類株主総会の決議に係る株主リストをそれぞ
> れ添付します（商登則61③）。また、種類株主全員の同意を要
> する場合には、商業登記規則61条2項の株主リストも必要に
> なります。

☑**委任状**（商登18）

64　種類株式の廃止（単一株式発行会社への移行）

（1）　全ての種類の株式が既発行（廃止する種類の株式の全部が自己株式である場合を除く。）である場合

☑**株主総会議事録**（商登46②）

> Memo.　　種類株式を廃止し、単一株式発行会社へ移行するには、株
> 主総会の特別決議（ 3 （1）ア（イ）参照）によって、種類株
> 式に関する定款規定及び発行可能種類株式総数（会社108②）
> を廃止することになります。

第1章　株式会社　（ 10 ～ 94 ）　　127

☑**種類株主総会議事録**（商登46②）➡️◆記載例

> Memo.　種類株式の廃止が、ある種類の株主に損害を及ぼすおそれがあるときは、種類株主総会の特別決議が必要です（会社322①一・324②四）。

☑**株主リスト**（商登則61③）

> Memo.　株主総会の決議に係る株主リストのほか、種類株式総会を要する場合は種類株主総会の決議に係る株主リストをそれぞれ添付します。

☑**委任状**（商登18）

（2）　廃止する種類の株式が未発行である場合又は廃止する種類の株式全部が自己株式である場合

☑**株主総会議事録**（商登46②）

> Memo.　株主総会の特別決議（ 3 （1）ア（イ）参照）によって、種類株式に関する定款規定及び発行可能種類株式総数（会社108②）を廃止します。この点は上記（1）と同様ですが、ある種類の株主に損害を及ぼすおそれがありませんので、種類株主総会の決議を要しません。
>
> 　実務上は、①廃止する種類の株式の株主と会社との合意により、当該株主の株式の種類を、存続させる種類の株式（例えば普通株式）にあらかじめ変更しておき（ 65 参照）、廃止する種類の株式を未発行にした上で、当該種類の株式を廃止する定款変更を行う、②廃止する種類の株式の取得条項を発動させて、当該種類の株式の全部を自己株式とした上で、当該種類の株式を廃止する定款変更及び発行可能種類株式総数（会社108②）を廃止する定款変更を行う、という手続をとる場合もあるようです。

☑**株主リスト**（商登則61③）

☑**委任状**（商登18）

128　　　　　第1章　株式会社　（ 10 ～ 94 ）

◆記載例　種類株主総会議事録

A種株式に係る種類株主総会議事録

　令和○年○月○日午前○時から、当会社本店会議室において、A種株式に係る種類株主総会を開催した。

A種株式の株主の総数　　　　　　　　　　　　　　　　　　　○名
発行済A種株式の総数　　　　　　　　　　　　　　　　　　　○株
議決権を行使することができるA種株式の株主の数　　　　　　○名
議決権を行使することができるA種株式の株主の議決権の数　　○個
出席した株主の数（委任状による者を含む。）　　　　　　　　○名
出席株主の議決権の数　　　　　　　　　　　　　　　　　　　○個
出席取締役　代表取締役　○○○○
　　　　　　　取　締　役　○○○○
議長及び議事録作成取締役　代表取締役　○○○○

　定刻、代表取締役　○○○○は定款の定めにより議長となり、開会を宣し、本日の出席株主数及びその議決権数を前記のとおり報告し、本種類株主総会は適法に成立した旨を述べ、直ちに議事に入った。
第1号議案　　定款一部変更の件
　議長は、今般、令和○年○月○日付けで当会社の定款を別紙「定款変更案」のとおり変更したい旨を述べ、定款変更の理由を説明した後、本議案の賛否を諮ったところ、満場異議なくこれを承認可決した。
【定款変更の概要】
　A種株式を廃止して普通株式のみを発行する単一株式発行会社へ移行することとし、A種株式の内容及び種類株主総会に関する規定を削除する。

（以下略）

＜記載のポイント＞
　種類株主総会議事録の作成については、会社法325条により会社法318条1項及び会社法施行規則72条の規定が準用されています。

第1章　株式会社　(10 ～ 94)　　　129

65　種類株式の一部の種類の変更

☑株式会社と種類を変更する株式の種類株主との合意書⇨◆記載例

☑種類を変更する株式の種類株主のうち、種類を変更しない株主の同意書⇨◆記載例

☑種類を変更しない株式の種類株主に損害を及ぼすおそれがある場合は、当該種類株式に係る種類株主総会議事録（商登46②）

☑株主リスト（商登則61②③）

☑委任状（商登18）

Memo.　　既発行のある種類の株式の一部を別の種類の株式に変更することの可否については、明文の規定がありませんが、不利益を受けるおそれのある株主全員の同意を得ることにより可能であると解されています（昭34・10・1民事甲2173、竹田盛之輔「普通株式を優先株式に変更することの可否」別冊ジュリストNo.124商業登記先例判例百選78頁(1993)）。

　　損害を及ぼすおそれが全くない場合には、他の株主の同意等は必要がないと考えられますが、実務上、その判定は困難であることが多いため、他の株主の同意や種類株主総会の決議を行うことになると思われます。

　　また、実務上は、定款を変更して種類株式発行会社に移行する、あるいは、株主総会において定款を変更し、他の種類株式を新設すると共に既発行の株式の一部の種類を変更することが多いように思われます。この場合は、新設した種類の株式については株主が存しないため、種類株主総会の決議を要しません。

　　なお、株主リストは、株主の同意に関しては商業登記規則61条2項に基づき同意をした株主の種類株式に係る株主全員（自己株式を含みます。）が記載されたものを添付します。さらに、種類株

130　　　第1章　株式会社　（ 10 ～ 94 ）

主総会の決議を要する場合は、商業登記規則61条3項の株主リストも必要になります。

◆記載例　合意書兼同意書

合意書　兼　同意書

　○○株式会社（以下「甲」という。）と甲の株主である○○○○（以下「乙」という。）は、甲が発行する普通株式の種類を変更することに関し、次のとおり合意（又は同意）する。
1．株式所有の状況
　　乙は、甲の普通株式○○株を所有していることを表明し、甲はその事実を確認する。
2．株式の種類の変更
　　乙は甲の定款内容を承認の上、甲及び乙は、乙が所有する甲の普通株式○○株につき、株式の種類をA種株式に変更することを合意する。
　　また、乙は、株式会社××の所有する甲の普通株式○○株につき、株式の種類をB種株式に変更することに同意する。
（以下略）

＜記載のポイント＞
　普通株式をA種株式に変更する株主の合意書と、他の普通株主の株式をB種株式に変更することの同意書を兼ねた文例となっています。
　株式数だけでなく、種類株式の内容を明確に記載しておいた方がよい場合もありますので、ケースバイケースで工夫するとよいでしょう。

66　株券発行会社の定めの設定・廃止

（1）　株券発行会社の定めの設定

☑**株主総会議事録**（商登46②）

　Memo.　　株券発行会社（会社117⑦）の定めは、定款の相対的記載事項であり（会社214）、株主総会の特別決議（会社309②十一）によっ

第1章　株式会社　（ 10 ～ 94 ）　　　131

て定款を変更することになります。

　なお、種類株式発行会社においては、一部の種類の株式について株券発行会社の定めをすることはできず、全部の種類の株式につき当該定めを設けなければなりません（会社214）。

Memo.　　旧商法では株券発行会社が原則で、株券を発行しない会社が例外であったため、株券を発行しない旨の定めが登記事項とされていましたが、会社法では株券を発行しない会社が原則とされたため、逆に株券を発行する旨の定めが登記事項となっています。

☑**株主リスト**（商登則61③）

☑**委任状**（商登18）

（2）　株券発行会社の定めの廃止

☑**株主総会議事録**（商登46②）➡◆記載例

Memo.　　株主総会の特別決議（会社309②十一）によって、株券発行会社である旨の定款の定めを廃止します。

☑**株主リスト**（商登則61③）

☑**株券廃止公告をしたことを証する書面又は株券が発行されていないことを証する書面**（商登63）

Memo.　　現に株券を発行している会社は、定款に定める公告方法により、株券発行会社である旨の定めを廃止する定款変更の効力発生日の2週間前までに、株券廃止公告をしなければなりません（会社218①）。株券を発行していない会社は、株券が発行されていないことが記載された株主名簿を添付します（会社218③）。

☑**委任状**（商登18）

◆**記載例　株主総会議事録**

第○号議案　　株券廃止の件
　議長は、別紙「定款変更案」のとおり、令和○年○月○日付けで株券

を発行する旨の定款の定めを廃止し、また、これに伴う所要の変更を行いたい旨を述べ、定款変更案の内容を説明した後、その賛否を議場に諮ったところ、出席株主の議決権の3分の2以上に当たる多数をもって原案どおり承認可決された。

＜記載のポイント＞
1　定款変更案は議事録の別紙として添付します。
2　会社法上、株主総会の決議において株券廃止に係る定款変更の効力発生日を定めることは必須ではありませんが、会社法218条1項に定める公告事項及び株式事項は、定款変更の効力発生日を定めることを前提としています。そのため、株主総会の決議事項についても、効力発生日を含めておくことが無難だと思われます。
3　定款は、株券を発行する旨の定めを廃止するほか、株券発行会社であることを前提とする旨の規定（例えば、株券の種類など）を併せて変更又は廃止することになります。

67　単元株式数の設定・変更・廃止

☑決議があったことを証する書面
【原　則】
①　株主総会議事録（商登46②）

> Memo.　単元株式数の設定等に関する定款変更決議をした株主総会議事録を添付します（会社188①）。
> なお、単元株式数は、1,000株以下であり、かつ、発行済株式総数の200分の1以下でなければなりません（会社188②、会社則34）。

②　株主リスト（商登則61③）
【例　外】
取締役会議事録（又は取締役の決定書）（商登46②）

> Memo.　単元株式数の減少又は廃止の場合は、取締役会の決議（又

第1章　株式会社　（ 10 ～ 94 ）　　　133

は取締役の過半数の一致）によって、単元株式数に関する定
款変更をすることができます（会社195①）。

Memo.　　①株式分割と同時に単元株式数を増加し又は単元株式に関
する定款の定めを設ける定款変更をする場合であって、②そ
の前後において各株主の議決権の数が減少しない場合は、取
締役会の決議（又は取締役の過半数の一致）によって、定款
を変更することができます（会社191）。

【種類株主に損害を及ぼすおそれがある場合】

①　種類株主総会議事録（商登46②）

Memo.　　上記に加えて、2種類以上の株式を発行している種類株式
発行会社において、単元株式数の設定又は変更（増加）が、
ある種類の株主に損害を及ぼすおそれがあるときは、原則と
して種類株主総会の特別決議が必要です（会社322①二）。

②　株主リスト（商登則61③）

☑委任状（商登18）

68　株主名簿管理人の設置・変更・廃止

（1）　株主名簿管理人の設置

☑定款（商登64）

Memo.　　株主名簿管理人を設置する旨の定款の定めがあることを証
するために添付します（会社123）。

☑取締役会議事録（又は取締役の決定書）（商登46②）

Memo.　　取締役会の決議（非取締役会設置会社は取締役の過半数の
一致）により、株主名簿管理人を定めます（会社348②・362②
一）。

☑株主名簿管理人との間の契約を証する書面（商登64）

☑委任状（商登18）

（2） 株主名簿管理人の交代

☑**定款**（商登64）

☑**取締役会議事録（又は取締役の決定書）**（商登46②）⇨◆記載例

> Memo.　議事録上、新たな株主名簿管理人を選任したことのほか、従前の株主名簿管理人の解除についての決議（株主名簿管理人の交代）があったことが読み取れることが必要ですが、商業登記法46条以外に根拠規定がないため、それ以外に従前の株主名簿管理人との契約が終了したことを証する書面は必要がないと解されています（松井信憲『商業登記ハンドブック〔第4版〕』267頁（商事法務、2021））。

☑**新たな株主名簿管理人との間の契約を証する書面**（商登64）

☑**委任状**（商登18）

（3） 株主名簿管理人の氏名、商号、住所又は営業所の変更

☑**委任状**（商登18）

> Memo.　変更を証する書面を添付する旨の規定はないため、添付書面を要しません（登記研究編集室編『商業登記書式精義〔全訂第六版〕』697頁（テイハン、2019）、商業登記実務研究会編『商業登記法逐条解説〔新版〕』393頁（日本加除出版、2005））。なお、代理人により登記を申請する場合には、委任状に株主名簿代理人の氏名、住所等の変更があった旨を記載することになります。

（4） 株主名簿管理人を置く旨の定款の定めの廃止

☑**株主総会議事録**（商登46②）

☑**株主リスト**（商登則61③）

☑**委任状**（商登18）

（5） 株主名簿管理人との契約を解除し、後任の株主名簿管理人を定めない場合

☑**取締役会議事録（又は取締役の決定書）**（商登46②）

> Memo.　株主名簿管理人との契約は解除したものの、後任が決まら

第1章　株式会社　（ 10 ～ 94 ）　　135

ない場合には、株主名簿管理人との契約の解除に関する取締
役会議事録（又は取締役の過半数の一致を証する書面）を添
付して、株主名簿管理人の退任登記ができます。この場合、
なお株主名簿管理人を置く意思があれば、定款の定めは残る
ことになります。

☑**委任状**（商登18）

◆記載例　取締役会議事録

第○号議案　株主名簿管理人の変更の件
　議長は、令和○年○月○日、株主名簿管理人である○○株式会社との
契約を解除し、新たな株主名簿管理人として△△株式会社と契約を締結
したい旨を述べ、本議案の賛否を諮ったところ、出席取締役の全員一致
により、これを可決確定した。
　　株主名簿管理人
　　　東京都○○区○○×丁目○番○号　　△△株式会社

＜記載のポイント＞
　取締役会においては、株主名簿管理人の設置、改選（交代）、追加、廃止
の場合にそれぞれ決議が必要になりますので、いずれの場合かを明確に記
載する必要があります。

69　募集株式の発行（株主割当て）

☑**募集事項の決定に関する書面**

【非公開会社の原則】

①　株主総会議事録（商登46②）⇨◆記載例

> Memo.　募集事項（会社199①）並びに株主に株式の割当てを受ける
> 権利を与える旨及び募集株式の引受けの申込みの期日（会社
> 202①）（以下、「募集事項等」といいます。）は、原則として株

主総会の特別決議（ 3 （1）ア（イ）参照）で定めることになります（会社202③四）。

② 株主リスト（商登則61③）

【非公開会社の例外（定款に別段の定めがある場合）】

① 取締役会議事録（商登46②）又は取締役の過半数の決定があったことを証する書面（商登46①）

> Memo. 定款に別段の定めがある場合、募集事項等は取締役会の決議又は取締役の過半数の一致で定めることができます（会社202③一・二）。

② 定款（商登則61①）

> Memo. 会社法202条3項1号又は2号の定めがあることを証するために定款を添付します。

【公開会社の場合】

① 取締役会議事録（商登46②）

> Memo. 公開会社の募集事項等の決定機関は、取締役会とされています（会社202③三）。

【種類株主に損害を及ぼすおそれがある場合】

① 種類株主総会議事録（商登46②）

> Memo. 募集株式の発行が種類株主に損害を及ぼすおそれがある場合には、原則として種類株主総会の特別決議（会社322①四・324②四）が必要です。ただし、定款に別段の定めがある場合（会社322②）は不要になります。

② 株主リスト（商登則61③）

☑**募集株式の引受けの申込みを証する書面**（商登56一）

> Memo. 会社の書式による株式申込証や、金融機関等が作成した株式申込取扱証明書（申込みのあった株式数や申込証の枚数等が記載された証明書に株式申込証の見本が合綴されたもの）がこれに当たります。

第1章　株式会社　（ 10 ～ 94 ）　　137

　　　　なお、新株予約権に関する先例（平14・8・28民商2037）で認
　　　められた書面については、募集株式発行の場合についても同
　　　様と解されています（松井信憲『商業登記ハンドブック〔第4版〕』
　　　278頁（商事法務、2021））。具体的には、発行会社の代表者作成
　　　の申込み又は引受けがあったことを証する書面に、株式申込
　　　証のひな型、申込者及び申込者に対する割当株式数を記載し
　　　た一覧表を合綴したものを利用することができます。

☑払込み又は給付があったことを証する書面（商登56二）

　【金銭出資の場合】

　　Memo.　　10 を参照してください。

　【現物出資の場合】

　　Memo.　　実務上は、引受人に割り当てる株式の総数が発行済株式総
　　　　　　数の10分の1を超えない場合（会社207⑨一）又は現物出資財産
　　　　　　の価額の総額が500万円以下の場合（会社207⑨二）であること
　　　　　　が多いと思われますが、これらの要件に該当することについ
　　　　　　ては、申請書類等から明らかですので、特段の添付書面を要
　　　　　　しません。

　①　検査役が選任されたときは、検査役の調査報告を記載した書面
　　　及びその附属書類（商登56三イ）

　②　現物出資財産が有価証券であるときは、有価証券の市場価格を
　　　証する書面（商登56三ロ）

　　Memo.　　現物出資財産が有価証券であるときは、募集事項の決定の
　　　　　　際に定められた価額が、①募集事項を定めた日における最終
　　　　　　市場価格又は②公開買付等に係る契約における価格以下であ
　　　　　　ることが明らかになれば足りるとされています（会社207⑨三・
　　　　　　会社則43）。具体的には、証券取引所の発行する証券取引所日
　　　　　　報や新聞等がこれに当たります（平2・12・25民四5666）。また、
　　　　　　顧客の申出に基づき証券会社が保有する株価情報システム等
　　　　　　を利用して作成した書面でも差し支えありません（書式につ
　　　　　　いては、平成3年4月22日民四2635号参照）。

138　　　　第1章　株式会社　（ 10 ～ 94 ）

③　弁護士等の証明書及びその附属書類（商登56三ハ）

> Memo.　募集事項の決定の際に定められた価額が相当であることについて、弁護士、公認会計士、税理士等の証明を受けたときは、その証明書及び附属書類を添付します（会社207⑨四）。また、現物出資財産が不動産である場合には、併せて不動産鑑定士の鑑定評価書及びその附属書類も必要です。

④　金銭債権について記載された会計帳簿（商登56三ニ）

> Memo.　現物出資財産が、募集株式を発行する株式会社に対する金銭債権（弁済期が到来しているもの）であるときは、その金銭債権について記載された会計帳簿を添付します（会社207⑨五）。債権者（現物出資者）及び債権内容の特定が可能なものであり、かつ、当該金銭債権に係る負債の帳簿価額を確認することができるものである必要があります。
>
> 実務上は大変よく利用されており、DES（デッドエクイティスワップ）と呼ばれています。なお、500万円以下の金銭債権については、添付を要しません。
>
> 具体的には次の帳簿等がこれに当たると考えられています（松井信憲『商業登記ハンドブック〔第4版〕』280頁（商事法務、2021））。
> ・仕訳伝票（借入金の記載のある入金伝票、買掛金や支払手形などの負債項目の記載がある振替伝票）
> ・現金出納帳（借入金の入金の記載がある場合）
> ・買掛元帳

⑤　検査役の報告に関する裁判があったときは、その謄本（商登56四）

> Memo.　検査役の報告に基づき、裁判所が現物出資財産の価額を不当と認めたときは、これを変更する決定をしなければなりません（会社207⑦）。

☑資本金の額の計上に関する証明書（商登則61⑨）

> Memo.　設立登記の場合とは異なり（ 10 参照）、出資に係る財産が金銭のみである場合でも、添付を省略することはできません（平19・1・17民商91）。

第1章　株式会社　（ 10 ～ 94 ）　139

☑**期間短縮同意書及び株主リスト**（商登46①、商登則61②）

> Memo.　　募集事項等に関する事項は、申込期日の2週間前までに株主に通知しなければなりません（会社202④）。実務上は、募集事項の決定日と申込期日との間に中2週間ないときは、総株主の同意書及び当該同意にかかる株主リストを添付する必要があります。

☑**委任状**（商登18）

◆**記載例　株主総会議事録**

第○号議案　募集株式発行の件
　議長は、下記の要領で募集株式を発行したい旨及びその理由を説明し、議場に諮ったところ、満場一致でこれを承認可決した。
記

1．募集株式の数　普通株式　○株
2．募集株式の払込金額　1株につき　金○万円（総額　金○○万円）
3．募集株式と引換えにする申込期日　令和○年○月○日
4．募集株式と引換えにする金銭の払込みの期間
　　令和○年○月○日から令和○年○月○日まで
5．増加する資本金及び資本準備金の額
　　増加する資本金の額　　　　金○万円
　　増加する資本準備金の額　金○万円
6．割当ての方法
　　　株主に対し、会社法第203条第2項の引受けの申込みをすることにより株式の割当てを受ける権利を与えることとし、令和○年○月○日の最終の株主名簿に記載された株主に対し、その所有株式○株に対し○株の割合をもって割り当てる。
7．払込取扱場所
　　住所　○県○市○町○丁目○番○号
　　株式会社○○銀行○○支店

140　　　第1章　株式会社　（ 10 ～ 94 ）

＜記載のポイント＞

1　決議事項は、会社法199条及び202条1項各号に定める事項です。また、株主は、会社法202条2項により株主の有する株式の数に応じて募集株式の割当てを受ける権利を有しますので、決議事項として上記6のように割り当てる募集株式の数も定めることになります。

2　株主からの申込みがない場合は失権することになりますので、失権株の処理（例えば、失権株について第三者割当てを行う旨の決議を行っておく）について、あらかじめ決議しておくことも考えられます。

3　非公開会社の場合は、実質的には株主割当て（株主に対して株主比率に応じて募集株式を割り当てる）であっても、簡易な手続で実施可能な第三者割当ての方法で募集をすることが一般的なようです。

70　募集株式の発行（第三者割当て）

☑募集事項の決定に関する書面

【非公開会社の原則】

①　株主総会議事録（商登46②）

> Memo.　募集事項（会社199①）は株主総会の特別決議（ 3 （1）ア（イ）参照）により決定するのが原則です（会社199②）。

②　株主リスト（商登則61③）

【非公開会社の例外】

①　取締役会議事録（商登46②）又は取締役の過半数の決定があったことを証する書面（商登46①）

> Memo.　株主総会において募集事項の決定を取締役会（非取締役会設置会社の場合は取締役）に委任した場合（会社205①）は、取締役会の決議（又は取締役の過半数の一致）により募集事項を決定することができます。

第1章　株式会社　(10 ～ 94)　　141

② 株主総会議事録（商登46②）

> Memo.　募集事項の決定を取締役会（非取締役会設置会社の場合は取締役）に委任した場合、株主総会においては、募集株式の数の上限及び払込金額の下限を定めなければなりません（会社205①）。

③ 株主リスト（商登則61③）

【公開会社】

① 取締役会議事録（商登46②）

> Memo.　公開会社の場合、原則として、募集事項（会社199①）は取締役会の決議により決定します（会社201①）。また、払込金額が株式引受人に特に有利な金額であるとき（いわゆる「有利発行」）は、株主総会の決議によって募集事項を決定します（会社201①・199②）が、この場合でも取締役会議事録の添付があれば足り、株主総会議事録は、添付を要しないと解されています（昭30・6・25民甲1333）。

【種類株式発行会社が譲渡制限株式を発行する場合】

① 種類株主総会議事録（商登46②）

> Memo.　種類株式発行会社が譲渡制限株式を発行する場合には、原則として当該譲渡制限株式の種類株主総会の特別決議が必要です（会社199④）。ただし、定款において当該種類株主総会の決議を要しない旨の定めがある場合及び当該種類株主総会において議決権を行使することができる株主が存しない場合は、当該種類株主総会は不要になります（会社199④）。

② 株主リスト（商登則61③）

③ 定款（商登則61①）

> Memo.　種類株主総会の決議を要しない旨の定め（会社199④）を証するため、定款を添付します。会社法199条4項の定款の定めは株式の内容ではないとされているため（会社則20②六）、登記事項ではありませんから、登記記録上からは当該定款の定

めは明らかにならないためです。なお、この場合は種類株主
総会及び株主リストの添付は要しません。

**【取締役の報酬等として募集株式を無償で発行する場合（上場会
社)】**

募集事項を決定した取締役会議事録（商登46②）に加えて以下の書
面が必要です。

① 会社法361条１項３号の定めのある定款

② 定款の定めがないときは株主総会議事録及び株主リスト若しく
は報酬委員会の決定を証する書面（商登46①、商登則61①③）

> Memo. 上場会社であることについては、添付書面を要せず、登記
> 記録等から非公開会社でないことを確認すれば足りるとされ
> ています（令3・1・29民商14）。

☑募集株式の割当ての決定等に関する書面

> Memo. 第三者割当てにより譲渡制限株式の募集をする場合には、
> この書面の添付が必要になります（平18・3・31民商782）。株主
> 割当ての場合は不要です。

【非取締役会設置会社】

① 株主総会議事録（商登46②）

> Memo. 非取締役会設置会社が譲渡制限株式を発行するときは、株
> 主総会の決議により、株式の割当先を決定します（会社204②）。
> また、会社法205条の総数引受契約を締結する場合は、総数引
> 受契約の承認をすることになります（会社205②）。

② 株主リスト（商登則61③）

【取締役会設置会社】

① 取締役会議事録（商登46②）

> Memo. 取締役会設置会社が譲渡制限株式を発行するときは、取締
> 役会の決議により、株式の割当先を決定します（会社204②）。
> また、会社法205条の総数引受契約を締結する場合は、総数引
> 受契約の承認をすることになります（会社205②）。

第1章 株式会社 （ 10 ～ 94 ）　　143

【定款に別段の定めがある場合】

① 定款（商登則61①）

> Memo. 譲渡制限株式を発行する場合においては、定款に割当先の決定機関又は総数引受契約の承認機関を定めることができ、その場合は、定款の定めた機関によって割当先の決定又は総数引受契約の承認を行います（会社204②・205②）。

② 株主総会議事録（商登46②）及び株主リスト（商登則61③）、取締役会議事録（商登46②）、取締役の決定書（商登46①）、代表取締役の決定書など

> Memo. 定款に定めた機関により、割当先の決定又は総数引受契約の承認を行います（会社204②・205②）。

【支配株主の異動を伴う募集株式発行の場合（公開会社）】

> Memo. （概要）募集株式の引受人が有することとなる議決権の数が、総株主の議決権の2分の1を超えることとなる場合は、①当該引受人が募集株式を発行する会社の親会社等である場合及び②募集の方法が株主割当てである場合を除く一定の場合には、株主総会の承認を得なければなりません（会社206の2④）。ただし、当該公開会社の財産の状況が著しく悪化している場合において、当該公開会社の事業の継続のために緊急の必要があるときは、株主総会の承認は不要とされています（会社206の2④ただし書）。
>
> 変更登記の際は、上記のとおり、募集株式が譲渡制限株式であるときは、①取締役会議事録又は②定款に別段の定めがあるときは定款及び定款に定めた機関により割当て先の決定又は総数引受契約の承認を受けたことを証する書面が必要になり、これに加えて以下の書面を添付する必要があります（平27・2・6民商13）。

① 会社法206条の2第4項に該当する場合は、株主総会議事録（商登46②）

144　　第1章　株式会社　（ 10 ～ 94 ）

② 　会社法206条の2第4項ただし書に該当する場合は、株主総会
の決議による承認を受けなければならない場合に該当しないこと
を証する書面（商登56五）

> Memo.　①募集株式を発行する株式会社の財産の状況が著しく悪化
> している場合において、②当該公開会社の事業の継続のため
> 緊急の必要がある場合に該当することを証する書面を添付し
> ます。具体的には前記①及び②の要件を満たしていることを
> 証明者の責任において証明されていれば足り、それ以上に具
> 体的な記載を求めることを要しないと考えられています（南
> 野雅司「「会社法の一部を改正する法律等の施行に伴う商業・法人登記
> 事務の取扱いについて（平成27年2月6日付け法務省民商第13号民事局
> 長通達）」の解説（上）」登記情報643号39頁（2015））。

☑募集株式の引受けの申込み又は総数引受契約を証する書面（商登56
一）⇨◆記載例

> Memo.　募集株式の引受けの申込みを証する書面については、 69
> を参照してください。
> 　総数引受契約については、「同一の機会に一体的な契約」で
> 募集株式の引受けが行われたものと評価し得るものであるこ
> とを要するとされています（相澤哲ほか編『論点解説 新・会社法
> 千問の道標』208頁（商事法務、2006））。

☑払込み又は給付があったことを証する書面（商登56二）

> Memo.　取締役の報酬等として募集株式を無償で発行する場合（会
> 社202の2）は、払込み又は給付を要しません。

【金銭出資の場合】

① 　払込みがあったことを証する書面

> Memo.　 10 を参照してください。

【現物出資の場合】

① 　給付があったことを証する書面

> Memo.　 69 を参照してください。

第1章　株式会社　（ 10 ～ 94 ）　　　145

☑資本金の額の計上に関する証明書（商登則61⑨）

> **Memo.**　取締役の報酬等として募集株式を無償で発行する場合（会社202の2）であって、事後交付型（株式割当前に役務を提供する場合）は、資本金の額が増加します（会社計算54の2）ので、本証明書が必要です（令3・1・29民商14）。それ以外は、 69 の場合と同様です。

☑期間短縮の同意書及び株主リスト（商登46①、商登則61②）

> **Memo.**　株主に対する通知又は公告は払込期日（又は払込期間の初日）の2週間前までに行わなければなりません（会社201③④）。この期間が不足しているときには、期間短縮に関する総株主の同意が必要になります。実務上は、募集事項決定の決議の日から払込期日等までの間に中2週間ないときは、総株主の期間短縮の同意書及び当該同意に関する株主リストを添付します（登記手続研究会編『商業登記 法人登記 添付書類全集〔改訂版〕』86頁（新日本法規出版、2010））。

☑委任状（商登18）

◆記載例　募集株式の総数引受契約書

募集株式の総数引受契約書

　○○○○（以下、「甲」という。）と○○株式会社（以下、「乙」という。）とは、令和○年○月○日開催の乙の臨時株主総会決議に基づき自己株式の処分として乙が交付する募集株式（以下、「本株式」という。）につき、その総数を甲が引き受ける契約を以下のとおり締結する。

第1条（募集事項等）
　甲及び乙は、本株式の募集事項及び払込取扱場所が次のとおりであることを確認する。
1．募集株式の数　　　　　○株
2．募集株式の払込金額　1株につき金○○円

3．払込期日　　　　　　令和○年○月○日
4．払込取扱場所　　　　○○銀行　○○支店　普通預金
　　　　　　　　　　　　口座名義：○○株式会社

第2条（募集株式の総数引受け）
　甲は、乙の定款の内容を承認の上、本募集株式の総数を引き受ける。

第3条（出資の履行）
　甲がその引受株式に係る払込金額の総額を第1条の払込期日までに払込取扱場所に払い込まなかったときは、甲は本株式の株主となる権利を失う。

　本契約の締結を証するため、甲及び乙は次に記名押印する。

（以下略）

＜記載のポイント＞
1　募集株式の総数を引き受ける旨の記載が必要です。
2　複数人が共同で総数引受契約を締結する場合、契約書は1通にまとめる必要はなく、1人につき1通としても構いません。

| 71 | 取得請求権付株式等の取得と引換えにする株式の発行 |

（1）　取得請求権付株式の取得と引換えにする株式の発行

> **Memo.**　取得請求権付株式（株式を対価とするもの）の株主は会社に対して当該取得請求権付株式の取得を請求することができ、その請求の日に取得対価である株式を取得します（会社166・167二・170②四）。なお、資本金の額は増加しません（会社計算15）。

☑**取得請求のあったことを証する書面**（商登58）

> **Memo.**　具体的には、会社の作成した書式による取得請求書等がこれに当たります。

☑**委任状**（商登18）

第1章　株式会社　（ 10 〜 94 ）　　　147

（2）　取得条項付株式の取得と引換えにする株式の発行

☑**一定の取得事由の発生を証する書面**（商登59①一・46②、商登則61③）

> Memo.　定款に、会社が別に定める日の到来をもって一定の事由とする旨を定めた場合には、その日を株主総会の普通決議（取締役会設置会社は取締役会）で定めることになります（会社168①）ので、株主総会議事録及び株主リスト又は取締役会議事録を添付します。
>
> 　一定の取得事由の発生を証する書面につき直接的に証明する書面がないときは、当該取得事由が生じたことを代表者が証明する旨を記載した書面で差し支えありません（松井信憲『商業登記ハンドブック〔第4版〕』302頁（商事法務、2021）、登記研究編集室編『商業登記書式精義〔全訂第六版〕』636頁（テイハン、2019））。

☑**一部の株式の決定に係る株主総会議事録及び株主リスト又は取締役会議事録**（商登46②、商登則61③）

> Memo.　定款の定めにより、取得条項付株式の一部の株式を取得する場合（会社107②三ハ）には、取締役会（非取締役会設置会社は株主総会）の決議により、取得する当該一部の株式を決定します（会社169）。なお、定款の定めは登記事項であり、当該定款の定めの有無は登記記録から明らかですので、定款の添付は要しません。

☑**株券提供公告をしたことを証する書面又は株券が発行されていないことを証する書面**（商登59①二）

> Memo.　株券発行会社は、効力発生日の1か月前までに取得条項付株式の株主及び登録株式質権者に対して株券提供公告をしなければなりません（会社219①四）。
>
> 　株券が発行されていない場合は、株券が発行されていないことを証する書面を添付します。具体的には、会社代表者の証明に係る株主名簿等が該当します。

☑**委任状**（商登18）

（3） 全部取得条項付種類株式の取得と引換えにする株式の発行

☑**株主総会議事録**（商登46②）**及び株主リスト**（商登則61③）

> Memo. 　全部取得条項付種類株式（会社108②七）の取得は、株主総会の特別決議（ 3 （1）ア（イ）参照）により決定します。
>
> 　会社は、株主総会で定めた取得日に全部取得条項付種類株式の全部を取得し、全部取得条項付種類株式の株主は、当該取得日に対価である株式を取得します（会社173）。

☑**株券提供公告をしたことを証する書面又は株券が発行されていないことを証する書面**（商登59①二）

> Memo. 　株券発行会社は、効力発生日の1か月前までに全部取得条項付種類株式の株主及び登録株式質権者に対して株券提供公告をしなければなりません（会社219①三）。

☑**委任状**（商登18）

（4） 取得条項付新株予約権の取得と引換えにする株式の発行

☑**一定の取得事由の発生を証する書面**（商登59②一・46②）

> Memo. 　上記（2）と同様です（会社273①）。

☑**一部の新株予約権の決定に係る株主総会議事録及び株主リスト又は取締役会議事録**（商登46②、商登則61③）

> Memo. 　上記（2）と同様です（会社274①②）。

☑**新株予約権証券提供公告をしたことを証する書面又は新株予約権証券が発行されていないことを証する書面**（商登59②二）

> Memo. 　新株予約権証券を発行している会社は、効力発生日の1か月前までに取得条項付新株予約権の新株予約権者及び登録新株予約権質権者に対して新株予約権証券提供公告及び通知の手続を行わなければなりません（会社293①一の二）。
>
> 　新株予約権証券が発行されていない場合は、それを証する書面を添付します。具体的には、会社代表者の証明に係る新株予約権原簿等が該当します。

第1章　株式会社　（ 10 ～ 94 ）　　149

☑**資本金として計上しない額を定めた場合には、取締役会議事録（又は取締役の過半数の一致を証する書面）**（商登46②①）

　　Memo.　　取得条項付新株予約権の取得と引換えに新たに株式を発行するときは、資本金の額が増加することになります（会社445①、会社計算18）。

☑**資本金の額の計上に関する証明書**（商登則61⑨）

☑**委任状**（商登18）

72　株式の消却

☑**取締役会議事録（又は取締役の決定書）**（商登46②）⇨◆記載例

　　Memo.　　株式会社は、取締役会の決議により自己株式を消却することができます（会社178）。

　　　　　非取締役設置会社の場合には、取締役の過半数の一致により、自己株式を消却することができます（会社348②）。また、非取締役設置会社は株主総会の決議によることも可能です。この場合には、株主総会議事録（商登46②）及び株主リスト（商登則61③）を添付します。

☑**委任状**（商登18）

◆記載例　取締役会議事録

第○号議案　自己株式消却の件

　議長は、次のとおり自己株式を消却したい旨及びその理由を述べ、本議案の賛否を諮ったところ、出席取締役の全員一致により、これを可決確定した。

　　消却する自己株式の（種類及び）数　　○○株

150　　　　　第1章　株式会社　（ 10 ～ 94 ）

＜記載のポイント＞

　消却する自己株式の数（種類株式発行会社にあっては、自己株式の種類
及び種類ごとの数）を定めます（会社178①）。実務では、自己株式の消却の日
を決議の日とは別に定めたいという要請もありますので、その場合は、自
己株式の効力発生日を併せて決議します。

73　株式の併合

☑決議があったことを証する書面

　【原　則】

　①　株主総会議事録（商登46②）⇨ ◆記載例

　　Memo.　　株式の併合をしようとするときは、株主総会の決議により
　　　　　　会社法180条2項各号に定める事項を決議しなければなりま
　　　　　　せん（発行可能株式総数の変更登記については 61 参照）。

　②　株主リスト（商登則61③）

　【種類株主に損害を及ぼすおそれがある場合】

　①　種類株主総会議事録（商登46②）

　　Memo.　　上記の株主総会議事録及び株主リストに加え、2種類以上
　　　　　　の株式を発行している種類株式発行会社において、株式併合
　　　　　　が、ある種類の株主に損害を及ぼすおそれがあるときは、原
　　　　　　則として種類株主総会の特別決議が必要です（会社322①二）。
　　　　　　ただし、会社法322条2項の定款の定めがある場合は種類株
　　　　　　主総会の決議は不要です。

　②　株主リスト（商登則61③）

　　Memo.　　種類株主総会の決議についての株主リストを添付します。

☑株券提供公告をしたことを証する書面又は株券が発行されていない
　ことを証する書面（商登61・59①二）

第1章　株式会社　（ 10 ～ 94 ）　　　151

【株券発行会社の場合】

Memo.　①現に株券を発行している会社は、定款に定める公告方法により株券提供公告(会社219①二)をしたことを証する書面(例えば官報公告)、②現に株券を発行していない会社は、株券を発行していないことが記載された株主名簿（代表取締役が証明したもの）を添付します。

【株券不発行会社の場合】

Memo.　株券を発行する旨の定めが登記されていないことから、株券不発行会社であることは明らかですので、本書面は不要です。

☑委任状（商登18）

◆記載例　株主総会議事録

第○号議案　株式の併合の件
　議長は、当会社の発行済株式総数の適正化を図るべく、以下のとおり株式の併合を行いたい旨を説明し、その賛否を議場に諮ったところ、出席株主の議決権の3分の2以上に当たる多数をもって原案どおり承認可決された。
（1）　併合の割合　○株を1株に併合する。
（2）　株式の併合がその効力を生ずる日（以下「効力発生日」という。）
　　　令和○年○月○日
（3）　効力発生日における発行可能株式総数　○○株

＜記載のポイント＞
　株式併合の決議事項は、①併合の割合、②株式併合の効力発生日、③種類株式発行会社の場合は併合する株式の種類、④効力発生日における発行可能株式総数です（会社180②）。株式併合により発行可能株式総数に変更がない場合でも④の決議は必要になり、変更がある場合には定款を変更したものとみなされます（会社182②）。

152　　　第1章　株式会社　（ 10 ～ 94 ）

74　株式の分割

☑決議があったことを証する書面

【取締役会設置会社】

① 取締役会議事録（商登46②）⮕ ◆記載例

> Memo.　　株式の分割をしようとするときは、取締役会の決議により株式の分割に関する事項を定めなければなりません（会社183②）。
>
> 　　また、株式会社（現に2以上の種類の株式を発行しているものを除きます。）が株式の分割と同時にする発行可能株式総数の増加については、株主総会の決議（会社466・309②十一）によらないで定款変更ができる旨の特則が設けられています（会社184②）（ 61 （2）参照）。
>
> 　　なお、株式の無償割当てとの相違点については、 75 を参照してください。

【非取締役会設置会社の場合】

① 株主総会議事録（商登46②）

> Memo.　　非取締役会設置会社においては、株式の分割に関する事項は株主総会の決議によって定めます（会社183②）。

② 株主リスト（商登則61③）

【種類株主に損害を及ぼすおそれがある場合】

① 種類株主総会議事録（商登46②）

> Memo.　　2種類以上の株式を発行している種類株式発行会社において、株式の分割が、ある種類の株主に損害を及ぼすおそれがあるときは、原則として種類株主総会の特別決議が必要です（会社322①二）。ただし、会社法322条2項の定款の定めがある場合は種類株主総会の決議は不要です。

② 株主リスト（商登則61③）

> Memo.　　種類株主総会の決議についての株主リストを添付します。

☑委任状（商登18）

第1章　株式会社　（ 10 ～ 94 ）　　　153

◆記載例　取締役会議事録

第○号議案　株式分割の件
　議長は、下記の内容で株式分割を実施したい旨を述べ、本議案の賛否を諮ったところ、出席取締役の全員一致により、これを可決確定した。
記
１．株式分割の基準日　令和○年○月○日
２．株式分割の方法　　令和○年○月○日の最終の株主名簿に記載又は記録された株主に対し、その所有株式１株に対し10株の割合をもって割り当てる。
３．株式分割により増加する株式数　○○株
４．株式分割の効力発生日　令和○年○月○日

第○号議案　発行可能株式総数の増加の件
　議長は、会社法第184条第２項の規定に基づき、第○号議案で決定した株式分割の効力発生日である令和○年○月○日付けで、当会社の発行可能株式総数に関する定款第○条を下記のとおり変更したい旨を述べ、本議案の賛否を諮ったところ、出席取締役の全員一致により、これを可決確定した。
記
・変更前
　　第○条（発行可能株式総数）
　　　当会社の発行可能株式総数は、○○株とする。
・変更後
　　第○条（発行可能株式総数）
　　　当会社の発行可能株式総数は、△△△株とする。

＜記載のポイント＞
　取締役会において、株式分割と発行可能株式総数（定款変更）の決議を行う場合の記載例となっています（会社183②・184②）。発行可能株式総数は、株式分割の前日の発行可能株式総数に分割比率を乗じた数を限度として増加させることができます。

154　　　第1章　株式会社　（ 10 ～ 94 ）

75 　株式の無償割当て

☑決議があったことを証する書面

【取締役会設置会社】

① 　取締役会議事録（商登46②）⇨◆記載例

Memo. 　　株式会社は、株主に対して新たに払込みをさせないで当該
株式会社の株式を割り当てることができます（会社185）。株
式の無償割当てに関する事項は、原則として取締役会の決議
によって定めます（会社186③）。

　　株式分割と非常に類似した手続（ 74 参照）ですが、以下
の点が相違しています。

・種類株式発行会社の場合、割り当てる株式は異種の株式で
も構いません。

・自己株式に対して株式の無償割当てをすることはできませ
ん。

・基準日（会社124）を設定する必要はありません。

・発行可能株式総数を変更する必要がある場合は、常に株主
総会の決議（会社309②十一）を要します。

【非取締役会設置会社】

① 　株主総会議事録（商登46②）

Memo. 　　非取締役会設置会社においては、株式の無償割当てに関す
る事項は株主総会の決議によって定めます（会社186③）。

② 　株主リスト（商登則61③）

【種類株主に損害を及ぼすおそれがある場合】

① 　種類株主総会議事録（商登46②）

Memo. 　　２種類以上の株式を発行している種類株式発行会社におい
て、株式の無償割当てが、ある種類の株主に損害を及ぼすお
それがあるときは、原則として種類株主総会の特別決議が必

要です（会社322①三）。ただし、会社法322条２項の定款の定め
があある場合は種類株主総会の決議は不要です。

② 株主リスト（商登則61③）

Memo. 種類株主総会の決議についての株主リストを添付します。

☑委任状（商登18）

◆記載例　取締役会議事録

第○号議案　株式の無償割当ての件
　議長は、下記の内容で株式の無償割当てを実施したい旨を述べ、本議
案の賛否を諮ったところ、出席取締役の全員一致により、これを可決確
定した。
記
１．株主に割り当てる株式の種類及び数　優先株式○○株
２．株式無償割当ての効力発生日　令和○年○月○日
３．株式の割当てに関する事項
　　普通株式１株につき優先株式○株の割合をもって割り当てる。
４．本株式無償割当て後の発行済株式の総数　普通株式　○○株
優先株式　○○株

＜記載のポイント＞
　種類株式発行会社が、株式の無償割当てをする場合の取締役会議事録の
記載例となっています（会社186①）。
　４は任意の記載事項ですが、実務では、確認的に記載することが多いよ
うです。

156　　　　　第1章　株式会社　（ 10 ～ 94 ）

第5　資本金の額の変動（募集株式の発行を除く。）

76　　資本金の額の減少

☑決議があったことを証する書面

【原　則】

① 　株主総会議事録（特別決議）（商登46②）⇨◆記載例1

> Memo.　　株主総会の特別決議によって、資本金の額を減少します（会社447）。

②株主リスト（商登則61③）

【定時株主総会の普通決議の場合】

① 　定時株主総会議事録（普通決議）（商登46②）

> Memo.　　①資本金の額の減少を定時株主総会で決議する場合で、②減少する資本金の額が、定時株主総会（会計監査人設置会社の場合は取締役会（会社436③））で承認を受ける計算書類の欠損の額を超えないときは、普通決議によって資本金の額を減少することができます（会社309②九ロ、会社則68）。

② 　一定の欠損の額が存在することを証する書面（商登則61⑩）⇨

◆記載例2

> Memo.　　会社法309条2項9号ロに規定する場合に該当することを証する書面を添付します。代表者の作成に係る証明書等がこれに当たるとされています（平18・3・31民商782）。

③ 　株主リスト（商登則61③）

【取締役会決議の場合】

取締役会議事録（又は取締役の決定書）（商登46②）

> Memo.　　株式の発行（資本金の増加）と同時に資本金の額を減少する場合、その効力発生日における資本金の額が、減少前の資本金の額を下回らないときは、株主総会の決議を経ずに取締

第1章 株式会社 （ 10 ～ 94 ） 157

役会の決議（又は取締役の過半数の一致）によることができ
ます（会社447③）。

なお、この要件に当てはまる場合であっても、定款の定め
なくして、原則どおり株主総会の決議によって資本金の額を
減少することも可能と解されています（松井信憲『商業登記ハン
ドブック〔第4版〕』232頁（商事法務、2021））。

Memo. 効力発生日における資本金の額が、減少前の資本金の額を
下回らないことは、登記簿上で確認できるため、これを証す
る書面の添付を要しないものとされています（平18・3・31民商
782）。

☑債権者保護手続関係書面 （商登70）

【官報公告及び知れたる債権者に対する個別催告をした場合】

① 官報公告をしたことを証する書面（商登70） ⊏⟩◆記載例3

Memo. 官報による公告は必須とされています（会社449②）。

書面に代えてインターネット版官報をダウンロードしたデー
タを利用することも可能です（ 8 参照）。

オンライン申請の添付書面情報として添付する場合は、下
記 i を、書面申請の電磁的記録として添付する場合は下記 ii
を参照してください。なお、添付書面情報と電磁的記録の違
いについては、 5 を参照してください。

i https://www.moj.go.jp/MINJI/minji60.html#11, (2024.
11.6)

ii https://www.moj.go.jp/MINJI/minji41-1.html, (2024.
11.6)

② 知れたる債権者に対する個別催告を証する書面（商登70）

Memo. 例えば、知れたる債権者に対する催告書の見本及び知れた
る債権者の名簿を代表取締役が証明した書面がこれに当たり
ます。

【官報及び日刊新聞紙に公告した場合】

① 官報公告をしたことを証する書面（商登70）

② 時事に関する事項を掲載する日刊新聞紙に公告したことを証する書面（商登70）

> **Memo.** 定款に定める公告方法が①時事に関する事項を掲載する日刊新聞紙又は②電子公告である場合は、定款に定める公告方法により公告することで個別催告を省略することができます（会社449③）。

【官報公告及び電子公告をした場合】

① 官報公告をしたことを証する書面（商登70）

② 電子公告したことを証する書面（商登則61③）

> **Memo.** 電子公告調査機関の調査報告書（会社946④）がこれに該当します。

【異議を述べた債権者がある場合】

① 異議を述べた債権者に対して弁済し、相当の担保を提供し若しくは当該債権者に弁済を受けさせることを目的として相当の財産を信託したこと又は当該債権者を害するおそれがないことを証する書面（商登70）

> **Memo.** 債権者の異議申立書と、債権者作成の弁済金受領書、担保契約書又は信託証書等を添付します。
>
> 債権者を害するおそれがない場合には、十分な被担保債権額を有する抵当権設定に係る不動産の登記事項証明書や、異議を述べた債権者の債権額、弁済期、担保の有無、自らの資産状況、営業実績等を具体的に摘示し、債権者を害するおそれがないことを代表者が証明した書面を添付します（商業登記実務研究会編『商業登記法逐条解説〔新版〕』387頁（日本加除出版、2005））。

> **Memo.** 異議を述べた債権者がいない場合は、申請書にその旨を記載するか、異議を述べた債権者はない旨の上申書を添付します（商業登記実務研究会・前掲387頁）。⇨ ◆記載例4

☑ **委任状**（商登18）

第1章 株式会社 （ 10 ～ 94 ） 159

◆記載例1　株主総会議事録

> 第○号議案　　資本金の額の減少の件
> 　議長は、資本金の額を下記のとおり減少したい旨を述べ、その賛否を議場に諮ったところ、満場一致により原案どおり承認可決された。
> 記
> （1）　減少する資本金の額　金○○万円
> 　　　　（減少後の資本金の額　金○○万円）
> （2）　資本金の減少の効力発生日　令和○年○月○日

＜記載のポイント＞

　決議事項は、①減少する資本金の額、②減少する資本金の額の全部又は一部を準備金とするときはその旨及び準備金とする額、③効力発生日です。

　減少する資本金の限度額は、効力発生日における資本金の額となりますので、「決議の日における資本金の額（1,000万円）＜減少する資本金の額（1億円）」とする決議も可能です。

◆記載例2　証明書

> 証明書
> 　令和○年○月○日付け定時株主総会においては、欠損額が金○○万円存在し、減少する資本金の額金○○万円は、当該欠損額を超えないことを証明します。
> 　令和○年○月○日
>
> 　　　　　　　　　　　　　　　○県○市○町○丁目○番○号
> 　　　　　　　　　　　　　　　○○株式会社
> 　　　　　　　　　　　　　　　　代表取締役　　○○○○

＜記載のポイント＞

　欠損額は、会社法施行規則68条に定めた額となります。

160　　第1章　株式会社　（ 10 ～ 94 ）

◆記載例3　官報公告

資本金の額の減少公告
　当社は、資本金の額を〇〇万円減少し〇〇万円とすることにいたしました。
　この決定に対し異議のある債権者は、本公告掲載の翌日から一箇月以内にお申し出下さい。
　なお、最終貸借対照表の開示状況は次のとおりです。
　掲載紙　官報
　掲載の日付　令和〇年〇月〇日
　掲載頁　〇〇頁（号外第〇〇号）
　令和〇年〇月〇日
　　〇県〇市〇町〇丁目〇番〇号

　　　　　　　　　　　　　　　　　　　　　〇〇株式会社
　　　　　　　　　　　　　　　代表取締役　〇〇〇〇

＜記載のポイント＞

　公告事項は、①資本金の額の減少等の内容（減少後の資本金の額の記載は任意です。）、②計算書類に関する事項（※）、③債権者が一定の期間内に異議を述べることができる旨です。このほか、任意に効力発生日や株主総会の決議日について記載する例もあります。

（※）　決算公告に関する事項の記載方法は以下のとおりです。

　　①　官報で公告しているときは、当該官報の日付及び当該公告が掲載されている頁

　　　　なお、最終貸借対照表の開示状況は次のとおりです。
　　　掲載紙　官報
　　　掲載の日付　令和〇年〇月〇日
　　　掲載頁　〇〇頁（号外第〇〇号）

　　②　時事に関する事項を掲載する日刊新聞紙で公告しているときは、当該新聞の名称、日付及び当該公告が掲載されている頁

　　　　なお、最終貸借対照表の開示状況は次のとおりです。
　　　掲載紙　〇〇新聞

掲載の日付　令和○年○月○日
掲載頁　○頁

③　電子公告により公告しているときは、公告が掲載されているウェブページ等のURL

なお、最終貸借対照表の開示状況は次のとおりです。
http://www.○○.com

（注）「公告をする方法」として登記されているアドレスになります。実際に公告されているURLとは異なる場合がありますので注意が必要です。

④　会社法の規定に基づきウェブページ等による開示をしているときは、当該ウェブページ等のURL

なお、最終貸借対照表の開示状況は次のとおりです。
http://www.kanpo-ad.com

（注）「貸借対照表に係る情報の提供を受けるために必要な事項」として登記されているURLになります。実際に公告されているURLとは異なる場合がありますので注意が必要です。

⑤　金融商品取引法24条１項により有価証券報告書を提出しているときは、その旨

なお、最終貸借対照表の開示状況は次のとおりです。
金融商品取引法による有価証券報告書提出済。

⑥　特例有限会社の場合は、決算公告が不要である旨

なお、最終貸借対照表の開示状況は次のとおりです。
計算書類の公告義務はありません。

⑦　最終事業年度がない（未到来又は決算が確定していない）ときは、その旨

なお、最終貸借対照表の開示状況は次のとおりです。
確定した最終事業年度はありません。

⑧　清算株式会社である場合は、その旨

> なお、最終貸借対照表の開示状況は次のとおりです。
> 清算株式会社です。

⑨　上記以外の場合は最終事業年度に係る貸借対照表の要旨の内容
　　（当該公告と最終の貸借対照表を同時に掲載する場合）

> なお、最終貸借対照表の要旨は次のとおりです。
> （最終貸借対照表の要旨を記載）

（注）　持分会社（合名会社・合資会社・合同会社）との合併や会社分割の場合、当該持分会社についての最終貸借対照表の開示状況の記載は不要です。

◆記載例4　上申書

> 上申書
>
> 　当会社の資本金の額を減少し、金○○万円とすることにつき、会社法第449条の規定により官報に公告し、かつ、知れたる債権者に対して各別に催告をいたしましたが、所定の期間内に異議を述べた債権者は1名もありませんでした。
> 　以上、上申いたします。
> 　令和○年○月○日
>
> ○県○市○町○丁目○番○号
○○株式会社
代表取締役　　○○○○

＜記載のポイント＞
　実務上は、上申書を提出する取扱いが一般的だと思われます。

77　準備金、剰余金の資本組入れ

（1）　準備金の資本組入れ
☑決議があったことを証する書面

第1章　株式会社　（ 10 ～ 94 ）　163

【原　則】

① 　株主総会議事録（商登46②）⇨◆記載例1

> Memo.　株主総会の普通決議によって、資本準備金又は利益準備金の額を減少し、その全部又は一部を資本金に組み入れることができます（会社448）。

> Memo.　準備金の額を減少する場合には、原則として債権者保護手続（ 76 を参照してください。）が必要になりますが（会社449）、減少した準備金の額の全額を資本金に組み入れるときは、債権者保護手続を要しません（会社449①）。なお、債権者保護手続を要する場合であっても、資本組入れの登記の際は、債権者保護手続をしたことを証する書面は添付書面とはなりません。

② 　株主リスト（商登則61③）

【例　外】

① 　取締役会議事録（又は取締役の決定書）（商登46②）

> Memo.　株式の発行（資本金及び準備金の増加）と同時に準備金の額を減少する場合、その効力発生日における準備金の額が、減少前の準備金の額を下回らないときは、株主総会の決議を経ずに取締役会の決議（又は取締役の過半数の一致）によることができます（会社448③）。なお、この要件に当てはまる場合であっても、原則どおり株主総会の決議によって準備金の額を減少することも可能と解されています（松井信憲『商業登記ハンドブック〔第4版〕』227頁（商事法務、2021））。

☑減少に係る準備金の額が計上されていたことを証する書面（商登69）

⇨◆記載例2

> Memo.　代表者の作成に係る証明書等が、これに該当するとされています（平18・3・31民商782）。

☑委任状（商登18）

164　　　第1章　株式会社　（ 10 ～ 94 ）

（2）　剰余金の資本組入れ

☑株主総会議事録（商登46②）

> Memo.　　株主総会の普通決議によって、剰余金（その他資本剰余金
> 又はその他利益剰余金）（会社446、会社則116十、会社計算149）の
> 額を減少し、その全部又は一部を資本金に組み入れることが
> できます（会社450）。準備金の資本組入れとは異なり、債権者
> 保護手続を要する場合や、取締役会（又は取締役の過数の一
> 致）によることができる場合はありません。

☑株主リスト（商登則61③）

☑減少に係る剰余金の額が計上されていたことを証する書面（商登69）

☑委任状（商登18）

◆記載例1　株主総会議事録

第○号議案　　　資本準備金の額の減少の件
　議長は、資本準備金の額を下記のとおり減少し、資本金に組み入れた
い旨を述べ、その賛否を議場に諮ったところ、満場一致により原案どお
り承認可決された。
記

（1）　減少する資本準備金の額　金○○万円
　　　　（減少後の資本準備金の額　金○○万円）
（2）　減少する資本準備金の額は全額を資本金とする。
　　　　増加する資本金の額　金○○万円
（3）　資本準備金減少の効力発生日　令和○年○月○日

＜記載のポイント＞
　減少する資本準備金の額の全額を資本金としますので、効力発生日は決
議の日と同日とすることが可能です。

第1章　株式会社　（ 10 ～ 94 ）　　　165

◆記載例２　資本準備金の額に関する証明書

> 資本準備金の額に関する証明書
> １．当社の資本準備金の額　金○○万円
> ２．株式の発行により増加した資本準備金の額　金○○万円
> ３．資本金に組み入れた資本準備金の額　金○○万円
> 　上記のとおり、減少に係る資本準備金の額が計上されていたことに相違ないことを証明する。
> 　令和○年○月○日
>
> 　　　　　　　　　　　　　　○県○市○町○丁目○番○号
> 　　　　　　　　　　　　　　○○株式会社
> 　　　　　　　　　　　　　　　　代表取締役　　○○○○

＜記載のポイント＞

　「２の額≧３の額」の場合は、取締役会の決議（又は取締役の過半数の一致）により準備金の額を減少することができます。

第6　新株予約権

| 78 | 募集新株予約権の発行 |

☑募集事項の決定に関する書面

【非公開会社の原則】

① 株主総会議事録（商登46②）

> Memo. 募集事項（会社238①）は株主総会の特別決議（ 3 （1）ア（イ）参照）により決定するのが原則です（会社238②）。

② 株主リスト（商登則61③）

【非公開会社の例外（募集事項の決定を取締役会等へ委任した場合）】

① 取締役会議事録（商登46②）又は取締役の過半数の決定があったことを証する書面（商登46①）

> Memo. 70 を参照してください（会社239①）。

② 株主総会議事録（商登46②）

> Memo. 募集事項の決定を取締役会（非取締役会設置会社の場合は取締役）に委任することができますが、株主総会においては、会社法239条1項各号に掲げる事項を定めなければなりません。そのため、募集株式の発行とは異なり、株主総会から委任を受けた場合に取締役会等で決定することができる事項は多くありません。

③ 株主リスト（商登則61③）

【非公開会社の例外（定款に別段の定めがある場合）】

① 取締役会議事録（商登46②）又は取締役の過半数の決定があったことを証する書面（商登46①）

> Memo. 69 を参照してください（会社239①）。

② 定款（商登則61①）

第 1 章 株式会社 （ 10 ～ 94 ）　　167

【公開会社】

① 取締役会議事録（商登46②）

　Memo.　 70 を参照してください（会社240①）。

【種類株主に損害を及ぼすおそれがある場合（株主割当て）】

① 種類株主総会議事録（商登46②）

② 株主リスト（商登則61③）

　Memo.　 69 を参照してください（会社322①五・324②四・322②）。

【種類株式発行会社が目的である株式が譲渡制限株式である新株予
約権を発行する場合（第三者割当て）】

① 種類株主総会議事録（商登46②）

② 株主リスト（商登則61③）

③ 定款（商登則61①）

　Memo.　 70 を参照してください（会社238④）。

【取締役の報酬等として募集新株予約権を無償で発行する場合（上
場会社）】

　募集事項を決定した取締役会議事録（商登46②）に加えて以下の書
面が必要です。

① 会社法361条1項4号の定めのある定款

② 定款の定めがないときは株主総会議事録及び株主リスト若しく
は報酬委員会の決定を証する書面（商登46①、商登則61①③）

　Memo.　 70 を参照してください。

☑募集新株予約権の割当ての決定等に関する書面（第三者割当て）

　Memo.　 70 を参照してください。

【非取締役会設置会社】

① 株主総会議事録（商登46②）

　Memo.　 70 を参照してください（会社243②・244③）。

② 株主リスト（商登則61③）

【取締役会設置会社】

① 取締役会議事録（商登46②）

> Memo. 　公開会社が譲渡制限新株予約権を発行することが多く、この場合は取締役会議事録が必要になりますので注意が必要です。その他については 70 を参照してください（会社243②・244③）。

【定款に別段の定めがある場合】

① 定款（商登則61①）

② 株主総会議事録（商登46②）及び株主リスト（商登則61③）、取締役会議事録（商登46②）、取締役の決定書（商登46①）、代表取締役の決定書など

> Memo. 　70 を参照してください（会社243②・244③）。

【その行使により支配株主の異動を伴うこととなる募集新株予約権発行の場合（公開会社）】

> Memo. 　70 を参照してください（会社244の2⑤）。

① 会社法244条の2第5項に該当する場合は、株主総会議事録（商登46②）

② 会社法244条の2第5項ただし書に該当する場合は、株主総会の決議による承認を受けなければならない場合に該当しないことを証する書面（商登65三）

> Memo. 　70 を参照してください。

☑**募集新株予約権の引受けの申込み又は総数引受契約を証する書面**（商登65一）

> Memo. 　募集新株予約権の引受けの申込みを証する書面については 69 を参照してください。
>
> 　総数引受契約については 70 を参照してください。

第1章　株式会社　（ 10 ～ 94 ）　　169

☑払込み又は給付があったことを証する書面（商登65二）

> **Memo.**　　新株予約権については払込みを要しないとすることも可能
> で（会社238①二）、その場合は、本書面は不要になります。ま
> た、払込みを要する場合でも、当該払込みは新株予約権の行
> 使期間（会社236①四）の初日の前日（又は払込期日を定めた場
> 合はその日）までに払込みをすれば足ります（会社246①③）。
> 新株予約権は、その割当日（会社245）に発行されますが、割当
> 日よりも後に払込期日を設定することもできますので、払込
> 期日が割当日よりも前（同日は含みません。）である場合に限
> り、本書面を添付することになります。

> **Memo.**　　金銭出資の場合には、発起設立と同様の書面（ 10 参照）
> が必要とされています（平18・3・31民商782）。ただし、新株予
> 約権者は、株式会社の承諾を得て金銭以外の財産を給付し、
> 又は当該株式会社に対する債権をもって相殺することも可能
> とされており（会社246②）、この場合には、会社の代表者が作
> 成した財産の引継書等がこれに当たるとされています（平18・
> 3・31民商782）。なお、この場合においては、会社の承諾を得
> る必要がありますが、明示的にこの承諾の事実を証する書面
> は要しないと解されています（松井信憲『商業登記ハンドブック〔第
> 4版〕』337頁（商事法務、2021））。

☑期間短縮同意書及び株主リスト（株主割当て）（商登46①、商登則61②）

> **Memo.**　　募集事項等に関する事項は、申込期日の2週間前までに株
> 主に通知しなければなりません（会社241④）。実務上は、募集
> 事項の決定日と申込期日との間に中2週間ないときは、総株
> 主の同意書及び当該同意に係る株主リストを添付する必要が
> あります。

☑委任状（商登18）

170 第1章 株式会社 （ 10 ～ 94 ）

| 79 | 取得請求権付株式等の取得と引換えにする新株予約権の発行 |

（1） 取得請求権付株式の取得と引換えにする新株予約権の発行

> Memo. 取得請求権付株式（新株予約権を対価とするもの）の株主は会社に対して当該取得請求権付株式の取得を請求することができ、その請求の日に取得対価である新株予約権を取得します（会社166・167②二・170②三）。なお、資本金の額は増加しません（会社計算15）。

☑ **取得請求のあったことを証する書面**（商登66）

> Memo. 具体的には、会社の作成した書式による取得請求書等がこれに当たります。

☑ **分配可能額が存在することを証する書面**（商登則61⑩）

> Memo. 新株予約権の帳簿価額が、当該請求の日における分配可能額を超えているときは、取得の請求ができません（会社166①ただし書）。
>
> 具体的には、代表者の作成に係る証明書（当該新株予約権の帳簿価額及び会社法461条2項各号の額又はその概算等を示す等の方法により、分配可能額が存在することを確認することができるもの）等がこれに該当します（平18・3・31民商782、小川秀樹＝相澤哲編『通達準拠　会社法と商業登記』144頁（金融財政事情研究会、2008））。

☑ 取得の請求によって初めてする新株予約権の発行による登記にあっては、当該新株予約権の内容の記載がある定款（定款において当該取得請求権付株式の内容の要綱が定められ、その取得と引換えに株式に対して交付する新株予約権の具体的な内容の記載がない場合には、定款のほか、当該内容の決定機関に応じ、株主総会（取締役会設置会社にあっては株主総会又は取締役会、清算人会設置会社にあ

第1章　株式会社　（ 10 ～ 94 ）　　　171

っては株主総会又は清算人会）の議事録）（商登46①②、商登則61①）

⇨ ◆記載例

Memo.　　取得対価が新株予約権である取得請求権付株式の登記をする際、対価である新株予約権の内容については、定款記載の全ての内容を登記する必要はなく、その名称を登記すれば足りるとされています（平18・4・26民商1110第4節第8・2（参考）の（注）参照）。これは、発行されていない段階で、新株予約権の内容を公示する必要性及び株式・資本区に新株予約権区と同様の登記事項を記録することによって、公示上の支障が生ずることが考慮されたことによるものです（小川＝相澤・前掲145頁）。したがって、実際に取得請求権付株式の取得の請求がなされ、初めて新株予約権の発行登記をする際は、新株予約権の内容の全てが記載された定款を添付する必要があります。また、定款に新株予約権の内容が要綱として定められていた場合（会社108③）は、新株予約権の内容を決定する必要がありますので、その具体的内容を決議した機関の議事録を添付することになります。

　　2回目以降に取得請求権付株式の取得の請求により新株予約権が発行された場合には、既に登記された新株予約権の変更登記をすれば足りるとされています（平18・3・31民商782）。

　　なお、株主総会議事録が添付書面となるときであっても、株主リストは要しないと解されています（辻雄介＝大西勇「株主リストに関する一考察」登記研究832号16頁（2017））。

☑委任状（商登18）

（2）　取得条項付株式の取得と引換えにする新株予約権の発行

☑一定の取得事由の発生を証する書面（商登67①・46②、商登則61③）

Memo.　 71 （2）を参照してください。

☑一部の株式の決定に係る株主総会議事録及び株主リスト又は取締役
会議事録（商登46②、商登則61③）

> Memo. 　71（2）を参照してください。

☑株券提供公告をしたことを証する書面又は株券が発行されていない
ことを証する書面（商登67①）

> Memo. 　71（2）を参照してください。

☑分配可能額が存在することを証する書面（商登則61⑩）

> Memo. 　上記（1）を参照してください。

☑取得によって初めてする新株予約権の発行による登記にあっては、
当該新株予約権の内容の記載がある定款（定款において当該取得条
項付株式の内容の要綱が定められ、その取得と引換えに株式に対し
て交付する新株予約権の具体的な内容の記載がない場合には、定款
のほか、当該内容の決定機関に応じ、株主総会（取締役会設置会社
にあっては株主総会又は取締役会、清算人会設置会社にあっては株
主総会又は清算人会）の議事録）（商登46①②、商登則61①）

> Memo. 　上記（1）を参照してください。

☑委任状（商登18）

（3）　全部取得条項付種類株式の取得と引換えにする新株予約権の発行

☑株主総会議事録（商登46②）及び株主リスト（商登則61③）

> Memo. 　71（3）を参照してください。

☑株券提供公告をしたことを証する書面又は株券が発行されていない
ことを証する書面（商登68）

> Memo. 　71（3）を参照してください。

☑分配可能額が存在することを証する書面（商登則61⑩）

> Memo. 　上記（1）を参照してください。

☑委任状（商登18）

第1章　株式会社　（ 10 ～ 94 ）　173

（4）　取得条項付新株予約権の取得と引換えにする新株予約権の発行

☑一定の取得事由の発生を証する書面（商登67②・46②）

　　Memo.　 71 （4）を参照してください。

☑一部の新株予約権の決定に係る株主総会議事録及び株主リスト又は取締役会議事録（商登46②、商登則61③）

　　Memo.　 71 （4）を参照してください。

☑新株予約権証券提供公告をしたことを証する書面又は新株予約権証券が発行されていないことを証する書面（商登67②）

　　Memo.　 71 （4）を参照してください。

☑取得によって初めてする新株予約権の発行による登記にあっては、当該新株予約権の内容の記載がある定款（定款において当該取得条項付株式の内容の要綱が定められ、その取得と引換えに株式に対して交付する新株予約権の具体的な内容の記載がない場合には、定款のほか、当該内容の決定機関に応じ、株主総会（取締役会設置会社にあっては株主総会又は取締役会、清算人会設置会社にあっては株主総会又は清算人会）の議事録）（商登46①②、商登則61①）

　　Memo.　　上記（1）を参照してください。

☑委任状（商登18）

◆記載例　登記記録例

発行可能種類株式総数及び発行する各種類の株式の内容	普通株式　　　　○○株
	A種優先株式　　○○株
	B種優先株式　　○○株
	1．A種優先株式についての株主の取得請求権に関する定め
	A種優先株式の株主は、会社に対し、A種優先株式の取得を請求することができる。

174　　　　第1章　株式会社　（ 10 ～ 94 ）

> 　会社は、A種優先株式1株の取得と引換えに、
> 1個の第1回新株予約権を交付する。
> 　取得を請求することのできる期間は……
> 　　　　　　　　　　　　（以下略）

＜記載のポイント＞
1　取得請求権付種類株式の登記記録例となっています。新株予約権を取得請求権付株式の取得の対価とする旨は、「発行可能種類株式総数及び発行する各種類の株式の内容」として登記されます。
2　取得の対価である新株予約権の内容については、下線部分のように、新株予約権の名称を登記すれば足りることとされています。
3　取得請求権が行使され、新株予約権が初めて発行された場合は、新株予約権欄に当該新株予約権の内容の全てを登記することになります。

80　新株予約権の変更（株式分割等に伴う変更）

☑委任状（商登18）

> Memo.　　新株予約権の内容として、株式分割、株式併合、株式の無償割当て、時価を下回る価額による募集株式の発行等があった場合には、新株予約権の行使により発行する株式の数や、新株予約権の行使に際して出資される財産の価額等を調整する旨の条項の有無により、変更登記が必要になる場合があります（相澤哲ほか編『論点解説　新・会社法　千問の道標』191頁（商事法務、2006））。
>
> 　　株式分割や株式併合については、その変更登記がなされますので、その登記記録から変更事項が確認でき、新株予約権の変更登記については委任状以外の添付書面を要しません。
>
> 　　なお、この変更登記については、必須ではないという見解もあります（神﨑満治郎ほか編『商業・法人登記500問』209頁（テイハン、2023））。

第1章 株式会社 （ 10 ～ 94 ） 175

81 新株予約権の変更（内容の変更）

（1） 新株予約権（新株予約権付社債に付されたものを除く。）の内容の変更

☑**内容変更の決定を証する書面**

決議機関に応じて次の書面を添付します。

① 株主総会議事録（商登46②）及び株主リスト（商登則61③）

② 取締役会議事録又は取締役の過半数の一致を証する書面（商登46②）

☑**新株予約権者全員の同意書**

> Memo. 新株予約権の内容（例えば、行使期間の伸長）については、①新株予約権の発行決議機関において内容変更の決議を行い、②取締役会（又は取締役の過半数の一致）で内容変更の決議をした場合に、株主以外の者に対し特に有利な条件となるときには、株主総会の特別決議を得、③原則として、新株予約権者全員の同意を得ることにより、変更できるものと解されています（堀恩惠「分離型新株引受権付社債における社債の全部償還後の新株引受権の行使期間の変更登記の可否」旬刊商事法務1534号106頁（1999）、平8・7・25民四1350）。

☑**委任状**（商登18）

（2） 新株予約権付社債に付された新株予約権の内容の変更

☑**内容変更の決定を証する書面**

決議機関に応じて次の書面を添付します。

① 株主総会議事録（商登46②）及び株主リスト（商登則61③）

② 取締役会議事録又は取締役の過半数の一致を証する書面（商登46②）

☑**社債権者集会の議事録及び裁判所の認可書**

> Memo. 会社と社債権者全員との変更契約書及び社債権者全員の同

意書をもってこれに代えることができます。また、新株予約権付社債権者の不利益にならない場合は、明示的な同意を要しない旨の取扱いも許容されると解されています（平8・7・25民四1350、松井信憲『商業登記ハンドブック〔第4版〕』360頁（商事法務、2021））。

Memo. 　新株予約権付社債の内容については、①新株予約権付社債の発行決議機関において内容変更の決議を行い、②取締役会（又は取締役の過半数の一致）で内容変更の決議をした場合に、株主以外の者に対し特に有利な条件となるときには、株主総会の特別決議を得、③社債権者集会の決議及び裁判所の認可を得ること（会社716・734①）により、変更できるものと解されています（松井・前掲361頁）。

☑**委任状**（商登18）

82 新株予約権の無償割当て

☑**決議があったことを証する書面**

【取締役会設置会社】

① 取締役会議事録（商登46②） ⇨ ◆記載例

Memo. 　株式会社は、株主に対して新たに払込みをさせないで当該株式会社の新株予約権を割り当てることができます（会社277）。新株予約権の無償割当てに関する事項は、原則として取締役会の決議によって定めます（会社278③）。

【非取締役会設置会社】

① 株主総会議事録（商登46②）

Memo. 　非取締役会設置会社においては、新株予約権の無償割当てに関する事項は株主総会の決議によって定めます（会社278③）。

② 株主リスト（商登則61③）

第1章　株式会社　（ 10 ～ 94 ）　　　177

【種類株主に損害を及ぼすおそれがある場合】

① 種類株主総会議事録（商登46②）

> Memo.　２種類以上の新株予約権を発行している種類株式発行会社
> において、新株予約権の無償割当てが、ある種類の株主に損
> 害を及ぼすおそれがあるときは、原則として種類株主総会の
> 特別決議が必要です（会社322①六）。ただし、会社法322条２項
> の定款の定めがある場合は種類株主総会の決議は不要です。

② 株主リスト（商登則61③）

> Memo.　種類株主総会の決議についての株主リストを添付します。

☑委任状（商登18）

◆記載例　取締役会議事録

> 第○号議案　新株予約権の無償割当ての件
> 　議長は、下記の内容で新株予約権の無償割当てを実施したい旨を述べ、
> 本議案の賛否を諮ったところ、出席取締役の全員一致により、これを可
> 決確定した。
> 記
>
> １．株主に割り当てる新株予約権の内容及び数　第○回新株予約権○○
> 　個
> ２．新株予約権無償割当ての効力発生日　令和○年○月○日
> ３．新株予約権の割当てに関する事項　普通株式１株につき第○回新株
> 　予約権○個の割合をもって割り当てる。

＜記載のポイント＞

　株式の無償割当てとは異なり、新株予約権無償割当ては、新たに新株予
約権を発行するか、自己新株予約権を交付するかのいずれかであり、両者
を混在させることはできません（松井信憲『商業登記ハンドブック〔第４版〕』362
頁（商事法務、2021））。自己新株予約権を交付する場合は、登記すべき事項は
ありません。

178　　第1章　株式会社　（ 10 ～ 94 ）

83　新株予約権の行使

☑**新株予約権の行使があったことを証する書面**（商登57一）

> Memo.　会社作成の書式による新株予約権行使請求書、払込取扱機関の行使請求取扱証明書（平14・8・13民商1921）等が必要です。

☑**払込み又は給付があったことを証する書面**（商登57二）

① 　金銭の払込みがあったことを証する書面（商登57二）⇨◆記載例

> Memo.　行使された新株予約権の個数及び払込みがあった金額等につき代表取締役が証明した書面に、払込みがあった預金口座の通帳のコピー等を合綴します（詳細については、 10 参照）。

> Memo.　取締役の報酬等として発行された新株予約権（ 78 参照）の行使の場合には、「新株予約権の行使に際して出資を要しない旨」が登記されていますので、払込み又は給付があったことを証する書面は不要です（村上裕貴「「会社法の一部を改正する法律等の施行に伴う商業・法人登記事務の取扱いについて（通達）」の解説」登記研究882号53頁（2021））。

② 　現物出資財産の給付があったことを証する書面（商登57三）

> Memo.　現物出資により新株予約権が行使される場合は、実務上、交付される株式の総数が発行済株式の10分の1を超えないケースがほとんどです（行使により発行される株式の総数は、新株予約権1個当たりで算定されるためです。）。よって、この書面を添付することは稀であると思われます。
> その他については 69 を参照してください。

☑**資本金として計上しない額を証する書面**

> Memo.　新株予約権の募集事項決定の際、資本金として計上しない額（会社445①②）を定めたときは、その決定機関に応じて株主総会議事録、種類株主総会議事録、取締役会議事録又は取締役の過半数の一致があったことを証する書面を添付します

第1章 株式会社 （ 10 ～ 94 ） 179

（平18・3・31民商782）。ただし、株主総会議事録を添付する場合においては、株主リストの添付を要しないこととされています（辻雄介＝大石勇「株主リストに関する一考察」登記研究832号17頁（2017））。

　なお、会社が自己株式のみを交付する場合については、資本金として計上する額を定めたとしても、資本金の額に変更は生じませんので、この書面の添付は不要になります。

☑資本金の額の計上に関する証明書（商登則61⑨）

Memo.　　新株予約権の行使に際して会社が自己株式のみを交付する場合は、この書面の添付は不要です。

☑委任状（商登18）

◆記載例　払込みがあったことを証する書面

払込みがあったことを証する書面
　第○回新株予約権については、以下のとおり払込みがあったことを証明します。

　　行使請求期間　令和○年1月1日から令和○年1月31日まで
　　行使された新株予約権の数　　　　　　　　　　10個
　　新株予約権の行使により交付した株式の数　　　100株
　　1株当たりの払込金額　　　　　　　　　　　金100円
　　払込みを受けた金額　　　　　　　　　　金10,000円

　　令和○年○月○日

　　　　　　　　　　　　　　○県○市○町○丁目○番○号
　　　　　　　　　　　　　　○○株式会社
　　　　　　　　　　　　　　代表取締役○○○○

＜記載のポイント＞
　新株予約権の行使による変更登記は、毎月末日現在までの変更分をまと

めて登記することができます（会社915③一）。そのため、本書面についても行使がなされた期間を記載します。また、この書面には、払込みがあった預金通帳のコピー等を合綴する必要があります。

84 新株予約権の消却等

（1） 新株予約権の消却

☑**取締役会議事録**（又は取締役の決定書）（商登46②）

> Memo. 　株式会社は、取締役会の決議により自己新株予約権を消却することができます（会社276）。
> 　非取締役設置会社の場合には、取締役の過半数の一致により、自己株式を消却することができます（会社348②）。また、非取締役設置会社は株主総会の決議によることも可能です。この場合には株主総会議事録（商登46②）及び株主リスト（商登則61③）を添付します。

☑**委任状**（商登18）

（2） 新株予約権の消滅（新株予約権の放棄を含む。）

☑**委任状**（商登18）

> Memo. 　新株予約権者がその有する新株予約権を行使できなくなった場合（新株予約権の行使の条件を満たさなくなった場合など）は、新株予約権は消滅することになります（会社287）。
> 　また、新株予約権者がその有する新株予約権を放棄した場合も、新株予約権は消滅すると解されています。旧商法下においては、新株予約権を放棄した場合には、実務上、放棄書を添付する取扱いでしたが、新株予約権の消滅の場面では添付書面を求める規定がなく、委任状以外の添付を要しない取扱いとなっています（松井信憲『商業登記ハンドブック〔第4版〕』375頁（商事法務、2021））。

第1章　株式会社　（ 10 ～ 94 ）　181

> Memo.　委任状には、消滅した新株予約権の個数及び消滅した年月日を記載します。

（3）　新株予約権の行使期間の満了

☑**委任状**（商登18）

> Memo.　新株予約権の行使期間（会社236①四）が満了したときは、新株予約権は消滅します。行使期間については登記事項とされていて（会社911③十二ロ）、行使期間が満了したことは明らかですから、委任状以外の添付書面を要しないことになります。なお、新株予約権が消滅するのは、行使期間の満了日の翌日ですので、注意する必要があります。

182　第1章　株式会社　（ 10 ～ 94 ）

第7　解散・清算結了

85　解　散

☑解散の事由の発生を証する書面

　【定款で定めた存続期間の満了により解散した場合（会社471一）】

　　Memo.　　登記簿の記録から明らかですので、添付書面は不要です。

　　　　　なお、定款を変更して存続期間を設けたにもかかわらず、登

　　　　　記未了のまま解散した場合は、存続期間を登記した上で解散

　　　　　の登記をする必要があります。

　【定款で定めた解散の事由の発生により解散した場合（会社471二)】

　①　定款で定めた解散の事由の発生を証する書面（商登71②）

　【株主総会の決議により解散した場合（会社471三）】

　①　株主総会議事録（商登46②）⇨◆記載例

　②　株主リスト（商登則61③）

☑官庁の許可書又はその認証がある謄本（商登19）

　　Memo.　　解散につき官庁の許可を要する場合、必要です。

☑代表清算人の資格を証する書面（商登71③）

　　Memo.　　最初の清算人の登記を同時に申請しない場合、定款、株主

　　　　　総会議事録、清算人会議事録と就任承諾書等、 86 の書類が

　　　　　必要です。

　　Memo.　　法定代表清算人が申請人となる場合には、不要です（商登71

　　　　　③ただし書）。

☑委任状（商登18）

◆記載例　株主総会議事録

第○号議案　当会社解散の件

　議長は、本日をもって、当会社を解散したい旨及びその理由を述べ、

第1章　株式会社　（ 10 ～ 94 ）　　183

> その賛否を議場に諮ったところ、満場異議なくこれを承認可決した。

Memo.　　主務官庁の許認可等を要する業種の会社につきその手続に要する合理的期間だけ先立って解散決議するような場合を除き、通常は、数か月も先の一定日時に解散する旨の期限付き解散決議は、避けるべきものと解されています（昭34・10・29民事甲2371、松井信憲『商業登記ハンドブック〔第4版〕』518頁（商事法務、2021））。そのため、上記のように期限付き解散決議が認められる場合を除き、決議日より2週間を超える日を解散日とする解散決議をした場合には、存続期間についての定款の変更があったものとして登記をする取扱いになっています（カウンター相談220「いわゆる期限付きの解散決議による登記の申請について」登記研究755号163～170頁（2011））。

86　清算人の就任

☑定款（商登73①）

Memo.　　清算人会設置会社の定めの有無を確認するため、最初の清算人の登記をする場合には、常に添付書面となります。ただし、裁判所が清算人を選任した場合において、清算人が定款を入手することができない場合には、登記実務上、代表清算人の上申書の添付があれば、定款の添付がなくても、登記の申請は受理される取扱いとされています（松井信憲『商業登記ハンドブック〔第4版〕』524頁（商事法務、2021））。

☑清算人の就任を証する書面

【取締役が法定清算人となる場合（会社478①一）】

① 定　款

Memo.　　定款に特段の定めがないことを確認すれば足り、また、会社法の定めにより取締役には就任の義務があるため、就任承諾書を含め、他の添付書面は不要です。

184 第1章 株式会社 （ 10 ～ 94 ）

> Memo. 解散前に取締役の変更があったにもかかわらず、その登記がされていない場合、法定清算人の就任の登記の前提として、取締役の変更の登記をする必要があります（「質疑応答6441」登記研究437号66頁（1984））。

【定款で定めた場合（会社478①二）】

① 株主総会議事録（商登46②）

> Memo. 定款変更に係る株主総会議事録を添付します。

② 株主リスト（商登則61③）

> Memo. 最初の清算人の登記を申請する場合で、定款で定めるものが清算人になるときは、定款を添付すれば足り、上記①及び②は不要です。

③ 就任承諾書（商登73②）

【株主総会の決議により選任した場合（会社478①三）】

① 株主総会議事録（商登46②）

② 株主リスト（商登則61③）

③ 就任承諾書（商登73②）

【裁判所が選任した場合（会社478②～④）】

① 裁判所の選任決定書の正本又は認証のある謄本（商登73③）

> Memo. 裁判所において、就任承諾の意思を確認しているため、就任承諾書の添付は不要です。

☑委任状（商登18）

> Memo. 株主総会議事録に被選任者の氏名及び席上その就任を承諾した旨の記載があるときは、これを就任承諾書に代わるものとして取り扱うことができます。

> Memo. 清算人については、商業登記規則61条4項及び7項の適用がないため、就任承諾書に押印した印鑑の印鑑証明書及び本人確認証明書は不要です。

第1章　株式会社　（ 10 ～ 94 ）　　　185

87　清算人の退任

☑**退任を証する書面**（商登74②）

【辞任により退任する場合】

① 　辞任届

【死亡により退任する場合】

① 　死亡を証する書面

　Memo.　具体的には、 13 をご参照ください。

【解任により退任する場合】

① 　株主総会議事録（商登46②）

② 　株主リスト（商登則61③）

【資格喪失により退任する場合】

① 　資格喪失を証する書面

　Memo.　具体的には、 13 をご参照ください。

【任期満了により退任する場合】

① 　定款（商登則61①）

② 　株主総会議事録（商登46②）

　Memo.　改選の際の株主総会議事録を添付します。なお、当該議事録に、任期満了により退任した旨の記載がある場合には、これで足りるとされています（昭53・9・18民四5003）。

　Memo.　選任時の株主総会決議で任期を定めた場合、当該株主総会議事録も添付します。

　Memo.　清算人の地位に任期はありませんが、定款又は選任決議において任期を定める余地はあるとされています（松井信憲『商業登記ハンドブック〔第4版〕』530頁（商事法務、2021））。

【清算人の破産手続開始又は後見開始の審判により退任する場合】

① 　破産手続開始の決定等を証する書面

　Memo.　具体的には、 13 をご参照ください。

☑**委任状**（商登18）

186 　　第1章　株式会社　（ 10 ～ 94 ）

88　代表清算人の就任

（1）　非清算人会設置会社の場合

☑代表清算人の就任を証する書面

【代表取締役が法定代表清算人となる場合（会社483④）】

> Memo.　添付書面は不要です。

【定款で定めた場合（会社483③）】

① 株主総会議事録（商登46②）

> Memo.　定款変更に係る株主総会議事録を添付します。

② 株主リスト（商登則61③）

> Memo.　最初の代表清算人の登記を申請する場合で、定款で定めるものが代表清算人になるときは、定款を添付すれば足り、上記①及び②は不要です。

【定款の定めに基づく清算人の互選で選定した場合（会社483③）】

① 定款（商登則61①）

② 清算人の互選書（商登46①）

③ 就任承諾書（商登73②）

【株主総会の決議により選定した場合（会社483③）】

① 株主総会議事録（商登46②）

② 株主リスト（商登則61③）

【裁判所が選定した場合（会社483⑤）】

① 裁判所の選任決定書の正本又は認証のある謄本（商登73③）

② 代表清算人の氏名及び住所を証する書面（商登73③）

> Memo.　裁判所の選任決定書に住所の記載がある場合には、不要です。

> Memo.　裁判所において、就任承諾の意思を確認しているため、就任承諾書の添付は不要です。

第1章　株式会社　（ 10 ～ 94 ）　187

☑**委任状**（商登18）

☑**印鑑届書**（商登則9）

（2）　清算人会設置会社の場合

☑**代表清算人の就任を証する書面**

　　【代表取締役が法定代表清算人となる場合（会社483④）**】**

　　　Memo.　　添付書面は不要です。

　　【清算人会の決議により選定した場合（会社489③本文）**】**

　①　清算人会議事録（商登46②）

　②　就任承諾書（商登73②）

　　【裁判所が選定した場合（会社483⑤）**】**

　①　裁判所の選任決定書の正本又は認証のある謄本（商登73③）

　②　代表清算人の氏名及び住所を証する書面（商登73③）

　　　Memo.　　裁判所の選任決定書に住所の記載がある場合には、不要です。

　　　Memo.　　裁判所において、就任承諾の意思を確認しているため、就任承諾書の添付は不要です。

☑**委任状**（商登18）

☑**印鑑届書**（商登則9）

Memo.　　株主総会議事録、清算人の互選書、清算人会議事録に被選定者の氏名及び席上その就任を承諾した旨の記載があるときは、これらを就任承諾書に代わるものとして取り扱うことができます。

Memo.　　代表取締役等住所非表示措置の申出を併せて行う場合の添付書面については、 37 をご参照ください。

Memo.　　代表清算人については、商業登記規則61条4項から6項までの適用がないため、議事録や清算人の互選書又は就任承諾書に押印した印鑑の印鑑証明書は不要です。

Memo.　　印鑑届書については、 16 をご参照ください。

188　　第1章　株式会社　（ 10 ～ 94 ）

| Memo. | 印鑑提出者の資格が代表清算人に変更になるため、最初の代表清算人の登記の（書面）申請に当たっては、印鑑の届出が必要です（商登則35の2・9①四）。また、代表清算人が変更になった場合の変更登記を申請する場合も必要です。 |

89　代表清算人の退任

☑退任を証する書面（商登74②）

【辞任により退任する場合】

① 辞任届

| Memo. | 清算人については、商業登記規則61条8項の適用がないため、辞任届に押印した印鑑の印鑑証明書は不要です。 |

② 定款（商登61①）

| Memo. | 非清算人会設置会社において、定款の定めに基づく清算人の互選で選定された代表清算人が辞任した場合、上記①及び②を添付します。 |

③ 株主総会議事録（商登46②）

④ 株主リスト（商登則61③）

| Memo. | 非清算人会設置会社において、定款又は株主総会の決議により選定された代表清算人が定款の変更又は株主総会の承認を得て辞任する場合、上記③及び④を添付します。 |

【解職により退任する場合】

① 清算人会議事録（商登46②）

| Memo. | 清算人会設置会社の場合に添付します。 |

② 清算人の過半数の一致を証する書面（商登46①）

③ 定款（商登則61①）

| Memo. | 非清算人会設置会社において、定款の定めに基づく清算人の互選で選定された代表清算人を解職した場合、上記②及び③を添付します。 |

第1章 株式会社 （ 10 ～ 94 ） 189

④ 株主総会議事録（商登46②）

⑤ 株主リスト（商登則61③）

Memo. 非清算人会設置会社において、定款又は株主総会の決議により選定された代表清算人を解職した場合、上記④及び⑤を添付します。

【各自代表制度の会社が代表清算人を定めた場合】

① 株主総会議事録（商登46②）

Memo. 定款の変更又は株主総会の決議により新たに代表清算人を定めた場合、添付します。

② 株主リスト（商登則61③）

③ 清算人の過半数の一致を証する書面（商登46①）

④ 就任承諾書

Memo. 新たに定款に清算人の互選で代表清算人を選定する旨の定めを設け、清算人の互選により代表清算人を定めた場合、上記①から④までを添付します。

⑤ 清算人会議事録（商登46②）

Memo. 新たに定款に清算人会の定めを設け、清算人会で代表清算人を定めた場合、上記①②④⑤を添付します。

【清算人の地位を喪失したことにより退任する場合】

Memo. 87 の書類で足ります。

☑**委任状**（商登18）

90 清算人の氏名、代表清算人の氏名・住所の変更

☑**委任状**（商登18）

Memo. 18 をご参照ください。

Memo. 旧氏の記録の申出を併せて行う場合の添付書面については、 37 をご参照ください。

190　　　　第1章　株式会社　（ 10 ～ 94 ）

Memo.　代表取締役等住所非表示措置の申出を併せて行う場合の添付書面については、 37 をご参照ください。

91　清算結了

☑**決算報告の承認があったことを証する書面**（商登75）

　①　**株主総会議事録及びこれに附属する決算報告書**（商登46②）

　　Memo.　債権者保護手続に関する書面は、添付書面ではありませんが、当該手続の期間は2か月を下ることができないため（会社499）、清算人の就任後2か月内の清算結了登記の申請は受理することはできません（昭33・3・18民事甲572）。

　　Memo.　収入の額及び費用の額を明示せず、清算結了時の残余財産がない旨のみを示した貸借対照表のみを添付し、これに承認を与えた旨の記載のある株主総会議事録を添付してされた清算結了の登記申請は受理することはできません（「質疑応答7940」登記研究773号190頁（2012））。

　　Memo.　決算報告書において債務超過の事実が判明する場合には、株主総会の承認を得たときであっても、清算人は破産手続開始の申立てをする義務を負うため（会社484①・976二十七）、清算結了の登記を受理することはできません（商登24七）。また、決算報告書において、超過債務部分を第三者が負担する旨が記載されていても、当該超過債務について免責的債務引受けがされ、会社に債務がない状態で承認された決算報告書の添付がない限り、清算結了の登記は受理できないとされています（昭43・5・2民事甲1265、登記研究247号71頁（1968）、松井信憲『商業登記ハンドブック〔第4版〕』538頁（商事法務、2021））。

　②　**株主リスト**（商登則61③）

☑**委任状**（商登18）

第1章　株式会社　（ 10 ～ 94 ）　191

92　清算結了後に残余財産が見つかった場合

☑ **残余財産が残っていることを証する書面**（商登134①二）

① 　上申書 ⇨ ◆記載例1

② 　不動産の登記事項証明書、預金通帳等（商業登記手続研究会編『事例式　商業登記申請マニュアル』1000ノ86ノ2頁（新日本法規出版、追録117号））

③ 　株主総会議事録（商業登記手続研究会・前掲1000ノ62ノ3頁）⇨ ◆記載例2

> Memo. 　上記①に加え、②又は③を添付します。

> Memo. 　登記事項証明書等の公務員が職務上作成した書面を添付できない場合、上記②又は③に清算結了登記に添付した株主総会議事録に押印した者全員が同一の印鑑を押印したとき若しくは登記所届出印を押印したときを除き、上記②又は③に押印した印鑑につき市町村長が作成した印鑑証明書の添付が必要です（令3・1・29民商10、平24・4・3民商898）。

④ 　株主リスト（商登則61③）

> Memo. 　上記③を添付する場合、必要です。

☑ **委任状**（商登18）

☑ **印鑑届書**（商登則9）

> Memo. 　 16 をご参照ください。

☑ **印鑑カード交付申請書**（商登則9の4）

> Memo. 　 16 をご参照ください。

> Memo. 　新たに清算人を選任した場合には、 86 の書類も必要です。

> Memo. 　清算結了登記により失効しているため、改めて印鑑の届出、印鑑カードの交付申請が必要です。

192　第1章　株式会社　（ 10 ～ 94 ）

◆記載例1　上申書

> **上申書**
> 　当社は、令和○年○月○日付けで清算結了登記を申請し、登記記録が閉鎖されました。しかし、当社名義の不動産があることが判明し、残余財産を処分するために清算結了登記を抹消し、登記記録を回復したく上申いたします。
>
> 　　　　　　　　　　　　　　　　　　（本店）
> 　　　　　　　　　　　　　　　　　　（商号）
> 　　　　　　　　　　　　　　　　　　代表清算人　○○○○　㊞
> 　○○法務局　御中

◆記載例2　株主総会議事録

> 第○号議案　清算結了登記の抹消の件
> 　議長は、当会社は既に清算結了登記を完了しているが、下記不動産につき処分未了であり、清算手続が完了していないことが発覚したため、令和○年○月○日付けの決算報告書承認の株主総会決議自体が法令に違反するものとして無効であることから、清算結了登記を抹消しなければならない旨を述べ、その賛否を議場に諮ったところ、満場異議なくこれを承認可決した。
> 　　　　　　　　　　　　　　　記
> 　○県○市○町○丁目○番○号　宅地　○m²
> 　　　　　　　　　　　　　　　　　　　　　　　　　　以上

93　会社継続（通常解散の場合）

☑**株主総会議事録**（商登46②）

> Memo.　継続後の役員等の選任決議も必要です。また、存続期間又は解散事由の変更、機関の変更を行う場合には、その決議も

第1章　株式会社　（ 10 ～ 94 ）　　　193

必要です。なお、機関に関する定款変更をせずに解散した場合（取締役会設置会社であった会社が取締役会廃止の定款変更をせずに解散した場合等）において、継続後も解散前と同じ機関設計であるときは、改めて機関に関する定款変更の決議を行う必要はありませんが、継続の日をもって「年月日設定」の登記を申請します。

☑**株主リスト**（商登則61③）

☑**役員等の就任を証する書面**

> Memo.　第1章第2をご参照ください。

☑**委任状**（商登18）

☑**印鑑届書**（商登則9）

> Memo.　 16 をご参照ください。

> Memo.　申請書の添付書面ではありませんが、印鑑提出者の資格が代表取締役に変更になるため、書面申請をする場合には、印鑑の届出が必要です（商登則35の2・9①四）。

> Memo.　解散後、解散登記未了の間に会社を継続した場合には、解散及び清算人の登記をした上で、会社の継続及び取締役等に関する登記をしなければならないため（昭39・1・29民事甲206）、 85 86 88 の書類も必要です。

94	会社継続（みなし解散の場合）

☑**株主総会議事録**（商登46②）

> Memo.　継続後の役員等の選任決議も必要です。また、存続期間又は解散事由の変更、機関の変更を行う場合には、その決議も必要です。機関に関する定款変更をせずに解散した場合について、 93 をご参照ください。

☑**株主リスト**（商登則61③）

194　　　第１章　株式会社　（ 10 ～ 94 ）

☑清算人の就任を証する書面

> Memo.　　休眠会社の整理により解散したものとみなされた株式会社については、定款に別段の定めがある場合を除き、解散時に取締役であった者（取締役の権利義務を有する者を含みます。）が清算人となるため、 86 【取締役が法定清算人となる場合】の登記も必要であり、その添付書面が必要です。また、取締役の変更があったにもかかわらず、その登記がされていない場合には、法定清算人の就任の登記の前提として取締役の変更の登記が必要なため（昭49・11・15民四5938）、 12 13 の添付書面も必要です。

☑役員等の就任を証する書面

> Memo.　　第１章第２をご参照ください。

☑委任状（商登18）

☑印鑑届書（商登則９）

> Memo.　　 16 をご参照ください。

☑印鑑カード交付申請書（商登則９の４）

> Memo.　　 16 をご参照ください。

> Memo.　　みなし解散の登記により失効しているため、改めて印鑑の届出、印鑑カードの交付申請が必要です。

第２章　特例有限会社

95	代表取締役の登記（各自代表制度の会社が代表取締役を定めた場合）

☑代表取締役の就任を証する書面

【定款で定めた場合】

① 株主総会議事録（商登46②）

> Memo. 定款変更に係る株主総会議事録を添付します。

② 株主リスト（商登則61③）

③ 印鑑証明書（商登則61⑥一）

> Memo. 議長及び出席した取締役が株主総会議事録に押印した印鑑につき市町村長の作成した印鑑証明書を添付します。ただし、変更前の代表取締役が登記所に提出している印鑑を押印している場合は不要です。

【株主総会の決議により選任した場合】

① 株主総会議事録（商登46②）

② 株主リスト（商登則61③）

③ 印鑑証明書（商登則61⑥一）

> Memo. 議長及び出席した取締役が株主総会議事録に押印した印鑑につき市町村長の作成した印鑑証明書を添付します。ただし、変更前の代表取締役が登記所に提出している印鑑を押印している場合は不要です。

【定款の定めに基づく取締役の互選で選定した場合】

① 定款（商登則61①）

② 取締役の互選書（商登46①）

③ 就任承諾書（商登54①）

> Memo. 取締役の互選書に被選定者の氏名及び席上その就任を承諾

した旨の記載があるときは、これを就任承諾書に代わるもの
として取り扱うことができます。

④　印鑑証明書（商登則61⑥二）

Memo.　各取締役が取締役の互選書に押印した印鑑につき市町村長
の作成した印鑑証明書を添付します。ただし、変更前の代表
取締役が登記所に提出している印鑑を押印している場合は不
要です。

☑委任状（商登18）

96　代表取締役の氏名抹消

（1）　代表取締役以外の取締役全員の退任の場合

☑取締役の退任を証する書面（商登54④）

Memo.　13 をご参照ください。

☑委任状（商登18）

（2）　取締役の全員が代表取締役となる場合

☑代表取締役の就任を証する書面

【定款で定めた場合】

①　株主総会議事録（商登46②）

Memo.　定款変更に係る株主総会議事録を添付します。

②　株主リスト（商登則61③）

③　印鑑証明書（商登則61⑥一）

Memo.　議長及び出席した取締役が株主総会議事録に押印した印鑑
につき市町村長の作成した印鑑証明書を添付します。ただ
し、変更前の代表取締役が登記所に提出している印鑑を押印
している場合は不要です。

【株主総会の決議により選定した場合】

①　株主総会議事録（商登46②）

第2章　特例有限会社　（ 95 ～ 97 ）　　　197

② 　株主リスト（商登則61③）

③ 　印鑑証明書（商登則61⑥一）

> Memo.　　議長及び出席した取締役が株主総会議事録に押印した印鑑につき市町村長の作成した印鑑証明書を添付します。ただし、変更前の代表取締役が登記所に提出している印鑑を押印している場合は不要です。

【定款の定めに基づく取締役の互選で選定した場合】

① 　定款（商登則61①）

② 　取締役の互選書（商登46①）

③ 　就任承諾書（商登54①）

> Memo.　　取締役の互選書に被選定者の氏名及び席上その就任を承諾した旨の記載があるときは、これを就任承諾書に代わるものとして取り扱うことができます。

④ 　印鑑証明書（商登則61⑥二）

> Memo.　　各取締役が取締役の互選書に押印した印鑑につき市町村長の作成した印鑑証明書を添付します。ただし、変更前の代表取締役が登記所に提出している印鑑を押印している場合は不要です。

☑**委任状**（商登18）

> Memo.　　代表取締役の就任の登記をするわけではないため、形式的には印鑑証明書の添付は不要だという見解もあり得ますが、実質的には代表取締役の就任の登記と同様であり、商業登記規則61条の適用があると解釈すべきだと考えられます（参考：山森航太「ポイント解説　基礎から考える商業登記実務（第3回）」登記研究920号17頁以下（2024））。なお、各自代表に復帰する（株主総会で、代表権を制限されていた取締役の制限を解除する）ようなケースであれば、商業登記規則61条6項の適用はないと考えられます（神崎満治郎「先例・実例　有限会社法と登記の実務（5）」登記研究633号179頁以下（2000））。

198　　第２章　特例有限会社　（ 95 ～ 97 ）

97　通常の株式会社への商号変更

☑**商号変更後の株式会社の定款**（会社法整備136⑳）

☑**株主総会議事録**（商登46②）⇨ ◆記載例

☑**株主リスト**（商登則61③）

☑**委任状**（商登18）

> Memo.　上記書面に加え、通常の株式会社への移行と同時に役員の
> 変更その他の登記事項の変更が生じた場合において、変更後
> の登記事項を株式会社の設立の登記申請書に直接記載すると
> きは、以下の取締役の退任等のように、登記記録上直接は現
> れない役員の退任等の事実を含め、当該変更に係る添付書面
> を全て添付しなければなりません（平18・3・31民商782、松井信
> 憲『商業登記ハンドブック〔第４版〕』609頁（商事法務、2021））。

> Memo.　本店移転については、株式会社の設立の登記申請書に直接
> 記載することはできず、別申請としなければなりません（「商
> 業登記の栞(17)特例有限会社の商号変更による通常の株式会社への移
> 行について」登記研究701号205頁（2006）、松井・前掲606頁）。

☑**取締役の退任を証する書面**

> Memo.　 13 をご参照ください。

☑**監査役の退任を証する書面**

> Memo.　 21 をご参照ください。

> Memo.　通常の株式会社に移行すると、会社法332条・336条が適用
> されるため、既にこれらの規定を超える在任期間の取締役又
> は監査役は、通常の株式会社への移行と同時に任期満了によ
> り退任します。

> Memo.　通常の株式会社への移行と同時にする特例有限会社の役員
> の退任は、登記事項ではありませんが、商号変更後の株式会
> 社についてする設立の登記には、実質的に退任の登記が含ま
> れるため、退任を証する書面の添付が必要です（小川秀樹＝相

澤哲編『通達準拠会社法と商業登記』278頁（金融財政事情研究会、2008））。

☑取締役の就任を証する書面

　　Memo.　　12をご参照ください。

☑代表取締役の就任を証する書面

　　Memo.　　16をご参照ください。

　　Memo.　　取締役会設置会社に移行する場合、移行前の特例有限会社には取締役会が存在しないため、移行前に、取締役会により代表取締役を選定することはできません。そのため、移行と同時に取締役会設置会社となる場合には、移行後の株式会社の定款の附則に最初の代表取締役の氏名を記載するか、移行を決議する株主総会において、定款に代表取締役を株主総会により選定する旨の定めを設けた上、予選することになります（松井・前掲607頁）。

　　Memo.　　非取締役会設置会社に移行する場合、定款の定めに基づく取締役の互選による代表取締役の予選は、合理的な範囲であれば差し支えなく、移行を決議する株主総会において移行後の取締役を予選した上、移行前の取締役が移行後の代表取締役を予選することは、取締役が全員再選されて取締役に全く変動を生じない場合には、登記実務上、許容されています（「代表取締役の選任について」登記研究221号48頁（1966）、鳥丸忠彦「取締役就任前の者を代表取締役に予選することの可否」旬刊商事法務1296号42頁（1992））。これに対し、取締役に変動を生ずる場合には、移行後の株式会社の定款の附則に最初の代表取締役の氏名を記載することとなります（松井・前掲608頁）。

☑監査役の就任を証する書面

　　Memo.　　19をご参照ください。

☑印鑑届書（商登則9）

　　Memo.　　16をご参照ください。

200　　第2章　特例有限会社　（ 95 ～ 97 ）

☑**印鑑カード交付申請書**（商登則9の4）

　　Memo.　 16 をご参照ください。

　　Memo.　　特例有限会社の解散登記の申請書に添付書面は要しません（会
社法整備136㉒）。

◆**記載例　株主総会議事録**

> 第○号議案　定款変更及び商号変更による株式会社への移行の件
> 　議長は、当社定款を別紙のとおり変更し、有限会社から株式会社へと
> 移行したい旨を述べ、その賛否を議場に諮ったところ、満場異議なくこ
> れを承認可決した。
> 第○号議案　商号変更に伴う取締役1名選任の件
> 　議長は、前号議案の株式会社への移行（商号変更）の効力が生じるこ
> とにより当社取締役全員の任期が満了するため、当該商号変更の効力が
> 生じることを条件として、改めて取締役1名を選任したい旨及びその候
> 補者は○○○○氏である旨を述べ、その賛否を議場に諮ったところ、満
> 場異議なくこれを承認可決した。
> 　　　　　　　　　　　　　　　　　　　　　　　　　　　　　　以上

<記載のポイント>

　特例有限会社の株主総会の特別決議は、総株主（頭数）の半数以上（これ
を上回る割合を定款で定めた場合にあっては、その割合以上）であって、当
該株主の議決権の4分の3以上に当たる多数の賛成が必要です（会社法整備
14③）。

第3章　持分会社

第1　合同会社

98	設　立

☑**定款**（商登118・94）

> Memo.　公証人の認証は不要です（会社575）。

☑**払込み及び給付があったことを証する書面**（商登117）

> Memo.　株式会社（会社34②）と異なり、銀行等の払込みの取扱い場所においてしなければならないとはされていないため、銀行口座の通帳のコピー等のほか、出資金領収書等も該当します。給付（現物出資）の場合は財産引継書等が該当します。▷
> ◆記載例1

☑**ある社員の一致を証する書面**（商登118・93）▷◆記載例2

> Memo.　定款で本店の具体的所在場所や資本金の額を定めなかったときは、業務執行社員の過半数の一致により本店の所在場所、資本金の額を決定したことを証する書面を添付します。

> Memo.　合同会社は、定款で業務執行社員を定めることができますが、この定款の定めには、「業務執行社員は総社員の同意により定める」等の規定方法も許容されています。この定めに従い業務執行社員を定めた場合には、総社員の同意書等を添付します。

> Memo.　定款の定めに基づく社員の互選によって代表社員を定めたときは、その互選を証する書面を添付します。

☑**就任承諾書**（商登118・93、平18・3・31民商782）

> Memo.　定款の定めに基づく社員の互選によって代表社員を定めたときは、代表社員の就任承諾書を添付します。ただし、互選

202 第3章 持分会社 （ 98 ～ 138 ）

をした社員に当該代表社員が含まれている場合には添付不要
です。代表社員が法人である場合の就任承諾の意思表示は、
当該法人の代表者が行います。なお、定款で代表社員を定め
た場合に、定款を代理人が作成した場合、定款に当該代表社
員の押印がないことを理由に就任承諾書の添付を求める登記
所もあり、注意が必要です。

☑**法人社員関係書面** （商登118・96・94二）

① 業務執行社員が法人である場合は当該法人の登記事項証明書

> Memo. 設立する合同会社の本店と同一の登記所の管轄区域内の場
> 合は添付不要です。また、申請書に当該法人の会社法人等番
> 号を記載した場合は、添付を省略することができます（商登19
> の3）。

② 職務執行者の選任に関する書面 ⇨ ◆記載例3

> Memo. 代表社員が法人である場合に添付が必要です。職務執行者
> の選任は、当該社員である法人の業務執行の決定機関で行う
> 必要があると解釈されており、取締役会設置会社の場合は取
> 締役会議事録の添付が求められています（平18・3・31民商782）。

③ 職務執行者の就任承諾書

> Memo. 代表社員が法人である場合に添付が必要です。

☑**資本金の額の計上に関する証明書** （商登則92・61⑨） ⇨ ◆記載例4

> Memo. 出資に係る財産が金銭のみである場合は、資本金の額の上
> 限が払込みのあったことを証する書面から明らかであるた
> め、添付を要しません（平19・1・17民商91）。

☑**委任状** （商登18）

☑**印鑑届書** （商登則9①四・⑤四・五）

> Memo. 申請書の添付書面ではありませんが、印鑑の届出をする場
> 合に提出します。書面による申請、又は、委任状を書面で作
> 成する場合には必須です。印鑑提出者である代表社員（自然
> 人）の作成後3か月以内の印鑑証明書が必要です。印鑑届書
> の書式等については、 16 をご参照ください。

第3章　持分会社　（ 98 ～ 138 ）　　　　203

Memo.　法人である代表社員が印鑑を提出する場合は職務執行者が
提出します。この場合に印鑑届書には次の書面の添付が必要
です。
① 職務執行者が法人の代表者である場合
・代表者が印鑑提出をしている場合は、登記所作成の資格
証明書（3か月以内のもの）
・代表者が印鑑提出をしていない場合には、市町村長作成
の印鑑証明書（3か月以内のもの）
② 職務執行者が法人の代表者以外の場合
・代表者が印鑑提出をしている場合は、登記所作成の資格
証明書（3か月以内のもの）及び当該代表者による職務
執行者の印鑑に相違ないことの保証書
・代表者が印鑑提出をしていない場合には、市町村長作成
の印鑑証明書（3か月以内のもの）及び当該代表者によ
る職務執行者の印鑑に相違ないことの保証書

◆記載例1

（1）　出資金領収書

```
                        出資金領収書
   有限責任社員　　○○○○　　様
                   一金○○万円也
   ただし、合同会社○○の設立に関する出資金として受領いたしました。
   令和○年○月○日
                                合同会社○○
                                代表社員　　○○○○
```

（2）　財産引継書

```
                      現物出資財産引継書
   有限責任社員　　○○○○　　様
            ○県○市○町○丁目○番地○の土地　　○○．○○m²
            この価額　金○○万円
```

204 第3章 持分会社 （ 98 ～ 138 ）

> 同会社○○の設立に関する出資として給付された上記物件を確かに引
> き継ぎいたしました。
> 　令和○年○月○日
>
> 　　　　　　　　　　　　　　　　　　　　　　合同会社○○
> 　　　　　　　　　　　　　　　　　　　　　　代表社員　　○○○○

Memo. 　出資に関する領収書・財産引継書については印紙税の納付は不
要です（昭31・12・25民事甲2913）。

◆記載例2　本店の所在場所等の決定

> 決定事項
> 　本店の所在場所　○県○市○町○丁目○番○号
> 　設立時の資本金の額　金○○万円
> 　　　　　　　　　　　ただし、社員○○○○につき金○○万円
> 　　　　　　　　　　　　　　　　社員□□□□につき金○○万円

◆記載例3　取締役会議事録（取締役会設置会社の例）

> 第○号議案　合同会社○○の職務執行者選任の件
> 　議長は、当会社の子会社として設立する合同会社○○の業務執行社員
> 及び代表社員となることに伴い、職務執行者を選任する必要があり、以
> 下の者を選任願いたい旨を説明し、その可否を諮ったところ、全員一致
> をもって次のとおり選任した。なお、被選任者は席上その就任を承諾し
> た。
> 　　職務執行者　　○○○○

◆記載例4　資本金の額の計上に関する証明書

> 　　　　　　　　　　資本金の額の計上に関する証明書
> ①　払込みを受けた金銭の額　　　　　　　　　　　金○○万円

第3章　持分会社　（ 98 ～ 138 ）　　　205

②　給付を受けた金銭以外の財産の出資時の価額　　金〇〇万円
　　（会社計算規則第44条第1項第1号）
③　①　＋　②　　　　　　　　　　　　　　　　　　金〇〇万円
　資本金の額金〇〇万円は、会社法及び会社計算規則の規定に従い上記
のとおり計上されたことに相違ないことを証明します。
　令和〇年〇月〇日

　　　　　　　　　　　　　　　　　　合同会社〇〇
　　　　　　　　　　　　　　　　　　代表社員　〇〇〇〇

99　商号の変更

☑**総社員の同意書**（商登118・93）⇨◆記載例

> Memo.　商号は定款の必要的記載事項であり（会社576①二）、その定
> 款の変更は、原則として、総社員の同意により行う必要があ
> ります。定款に別段の定めがある場合にはその定めに従い決
> 定します（会社637）。

☑**委任状**（商登18）

◆**記載例　定款の変更の決定**

決定事項
　当会社の定款第〇条を次のとおり変更する。
　（商号）
　定款第〇条　当会社は、商号を合同会社〇〇と称する。
　変更の効力発生日　令和〇年〇月〇日

100　目的の変更

☑**総社員の同意書**（商登118・93）⇨◆記載例

> Memo.　目的は定款の必要的記載事項であり（会社576①一）、その定

款の変更は、原則として、総社員の同意により行う必要があります。定款に別段の定めがある場合にはその定めに従い決定します（会社637）。

☑**委任状**（商登18）

◆記載例　定款の変更の決定

決定事項
当会社の定款第○条を次のとおりに変更する。 　変更の効力発生日は、令和○年○月○日とする。 　（目的） 　定款第○条　当会社は、次の事業を行うことを目的とする。

変更前	変更後
（目的） 第○条　当会社は次の事業を行う 　ことを目的とする。 1．○○ 2．○○ 3．前各号に附帯する一切の事業	（目的） 第○条　当会社は次の事業を行う 　ことを目的とする。 1．○○ 2．○○ 3．○○ 4．前各号に附帯する一切の事業

101　公告方法の変更

☑**総社員の同意書**（商登118・93）　⇨◆記載例1

> Memo.　公告方法を定める場合は定款に定めます。定款に定めがない場合は官報に掲載する方法となります（会社939）。公告方法を変更する場合は定款変更を行う必要があります。

☑**委任状**（商登18）　⇨◆記載例2

第3章　持分会社　（ 98 ～ 138 ）　　207

◆記載例1　定款の変更の決定

> 決定事項
> 　当会社の定款第○条を次のとおりに変更する。
> 　変更の効力発生日は、令和○年○月○日とする。
> 　（公告方法）
> 　定款第○条　当会社の公告は、電子公告により行う。ただし、事故そ
> 　　　　　　の他やむを得ない事由によって電子公告による公告をすること
> 　　　　　　ができない場合には、官報に掲載する方法により行う。

◆記載例2　委任事項の記載例

> 　上記の者を代理人に定め、下記権限を委任する。
> 1．公告方法の変更登記申請に関する一切の件
> 　電子公告を行うURLは次のとおりとする。
> 　https://www.○○○.co.jp

Memo.　電子公告のURLは会社の代表者による業務の決定により適宜定めれば足ります。そのため、添付書面は不要ですが、代理人により申請する場合には、委任状の委任事項に電子公告に使用するURLを記載する必要があります。

102　本店の移転

（1）　同一登記所管内での移転（定款変更が不要な場合）

☑**業務執行社員の過半数の一致があったことを証する書面**（商登118・
93）⇨◆記載例1

　　Memo.　移転の時期及び具体的な所在場所を決定する必要があります（会社590②・591①）。

☑**委任状**（商登18）

（2） 他の登記所管内への移転又は定款の変更が必要な場合

（1）の書面のほかに、次の書面が必要です。

☑**総社員の同意書**（商登118・93）⮕◆記載例2

> Memo.　同一の登記所管内であっても、所在地（最小行政区画）が変更になる場合は、定款の変更が必要であり、その変更を証するために添付を要します。

> Memo.　印鑑提出をしている場合に、新本店所在地を管轄する登記所に印鑑提出をする場合には、印鑑届書が必要です。旧所在地の登記所に提出していた印鑑と同じ印鑑を提出する場合は、商業登記規則9条5項各号の書面（印鑑証明書、保証書等）の添付は省略することができます（平11・4・2民四667）。

◆記載例1　本店の移転の決定

決定事項
　当会社の本店を次のとおりに移転する。
　　移転先の新本店　○県○市○町丁目○番○号
　　移転日　令和○年○月○日

◆記載例2　定款の変更の決定

決定事項
　当会社の定款第○条を次のとおりに変更する。
　（本店の所在地）
　定款第○条　当会社の本店は、○県○市に置く。
　変更年月日　令和○年○月○日

第3章　持分会社　（ 98 ～ 138 ）　　　209

103　本店の表示の変更

（1）　会社の決定による場合

☑**業務執行社員の過半数の一致があったことを証する書面**（商登118・93）▭⟶ ◆記載例

> Memo.　例えば、会社の住所が○県○市○町○丁目○番○号であった場合に、会社の判断でビル名等を付記し、表記を変更することも可能です（「質疑応答6168」登記研究420号125頁（1982））。この決定は業務の決定（会社590②・591①）として、定款に別段の定めがある場合を除き、（業務執行）社員の過半数で行います（神﨑満治郎ほか編『商業・法人登記500問』370頁（テイハン、2023））。

☑**委任状**（商登18）

（2）　住居表示の実施等による場合

> Memo.　住居表示の実施により本店所在場所の表記が変更された場合や行政区画の変更に伴い地番が変更された場合等には、会社は、2週間以内に変更登記を申請しなければなりません（会社915①）。ただし、変更登記の義務はありますが、法定期間内にその申請がなされないときでも必ずしも会社法違反とはならず、手続上懈怠があると認める事件に限って、所轄地方裁判所に通知するものとされています（大13・3・26民事5429）。

☑**市町村長の証明書等**（登税5四・五、登税規1）

> Memo.　住居表示の実施又は変更に伴う登記事項の変更、行政区画、郡、区、市町村内の町若しくは字又はこれらの名称変更に伴う登記事項の変更の登記については、市町村長の証明書等を添付することにより登録免許税を課されません。

> Memo.　住居表示の実施等に伴う登記事項の変更の登記に添付する市町村長の証明書等は、非課税証明書としての添付書面です。変更を証する書面として添付するという規定がないため、非課税扱いを受けないで申請する場合は添付しなくてもよいと考えられます。参考までに、土地の分合筆による本店の変更

登記については、会社の意思で変更するものではないなどの理由で変更を証する書面の添付を要しないとする先例（昭40・4・27民事甲939）があります。

　住居表示の実施等による場合も会社の意思によらずに、当然に本店の表記が変更になっているのであり、業務の執行として代表者が変更の登記を申請すれば足りると考えます。なお、代理人による場合には、委任事項に、変更内容を記載する必要があります。

　ただし、非課税扱いを受けるのが通常であり、証明書を添付せずに申請することを希望するケースは、現実的にはほとんどないと思われます。

☑**委任状**（商登18）

◆記載例　本店の表示の変更

```
決定事項
　当会社の本店の表記にビル名を付記し、次のとおりに変更する。
　　移転先の新本店　　○県○市○町○丁目○番○号○○ビル
　　変更日　　令和○年○月○日
```

104　支店の設置

☑**業務執行社員の過半数の一致があったことを証する書面**（商登118・93）⇨◆記載例

☑**委任状**（商登18）

◆記載例　支店の設置の決定

```
決定事項
　次のとおり、当会社の支店を新たに設置する。
```

第3章　持分会社　（ 98 ～ 138 ）　　211

> 支店所在場所　○県○市○町○丁目○番○号
> 設置日　令和○年○月○日

Memo.　　支店の設置は、合同会社の業務の決定として、定款に別段の定めがある場合を除き、業務執行社員の過半数をもって決定します（会社590②・591①）。

　　なお、当該支店に支配人を置く場合には、支店の設置の決定とは別に、支配人を選任する決定を行う必要があります。この決定は業務の決定だと考えられますが、支配人は、会社に代わってその事業に関する一切の裁判上又は裁判外の行為をする権限を有する重要な地位であることから（会社11①）、定款に別段の定めがある場合を除き、業務執行社員を定めた場合であっても、社員の過半数で決定する必要があります。

　　よって、支店の設置と支配人の選任を行う場合、法人である社員の意思表示については、前者は職務執行者、後者は法人の代表者が行うことになる点に注意が必要です。

105　支店の移転

☑業務執行社員の過半数の一致があったことを証する書面（商登118・93）⇨◆記載例

☑委任状（商登18）

◆記載例　支店の移転の決定

> 決定事項
> 　現在、○県○市○町○丁目○番○号に置いている支店を、次のとおりに移転する。
> 　　移転先の支店所在場所　○県○市○町○丁目○番○号
> 　　移転日　令和○年○月○日

Memo. 支店の移転は、合同会社の業務の決定として、定款に別段の定めがある場合を除き、業務執行社員の過半数をもって決定します（会社590②・591①）。

　なお、当該支店に支配人を置いていた場合は、支店の移転に関する移転の登記の申請と支配人を置いた営業所に関する移転の登記の申請とは、同時にしなければなりません（商登則58）。これらの登記を同時に申請しないときは、商業登記法24条11号により却下されます。「これは、会社の支配人の登記が会社の登記簿にされるため、会社の本店又は支店に関する登記と会社の支配人を置いた営業所に関する登記とが食い違うことがないようにする」ことが理由です（筧康生ほか編『詳解商業登記〔全訂第3版〕（下巻）』593頁（金融財政事情研究会、2022））。

---

106 支店の廃止

☑業務執行社員の過半数の一致があったことを証する書面（商登118・93）⇨◆記載例

☑委任状（商登18）

◆記載例　支店の廃止の決定

> 決定事項
> 　現在、○県○市○町○丁目○番○号に置いている支店を、令和○年○月○日をもって廃止する。

Memo. 支店の廃止は、合同会社の業務の決定として、定款に別段の定めがある場合を除き、業務執行社員の過半数をもって決定します（会社590②・591①）。

　当該支店に支配人を置いていた場合、支店を廃止すれば、当該支配人の権限も消滅するとも考えられますが、疑義を避けるため、支店の廃止をする場合には、当該決定とは別に、支配人の解任の

第3章　持分会社　（98～138）　213

決定を行うことが望ましいでしょう。この決定は業務の決定だと考えられますが、支配人は、会社に代わってその事業に関する一切の裁判上又は裁判外の行為をする権限を有する重要な地位であることから（会社11①）、定款に別段の定めがある場合を除き、業務執行社員を定めた場合であっても、社員の過半数で決定する必要があります。

　なお、この場合、支店の廃止に関する登記の申請と支配人の退任に関する登記の申請を同時にする必要がある点については 105 をご参照ください。

107　業務執行権付与

☑総社員の同意書（商登118・93）⇨◆記載例
☑委任状（商登18）

◆記載例　定款を変更して新たに業務執行社員を指定した場合

> 決定事項
> 　定款第○条を次のように改める。
> 　（業務執行社員）
> 　第○条　社員○○○○及び○○○○は、業務執行社員とし、当社の業務を執行するものとする。

Memo.　社員は各自業務執行権を有するのが原則です。定款で業務執行社員を定めた場合には、当該社員のみが業務執行権を有します。上記の例は、業務執行権を制限されていた社員の一部について、その制限を解除した場合の例です。定款の規定を変更をする必要がありますので、定款に別段の定めがない場合を除き、総社員の同意により行います。また、定款で業務執行社員を定めていた場合に、原則形態である、社員が各自業務執行権を有する状態とす

214　　第3章　持分会社　（ 98 ～ 138 ）

る場合には、業務執行社員を定めている定款規定を削除する定款
変更を行います。

　なお、定款規定には、業務執行社員の氏名を直接記載する方法
のほか、総社員の同意等により定める等の規定を定款に置き、そ
の定めに従い総社員の同意等により定める方法も許容されてお
り、この場合は、定款のほか総社員の同意書等の添付も必要です。

　原則形態である社員が各自業務執行権を有する状態の合同会社
において、定款で特定の社員を業務執行社員と規定した場合は、
業務執行権付与の登記ではなく、定められなかった社員について、
業務執行権喪失の登記を行います。この登記の添付書面について
は、 109 をご参照ください。

108　業務執行社員の加入

☑**総社員の同意書**（商登118・93）⇨ ◆記載例

☑**払込み及び給付があったことを証する書面**（商登117）

> Memo.　　合同会社においては、定款の変更のほかに、出資に係る払
> 込み又は給付を完了しなければ社員となりません（会社604
> ③）。そのため、資本金の額に変更がない場合であっても、払
> 込み及び給付があったことを証する書面を添付する必要があ
> ります。なお、出資により資本金の額が増える場合は、資本
> 金の額の増加の登記も必要となります。この場合の添付書面
> については、 118 をご参照ください。

☑**委任状**（商登18）

> Memo.　　加入する社員が法人である場合には、当該法人の登記事項証明
> 書を添付します。ただし、当該法人の管轄登記所が合同会社の本
> 店と同一の登記所の管轄区域内の場合は添付不要です（商登118・96
> ②・94二イ）。また、申請書に当該法人の会社法人等番号を記載し
> た場合は、添付を省略することができます（商登19の3）。

第3章　持分会社　（ 98 ～ 138 ）　　　215

◆記載例　社員が加入し、定款で業務執行社員として指定された場合

決定事項

1．次の者が、金○円を出資し、有限責任社員として当会社に加入すること。氏名、住所、出資の目的、価額、履行した部分及び責任は以下のとおり。

　　有限責任社員○○○○　　○県○市○町○丁目○番○号　金○円全部履行

2．定款第○条中、有限責任社員○○○○の次に次の１号を加えること。

　　金○円　　○県○市○町○丁目○番○号　　有限責任社員○○○○

3．定款第○条を次のとおりに変更すること。

　（業務執行社員）

　第○条　社員○○○○及び○○○○は、業務執行社員とし、当社の業務を執行するものとする。

Memo.　　社員が各自業務執行権を有する会社の場合は、上記の業務執行社員についての定款規定は不要です。

109 　業務執行権喪失

（1）　定款変更の場合

☑総社員の同意書（商登118・93）⇨◆記載例１

☑委任状（商登18）

Memo.　　定款規定には、業務執行社員の氏名を直接記載する方法のほか、総社員の同意等により定める等の規定を定款に置き、その定めに従い総社員の同意等により定める方法も許容されており、この場合は、定款の変更の手続は不要で、当該規定に基づき、総社員の同意等により行います。この場合は定款及び総社員の同意等を添付します。登記実務上、この解任は、下記（3）の解任とは異なり、正当な事由がなくても解任することができると解釈されていま

す。定款の規定に基づく選解任権の行使と考えられるからです。それに対し、下記（3）の解任は会社法上の解任であり、正当な事由がある場合に限り、他の社員の一致によって行うことができます（会社591④）。

（2）　辞任の場合

☑**辞任届**

☑**委任状**（商登18）

> **Memo.**　業務執行社員を定款で定めた場合には、正当な事由があれば辞任することができるものとされています（会社590④）。この場合の添付書面については、法令では特に規定はありませんが、登記実務上は辞任届を添付する扱いだと考えられます（松井信憲『商業登記ハンドブック〔第4版〕』694頁（商事法務、2021））。しかし、辞任することができるのは定款で定められた業務執行社員に限られ、各自業務執行権を有する合同会社の場合は辞任することができません。そのため、定款の添付も必要（商登則92・82）だという見解もあり得ますので注意が必要です（立花宏『商業登記実務から見た合同会社の運営と理論〔第2版〕』97頁（中央経済社、2021））。

（3）　解任の場合

☑**ある社員の一致を証する書面**（商登118・93）　➡️ **◆記載例2**

> **Memo.**　定款で定めた業務執行社員は、正当な事由がある場合には、他の社員の一致によって解任することができます（会社591④）。定款で別段の定めをすることも可能です。なお、この規定による解任の場合に、業務執行社員の規定を削除・変更する定款の変更が必要なのかどうかについては争いがありますが、登記実務上は、他の社員の一致により解任が決定されれば解任の効力が生じ、当該業務執行社員の定款の規定は効力を失うと解釈されているものと考えられます。

☑**委任状**（商登18）

第3章　持分会社　（ 98 ～ 138 ）　　　217

◆記載例1　特定の業務執行社員の氏名を削除する定款変更の場合

> 決定事項
>
> 　定款第○条中、社員△△△△を削除し、当該条文を次のように改める。
> （業務執行社員）
> 第○条　社員○○○○は、業務執行社員とし、当社の業務を執行する
> 　ものとする。

◆記載例2　他の社員の一致により解任した場合

> 決定事項
>
> 　定款第○条により業務執行社員と定められている社員○○○○につい
> ては、解任するにやむを得ない事情があるため、会社法第591条第5項の
> 規定に基づき、当該社員以外の社員全員の一致により解任する。この決
> 定により、定款第○条の当該規定は効力を失い、以下のとおり変更され
> たものとみなされる。
> （業務執行社員）
> 第○条　社員○○○○は、業務執行社員とし、当社の業務を執行する
> 　ものとする。

110　業務執行社員の退社

　業務執行社員が退社した場合には、退社の登記を行います。退社に
伴う持分の払戻しを行う場合に、退社した業務執行社員につき計上さ
れていた資本金の額がある場合は、持分の払戻しを行うために資本金
の額の減少の登記が必要となります。この登記の添付書面について
は、121 をご参照ください。

☑退社の事実を証する書面（商登118・96）

　①　任意退社の場合（会社606）⇨◆記載例

　　　退社予告書を添付します。やむを得ない事由による退社の場合

には、その事情を記載した退社届（予告書）を添付します。

② 法定退社の場合（会社607）

ⅰ 定款で定めた事由の発生の場合

定款及び退社事由の発生を証する書面を添付します。適切な書面がない場合には、代表社員の証明書を添付します（松井信憲『商業登記ハンドブック〔第4版〕』682頁（商事法務、2021））。

ⅱ 総社員の同意

総社員の同意書を添付します。退社する社員も含めた同意が必要であり、退社する社員の意思に反して行う除名とは異なります。

ⅲ 死　亡

戸籍謄抄本、死亡診断書、遺族等からの会社に対する死亡届等が死亡を証する書面に該当します。

ⅳ 合　併

合併の事実を証する登記事項証明書を添付します。申請書に会社法人等番号を記載することで添付を省略することができます。

ⅴ 破産手続開始の決定

破産手続開始決定書の謄本を添付します。法人の場合は、当該決定が登記された登記事項証明書でも差し支えありません。

ⅵ 解散（ⅳ、ⅴの場合を除く。）

解散が登記された登記事項証明書を添付します。申請書に会社法人等番号を記載することで添付を省略することができます。

ⅶ 後見開始の審判

後見開始の審判書の謄本や後見登記に係る登記事項証明書を添付します。

第3章　持分会社　（ 98 ～ 138 ）　219

③　持分の差押権者による退社　（会社609）

　　持分差押命令書及び会社宛の退社予告書を添付します。差押債務者宛の退社予告書の添付も必要という文献もありますが（松井・前掲683頁）、通常、会社が添付することは困難であり、この場合は、弁済等がない旨の差押債権者からの上申書を添付するという文献もあります（登記制度研究会編『商業登記総覧』2442ノ2頁（新日本法規出版、追録596～599号））。

☑**委任状**　（商登18）

◆**記載例　退社予告書**

退社予告書

　私は、事業年度の末日である令和○年○月○日をもって、退社いたしますので、6か月前である本日、その予告をいたします。

　令和○年○月○日

　　　　　　　　　　　　　　　○県○市○町○丁目○番○号
　　　　　　　　　　　　　　　有限責任社員　　○○○○

合同会社○○　代表社員○○○○殿

Memo.　任意退社は、存続期間を定款で定めなかった場合、あるいは、ある社員の終身の間合同会社が存続することを定款で定めた場合のみに可能であるため、退社予告書にその旨を記載している書式等もありますが、存続期間、解散事由は登記事項であり、それらの有無は登記簿から明らかであるため、記載は必須ではないと考えます。

111　業務執行社員の持分の譲渡

　業務執行社員が持分を全部譲渡すると、当該業務執行社員は退社し、持分を譲り受けた社員が加入します。持分の一部譲渡の場合は、譲渡

した社員は退社せず、持分を譲り受けた社員が加入します。

☑**総社員の同意書**（商登118・93）⇨ ◆記載例

☑**持分譲渡契約書**

☑**委任状**（商登18）

> Memo.　総社員の同意書から譲渡の事実が明らかであり、譲受者の記名があれば、譲渡契約書の添付は省略することができます。

> Memo.　持分を譲り受け、加入する社員が法人である場合には、当該法人の登記事項証明書を添付します。ただし、当該法人の管轄登記所が合同会社の本店と同一の登記所の管轄区域内の場合は添付不要です（商登118・96②・94二イ）。また、申請書に当該法人の会社法人等番号を記載した場合は、添付を省略することができます（商登19の3）。

◆記載例　持分の全部譲渡の場合

決定事項

1．当会社の業務執行社員○○○○は、その持分全部を△△△△に譲渡して退社し、これを譲り受けた△△△△は、同時に業務執行社員として加入する。加入社員の氏名及び住所並びに出資の目的及び価額は次のとおり。

　　　○県○市○町○丁目○番○号　金○万円　有限責任社員△△△△

2．定款第○条中、有限責任社員○○○○の項を削除し、有限責任社員○○○○の次に次の1号を加えること。

　　　金○万円　○県○市○町○丁目○番○号　有限責任社員△△△△

3．定款第○条を次のように改める。

　　　第○条　社員○○○○及び△△△△は、業務執行社員とし、当会社の業務を執行するものとする

第3章 持分会社 （ 98 ～ 138 ）　　221

Memo.　社員が各自業務執行権を有する合同会社の場合は、決定事項中の3は、不要です。

112　持分の一般承継

　業務執行社員が死亡又は合併により消滅した場合には、当該社員は退社しますが、当該社員の相続人その他の一般承継人が持分を承継する旨を定款に定めてあれば、当該相続人その他の一般承継人は、持分を承継した時に、合同会社の社員となります。なお、退社についての添付書面は、110 をご参照ください。

☑一般承継を証する書面（商登118・96）

Memo.　相続による場合は、相続を証する書面として、戸除籍謄抄本等を添付します。共同相続人が誰かを明らかにするために、戸除籍謄抄本等死亡した社員の出生から死亡に至るまでのもの及び共同相続人の現在のものが必要です。これに代えて法定相続情報一覧図（不登則247）の写しを添付することもできます。合併の場合には、当該合併の事実が記載されている登記事項証明書を添付します。また、一般承継人が法人である場合も当該法人の登記事項証明書の添付が必要です。これらは、兼ねることもできます。なお、申請書に当該法人の会社法人等番号を記載した場合は、添付を省略することができます（商登19の3）。

☑定款（商登則92・82）

Memo.　定款に規定がなければ、持分を相続・一般承継することができないので、当該規定を証するために添付します。

☑委任状（商登18）

113　代表社員の就任

（1）　業務執行社員が各自代表権を有する場合

☑**委任状**（商登18）

> Memo.　新たに業務執行社員が加入した場合は、当該業務執行社員が当然に代表権を有します。そのため、加入の登記の添付書面（108参照）と委任状以外に添付書面は不要です。

（2）　定款により代表社員を定めた場合

☑**総社員の同意書**（商登118・93）➡◆記載例1

> Memo.　定款で新たに代表社員を定めた場合には、定款の変更を証する総社員の同意書を添付します。定款の変更要件について、定款で別段の定めをしている場合には、その定めを証するための定款と、変更要件に従った決定手続を証する書面を添付します。なお、業務執行社員が各自代表権を有する会社が、定款で代表社員を定めたときは、定められなかった業務執行社員の代表社員退任の登記をします。

☑**委任状**（商登18）

（3）　定款の定めに基づく社員の互選により代表社員を定めた場合

☑**社員の互選書**（商登118・93）➡◆記載例2

> Memo.　互選の主体については、社員全員なのか、業務執行社員なのかについて見解が分かれていますが、登記実務上は業務執行社員の互選だと解釈されています。この場合に、選任主体である社員が法人である場合の意思表示は、異なる見解もありますが（立花宏『商業登記実務から見た合同会社の運営と理論〔第2版〕』123頁以下（中央経済社、2021））、登記実務上は代表者ではなく、職務執行者だと解釈されています。

第3章 持分会社 （ 98 ～ 138 ） 223

☑定款 （商登則92・82）

> Memo. 定款に規定がなければ、社員の互選で代表社員を定めること
> とはできないため、定款を添付します。

☑就任承諾書 （平18・3・31民商782）

> Memo. 社員が法人である場合の就任承諾の意思表示は、異なる見
> 解もありますが（立花・前掲124頁以下）、登記実務上は代表者で
> はなく、職務執行者だと解釈されています。

> Memo. 株式会社の代表取締役の就任承諾書と異なり、会社との委
> 任契約の成立に関する承諾ではなく、互選が過半数で決定す
> ることから、被選定者が決定を受け入れていることを確認す
> る書面だと考えられます（宮崎拓也ほか「座談会 会社法・商業登
> 記法の改正と今後の登記実務の展望」登記情報701号29頁（2020））。

☑委任状 （商登18）

> Memo. 上記3つの場合の全てにおいて、就任する代表社員が法人であ
> る場合には、法人社員関係書面を添付します。また、印鑑提出を
> する場合には印鑑届書が必要です。法人社員関係書面・印鑑届書
> の詳細は、 98 をご参照ください。

◆記載例1 代表社員を定める定款変更

> 決定事項
> 定款第○条を次のように改める。
> （代表社員）
> 第○条 当会社の代表社員は○○○○と△△△△とする。

◆記載例2 代表社員の互選

> 決定事項
> 定款第○条に基づき、業務執行社員○○○○を代表社員に定める。

114　代表社員の退任

☑**退任の事実を証する書面**（商登118・96）

① 退社の場合

　社員の退社の登記の添付書面があれば足り（**110** **111** **112**参照）、それ以外の添付書面は不要です。

② 定款で定められた代表社員の辞任（退任）の場合

　定款変更のための総社員の同意書を添付します。退社する社員の同意（辞任の意思表示）も必要です。⇨◆記載例

③ 社員の互選で定められた代表社員の辞任・解任の場合

　辞任の場合は辞任届、解任の場合は当該決定を証する社員の過半数の一致を証する書面を添付します。また、定款に互選規定があることを証するため、定款を添付します。

④ 資格喪失の場合（退社の場合を除く。）

　業務執行権喪失の場合には、当該事実を証する書面（**109**参照）を添付します。

☑**委任状**（商登18）

◆**記載例　代表社員を減員する定款変更**

決定事項

　代表社員が○○○○と△△△△の２名であるところ、令和○年○月○日付けで、△△△△から代表社員辞任の申出があったため、代表社員を○○○○１名とするために定款第○条を次のように改める。

　（代表社員）

　第○条　当会社の代表社員は○○○○とする。

第3章　持分会社　（98～138）　225

115　代表社員の氏名・名称又は住所の変更

☑**登記事項証明書**（商登118・94二）

> Memo.　変更対象の代表社員が法人の場合、当該法人の名称又は住所の変更については、当該法人の登記事項証明書を添付します。ただし、合同会社の本店と同一の登記所の管轄区域内の場合は添付不要です（商登118・96②・94二イ）。また、申請書に当該法人の会社法人等番号を記載した場合は、添付を省略することができます（商登19の3）。

> Memo.　自然人の氏名又は住所の変更については、委任状以外の添付書面は不要です。ただし、旧氏を併記する登記を申出する場合には、これらを証する書面（戸籍謄抄本等）が必要です（商登則88の2）。

☑**市町村長の証明書等**（登税5四・五、登税規1）

> Memo.　代表社員の住所の変更が、住居表示の実施又は行政区画、郡、区、市町村内の町若しくは字又はこれらの名称変更に伴う変更である場合には、市町村長の証明書等を添付することにより登録免許税を課されません。その非課税証明書として添付します。

☑**委任状**（商登18）

116　職務執行者の変更

（1）　職務執行者が就任する場合

☑**登記事項証明書**（商登118・94二）

> Memo.　職務執行者が就任する法人の登記事項証明書を添付します。ただし、当該法人の本店が合同会社の本店と同一の登記

所の管轄区域内の場合は添付不要です（商登118・96②・94二イ）。また、申請書に当該法人の会社法人等番号を記載した場合は、添付を省略することができます（商登19の３）。

☑ **職務執行者の選任に関する書面**

> Memo.　法人の業務決定機関において職務執行者を選任したことを証する書面を添付します。選任を決定する機関及び記載例については、| 98 |をご参照ください。

☑ **職務執行者の就任承諾書**

> Memo.　職務執行者が選任母体の社員である法人宛に提出した就任承諾書等を添付します。宛先は合同会社ではなく、社員である法人であることに注意が必要です。

☑ **委任状**（商登18）

（２）　職務執行者が退任する場合

☑ **職務執行者の退任を証する書面**（商登118・97②）

> Memo.　職務執行者が選任母体の社員である法人宛に提出した辞任届等の退任を証する書面を添付します。辞任届の宛先は合同会社ではなく、社員である法人であることに注意が必要です。

☑ **委任状**（商登18）

117　職務執行者の氏名又は住所の変更

☑ **市町村長の証明書等**（登税５四・五、登税規１）

> Memo.　職務執行者の氏名又は住所の変更については、委任状以外の添付書面は不要です。ただし、職務執行者が氏名を変更した場合に、旧氏を併記する登記を申出する場合には、これらを証する書面（戸籍謄抄本等）が必要です（商登則88の２）。
>
> 　なお、職務執行者の住所の変更が、住居表示の実施又行政区画、郡、区、市町村内の町若しくは字又はこれらの名称変

第3章　持分会社　（ 98 ～ 138 ）　227

更に伴う変更である場合には、市町村長の証明書等を添付することにより登録免許税を課されません。その非課税証明書として添付します。

☑**委任状**（商登18）

118 資本金の額の増加

（1）　社員の加入の場合

社員の加入の登記の添付書面（ 108 参照）のほか、以下の書面を添付します。

☑**業務執行社員の過半数の一致があったことを証する書面**（商登118・93）⇨◆記載例1

☑**資本金の額の計上に関する証明書**（商登則92・61⑨）

> Memo.　出資に係る財産が金銭のみである場合は、資本金の額の上限が払込みのあったことを証する書面から明らかであるため、添付を要しません（平19・1・17民商91）。記載例については、 98 をご参照ください。

☑**委任状**（商登18）

（2）　社員の出資の価額を増加した場合

☑**総社員の同意書**（商登118・93）⇨◆記載例2

> Memo.　社員の出資の価額は定款の記載事項であるため、その変更を証する総社員の同意書を添付します。定款の変更要件について、定款で別段の定めをしている場合には、その定めを証するために定款と、変更要件に従った決定手続を証する書面を添付します。

☑**業務執行社員の過半数の一致があったことを証する書面**（商登118・93）

☑払込み及び給付があったことを証する書面（商登117）

☑資本金の額の計上に関する証明書（商登則92・61⑨）

☑委任状（商登18）

（3） 資本剰余金を資本金の額とした場合

☑業務執行社員の過半数の一致があったことを証する書面（商登118・

93）➡️◆記載例3

☑資本金の額の計上に関する証明書（商登則92・61⑨）➡️◆記載例4

☑委任状（商登18）

◆記載例1　加入時の払込みの場合

> 決定事項
>
> 　社員が加入するに当たり払込みを受けた出資につき、増加すべき資本金の額は、金〇万円とする。

◆記載例2　出資の価額を増額した場合

> 決定事項
>
> 　社員〇〇〇〇の出資の価額を増加したことに伴い、払込みを受けた出資につき、増加すべき資本金の額は、金〇万円とする。

◆記載例3　資本剰余金を資本金とした場合

> 決定事項
>
> 　資本剰余金金〇万円中金〇万円を資本金の額として計上することとする。ただし、社員〇〇〇〇の資本剰余金を当該社員の資本金の額に計上するものとする。

第3章　持分会社　（ 98 ～ 138 ）　　　229

◆記載例4　資本金の額の計上に関する証明書

資本金の額の計上に関する証明書
① 　令和○年○月○日現在の資本剰余金の額（会社計算規則第30条第1
　項第3号）　金○万円
② 　資本金の額に組み入れる額　金○万円
　資本金の額○円は会社計算規則第30条の規定に従って、資本剰余金の
額の一部を資本金として計上したことに相違ない。
　令和○年○月○日

　　　　　　　　　　　　　　　　　　　　　　合同会社○○
　　　　　　　　　　　　　　　　　　　　　　　代表社員○○○○

119　資本金の額の減少（損失のてん補の場合）

☑業務執行社員の過半数の一致があったことを証する書面（商登118・
93）⇨◆記載例1

☑債権者保護手続関係書面（商登120）⇨◆記載例2

> Memo.　会社法627条2項の規定による公告及び催告（公告を官報
> のほか定款に定めた公告方法としての日刊新聞紙又は電子公
> 告によってした場合は催告を要しません。）をしたことを証
> する書面を添付します。債権者保護手続関係書面の詳細は、
> 76 をご参照ください。

☑資本金の額の計上に関する証明書（商登則92・61⑨）⇨◆記載例3

> Memo.　この書面が添付不要とされている株式会社の資本金の額の
> 減少の登記と異なり（平18・3・31民商782）、合同会社は資本金
> の額の減少をすることができる場合は限定されており、その
> 目的のためのものかが登記簿から明らかとならないため、会
> 社計算規則に従って減少額が定められていることを明らかに
> するために添付する必要があります。

☑委任状（商登18）

230　　第３章　持分会社　（ 98 〜 138 ）

◆記載例１　損失のてん補の資本金の額の減少に加え、損失の処理を
　　　　　　行う場合の例

決定事項
１．当会社に生じている損失金○円の処理のてん補に充てるため、資本
　　金の額を以下のとおりに減少する。
　　　　　減少する資本金の額　　　　金○万円
　　　　　増加する資本剰余金の額　　金○万円
２．１の資本金の額の減少が生ずることを条件に、令和○年○月○日付
　　けで、以下のとおり損失の処理を行う。
　　　　　減少する資本剰余金の額　　金○万円
　　　　　増加する利益剰余金の額　　金○万円
３．社員ごとの１の資本金の額の減少及び資本剰余金の増額、２の資本
　　剰余金の額の減少及び利益剰余金の増加額は、各処理の効力発生日に
　　おける各社員の出資額に応じて定めるものとする。

◆記載例２　官報公告・催告書記載例

資本金の額の減少公告
　　当社は、資本金の額を金○万円減少し、金○万円とすることにいたし
ました。この決定に対し、異議のある債権者は、令和○年○月○日まで
にお申し出下さい。

Memo.　　株式会社の資本金の額の減少と同様、債権者保護手続期間は１
　　　　か月以上必要です。ただし、株式会社と異なり、効力発生日を定
　　　　めることは不要で、必要な手続が終了した日に、資本金の額の減
　　　　少が生ずるとされています。そのため、「本公告掲載（本催告書到
　　　　達）の翌日から１か月以内に〜」等とせず、「令和○年○月○日ま
　　　　でに〜」とすることが望ましいと考えます。

Memo.　　催告を証する書面は、催告書の控えの末尾に「上記のとおり債
　　　　権者へ催告しました。合同会社○○代表社員○○」と記載して、
　　　　代表社員が記名し、債権者名簿を合綴します。

第３章　持分会社　（ 98 ～ 138 ）　　　231

◆記載例３　資本金の額の計上に関する証明書

資本金の額の計上に関する証明書
① 　令和○年○月○日現在の損失の額　　　　　金○万円
② 　損失のてん補のために減少する資本金の額　金○万円
　（会社計算規則第30条第２項第５号）
③ 　増加する資本剰余金の額　　　　　　　　　金○万円
　（会社計算規則第31条第１項第５号）
　資本金の額○万円は会社計算規則第30条第２項第５号の規定に従って減少し、同規則第31条第１項第４号の規定により資本剰余金の額として計上したことに相違ない。
　令和○年○月○日

　　　　　　　　　　　　　　　　　　　　合同会社○○
　　　　　　　　　　　　　　　　　　　　代表社員○○○○

120　資本金の額の減少（出資の払戻しの場合）

☑**総社員の同意書**（商登118・93） ⇨ ◆記載例１

> Memo.　　合同会社における出資の払戻しは、定款を変更して払戻しをする社員の出資の価額を減少する必要があります（会社631①）。この定款の変更を証する書面として添付します。定款の変更要件について別段の定めがある場合は、その要件に該当する決定書と定款を添付します。

☑**業務執行社員の過半数の一致があったことを証する書面**（商登118・93） ⇨ ◆記載例２

☑**債権者保護手続関係書面**（商登120）

> Memo.　 119 をご参照ください。

☑**資本金の額の計上に関する証明書**（商登則92・61⑨） ⇨ ◆記載例３

> Memo.　 119 をご参照ください。

☑**委任状**（商登18）

◆記載例1　出資の払戻しのための定款の変更の決定

決定事項
1．当会社の社員○○○○から出資の払戻しの請求があったため、その出資の払戻しを行うこと。
2．払戻しを行うため、定款第○条中社員○○○○の出資額「金○万円」とあるのを「金○万円」と変更すること。

◆記載例2　出資の払戻しのための資本金の額の減少の決定

決定事項
1．社員○○○○から請求のあった出資の払戻しに対応するため、当該社員○○○○につき計上されている資本金の額○万円のうち、○万円を減少する。この結果、当会社全体の資本金の額は○万円減少し、○万円となる。

◆記載例3　資本金の額の計上に関する証明書

資本金の額の計上に関する証明書

① 　出資の払戻しの額　　　　　　　　　　　　　　金○万円
② 　当会社の資本金の額　　　　　　　　　　　　　金○万円
③ 　当会社の剰余金（資本剰余金＋利益剰余金）の額　金○万円
④ 　出資の払戻しをする社員につき計上されていた額
　　　資本金の額　　　　　　　　　　　　　　　　金○万円
　　　資本剰余金の額　　　　　　　　　　　　　　金○万円
⑤ 　出資の払戻しのために減少する資本金の額　　　金○万円
　　（会社計算規則第30条第2項第2号）
　上記のとおり、減少した資本金の額金○万円は、会社計算規則第30条第2項及び第164条第3号の規定に従い、出資の払戻しのために減少したことに相違ない。
　令和○年○月○日

　　　　　　　　　　　　　　　　合同会社○○
　　　　　　　　　　　　　　　　　代表社員　　○○○○

第3章　持分会社　(**98**～**138**)　　　233

121　資本金の額の減少（持分の払戻しの場合）

☑**退社の事実を証する書面**（商登118・96）

> Memo.　**110**をご参照ください。

☑**業務執行社員の過半数の一致があったことを証する書面**（商登118・93）⇨◆記載例1

☑**債権者保護手続関係書面**（商登120）

> Memo.　**119**をご参照ください。なお、持分の払戻しには会社法635条の債権者保護手続が必要になる場合がありますが、こちらは登記の添付書面とはなりません。

☑**資本金の額の計上に関する証明書**（商登則92・61⑨）⇨◆記載例2

> Memo.　**119**をご参照ください。

☑**委任状**（商登18）

◆記載例1　持分の払戻しのための資本金の額の減少の決定

決定事項
1．社員○○○○が退社したことに伴う持分の払戻しを行うため、当該○○○○につき計上されている資本金の額金○万円のうち、○万円を減少する。この結果、当会社全体の資本金の額は○万円減少し、金○万円となる。

◆記載例2　資本金の額の計上に関する証明書

　　　　　　　　資本金の額の計上に関する証明書
①　退社する社員につき計上されていた資本金の額　　金○万円
　　（会社計算規則第30条第2項第1号）
②　持分の払戻しのために減少する資本金の額　　　　金○万円
　　上記のとおり、減少した資本金の額金○万円は、会社計算規則第30条第2項及び第164条第3号の規定に従い、持分の払戻しのために減少したことに相違ない。

令和○年○月○日

合同会社○○
代表社員○○○○

122　解　散

☑解散の事実を証する書面

① 定款で定めた存続期間の満了の場合（会社641一）

> **Memo.**　登記簿の記録から明らかですので、添付書面は不要です。なお、定款を変更して存続期間を設けたにもかかわらず、登記未了のまま解散した場合は、存続期間を登記した上で解散の登記をする必要があります。

② 定款で定めた事由の発生の場合（会社641二）

> **Memo.**　定款で定めた事由は登記の記録から明らかですので、その事由の発生を証する書面を添付します。

③ 総社員の同意の場合（会社641三）⇨◆記載例

> **Memo.**　総社員の同意書を添付します。なお、同意の日から2週間を超える日を解散日とする決定をした場合には、登記実務上は、存続期間の登記をした上で解散の登記をする扱いがなされていると思われます（カウンター相談220「いわゆる期限付きの解散決議による登記の申請について」登記研究755号163頁（2011））。

④ 社員が欠けたことによる場合（会社641四）

> **Memo.**　社員が不在となるため、定款に清算人を定めていない限り、裁判所が選任した清算人が申請します。社員が欠けたことによる持分会社の解散の登記は、社員の退社の登記をした上で登記をしなければならないとされており（昭9・2・1法曹会決議）、退社の登記とともに申請されることになるため、その他の添付書面は不要です。

第3章　持分会社　（ 98 ～ 138 ）　235

> Memo.　合併による解散の場合については、第5章をご参照ください。また、破産手続開始の決定及び解散を命ずる裁判による場合は、裁判所が決定書の謄本を添付して登記を嘱託します。

☑**会社を代表すべき清算人の資格を証する書面**（商登118・98③）

> Memo.　定款で定めた場合（会社647①二）は定款又は総社員の同意書を、社員の過半数で定めた場合（会社647①三）はその決定書を添付します。法定清算人（会社647①一）の場合は登記簿から明らかであるため、添付書面は不要です（商登118・98③括弧書）。また、裁判所が選任した場合（会社647③）は、その決定書を添付します。ただし、解散の登記は、通常は清算人の登記と併せて申請します。清算人の登記については 123 をご参照ください。

☑**委任状**（商登18）

◆**記載例　解散に加え清算人を決定した場合**

決定事項
1．当会社は、本日、令和○年○月○日をもって解散する。
2．当会社の清算人として次の者を選任する。
○県○市○町○丁目○番○号
清算人　　○○○○

> Memo.　2の記載は、解散の事実を証する書面としては不要ですが、この記載があれば、清算人の資格証明書の一部となります。清算人の資格証明には、就任承諾書の添付も必要だと考えます。

123　清算人の就任

（1）　法定清算人の就任（会社647①一）

☑**定款**（商登118・99①一）

> Memo.　法定清算人の就任の登記には定款を添付しなければなりま

せん。定款で定められた清算人がないことを確認するためで
す。他の持分会社においては、業務執行社員であったことの
確認の意味もあると思われますが、合同会社においては、業
務執行社員は登記事項であるため、登記簿から明らかとなり
ます。なお、業務執行社員に未登記の内容がある場合には、
法定清算人の登記の前提として、業務執行社員の変更の登記
を要します。

Memo. 　会社法の定めにより、業務執行社員には就任の義務があり、
当然に就任しなければならないものであるため、就任承諾書
の添付は不要です。

☑**委任状**（商登18）

☑**印鑑届書**（商登則9①四）

Memo. 　添付書面ではありませんが、会社を代表する清算人が登記
所に印鑑を提出する場合には、印鑑届書を提出します。印鑑
届書については 98 をご参照ください。

（2）　定款で定められた清算人が就任（会社647①二）

☑**定款**（商登118・99①二）

Memo. 　清算人の選任を証する書面として添付します。

☑**就任承諾書**（商登118・99①二）

Memo. 　合同会社と清算人の委任契約の成立を証する書面として添
付します。

Memo. 　委任状、印鑑届書については（1）と同様です。

（3）　社員が選任した清算人の就任（会社647①三）

☑**業務執行社員の過半数の一致があったことを証する書面**（商登118・
93）⇨◆記載例

☑**就任承諾書**（商登118・99①三）

Memo. 　委任状、印鑑届書については（1）と同様です。

第3章　持分会社　（ 98 ～ 138 ）　　　　237

（4）　裁判所が選任した清算人の就任（会社647②）

☑**裁判所が清算人を選任したこと等を証する書面**（商登118・99①四）

> Memo.　裁判所の清算人の選任決定書又はその謄本を添付します。

> Memo.　委任状、印鑑届書については（1）と同様です。

◆記載例　清算人の選任

> 決定事項
> 　当会社の清算人として、次の者を選任する。
> 　　○県○市○町○丁目○番○号
> 　　清算人　　○○○○

> Memo.　清算人は原則として代表権を有しますが、清算人の中から代表
> 清算人を定めることができます。この場合の添付書面については
> 126 をご参照ください。

> Memo.　法人が清算人になることも可能ですが、この場合、登記事項証
> 明書の添付が必要です（商登118・100）。また、解散した合同会社に
> おいて、会社を代表しない清算人がいない場合は、代表清算人の
> 登記は不要です（会社928②二）。この場合、清算人の登記が代表者
> の登記となるため、法人が清算人の場合は、清算人の登記に職務
> 執行者の登記をすることとなります。職務執行者登記を行うた
> め、職務執行者の選任関係書面（ 98 参照）の添付が必要です。

124　　清算人の退任

☑**退任を証する書面**（商登118・100③）

　① 辞任の場合

> Memo.　辞任届を添付します。なお、法定清算人については辞任す
> ることができないという見解がありますので、注意が必要で

238 第3章 持分会社 （ 98 ～ 138 ）

す（神田秀樹『会社法コンメンタール15持分会社〔2〕』164頁（商事法
務、2018）。なお、一定の条件の下に辞任を認める見解として、立花宏
『商業登記実務から見た合同会社の運営と理論〔第2版〕』251頁（中央
経済社、2021）があります。）。

② 解任の場合

> Memo. 定款に別段の定めがある場合を除き、社員の過半数の一致
> により清算人を解任することができます（会社648①）。この場
> 合には、当該一致を証する書面を添付します。⇨◆記載例

> Memo. 選任の場合と異なり、業務執行社員の過半数ではなく、社
> 員の過半数であることに注意が必要です。

> Memo. 裁判所が選任した清算人については、会社が解任すること
> はできません（会社648①）。なお、裁判所が清算人を解任した
> 場合は、裁判所がその登記を嘱託します（会社937①二二）。

③ 死亡の場合

> Memo. 死亡を証する書面を添付します。戸籍謄抄本、死亡診断書、
> 遺族等からの会社に対する死亡届等が死亡を証する書面に該
> 当します。

☑**委任状**（商登18）

◆**記載例　清算人の解任**

決定事項
　当会社の清算人○○○○を解任する。

125　清算人の氏名の変更

☑**登記事項証明書**（商登118・94二）

> Memo. 変更対象の清算人が法人の場合、当該法人の名称の変更に

第3章　持分会社　（ 98 ～ 138 ）　　239

ついては、当該法人の登記事項証明書を添付します。ただし、
当該法人の本店が合同会社の本店と同一の登記所の管轄区域
内の場合は添付不要です（商登118・96②・94二イ）。また、申請
書に当該法人の会社法人等番号を記載した場合は、添付を省
略することができます（商登19の3）。

> Memo.　　清算人が自然人の場合の氏名の変更については、委任状以
> 外の添付書面は不要です。ただし、旧氏を併記する登記を申
> 出する場合には、これらを証する書面（戸籍謄抄本等）が必
> 要です（商登則88の2）。

☑**委任状**（商登18）

126　代表清算人の就任

（1）　清算人が各自代表権を有する場合（会社655①②）

> Memo.　　合同会社（持分会社）の場合、合同会社を代表しない清算
> 人がある場合に限り、代表清算人の登記をします（会社928②
> 二）。そのため、清算人が各自代表権を有する場合は、代表清
> 算人の登記は不要です。この場合に法人が清算人である場合
> には、清算人の登記に職務執行者の登記をします。

（2）　代表社員が法定代表清算人となる場合（会社655④）

☑**法人社員関係書面**（商登118・94二）

> Memo.　　合同会社においては、法人が（代表）清算人になることが
> 可能です。この場合は法人社員関係書面が必要です。この書
> 面については、 98 をご参照ください。

☑**委任状**（商登18）

> Memo.　　解散直前の代表社員が当然に法定代表清算人となり、代表
> 社員は登記簿の記載から明らかであるため、代表清算人の資
> 格を証する書面の添付は不要です。

第3章　持分会社　（ 98 〜 138 ）

（3）　定款により代表清算人を定めた場合

☑**総社員の同意書**（商登118・93）⇨ ◆**記載例1**

> Memo.　定款で代表清算人を定めた場合には、その変更を証する総社員の同意書を添付します。定款の変更要件について、定款で別段の定めをしている場合には、その定めを証するために定款と、変更要件に従った決定手続を証する書面を添付します。なお、清算人が各自代表権を有する会社が、定款で代表清算人を定めたときは、定められなかった清算人の代表清算人退任の登記をします。

☑**法人社員関係書面**（商登118・94二）

☑**委任状**（商登18）

（4）　定款の定めに基づく清算人の互選により代表社員を定めた場合

☑**清算人の互選書**（商登118・93）⇨ ◆**記載例2**

☑**定款**（商登則92・82）

> Memo.　定款に規定がなければ、清算人の互選で代表社員を定めることはできないため、定款を添付します。

☑**就任承諾書**

> Memo.　互選規定がある場合、登記実務上、清算人の委任契約とは別に代表清算人の委任契約がなされると解釈されており、清算人の就任承諾書とは別に代表清算人の就任承諾書の添付が必要です。

☑**法人社員関係書面**（商登118・94二）

☑**委任状**（商登18）

> Memo.　上記4つの場合の全てにおいて、印鑑提出をする場合には印鑑届書が必要です。印鑑届書の詳細は、 98 をご参照ください。

第3章　持分会社　(98 ～ 138)　　　　　241

◆記載例1　代表清算人を定める定款変更

決定事項
　定款第○条を次のように改める。
　（代表社員）
　第○条　当会社の代表清算人は○○○○とする。

◆記載例2　清算人の互選

決定事項
　定款第○条に基づき、清算人○○○○を代表清算人に定める。

127　代表清算人の退任

☑退任を証する書面（商登118・100③）

① 辞任の場合

Memo.　辞任届を添付します。なお、法定代表清算人の辞任の可否については、 124 をご参照ください。

Memo.　定款で定めた代表清算人の辞任については、辞任届のほかに、定款変更のための総社員の同意書が必要です。

② 解職の場合

Memo.　定款で定めた代表清算人の解職については、定款変更のための総社員の同意書を添付します。⇨◆記載例

Memo.　定款の定めに基づく清算人の互選により定められた代表清算人を解職するには、清算人の過半数の一致を証する書面を添付します。

Memo.　裁判所が選任した代表清算人については、会社が解職することはできません（会社648①）。裁判所が清算人を解職した場合は、裁判所がその登記を嘱託します（会社937①二ニ）。

242　　第3章　持分会社　（ 98 ～ 138 ）

③　死亡の場合

> Memo.　死亡を証する書面を添付します。戸籍謄抄本、死亡診断書、遺族等からの会社に対する死亡届等が死亡を証する書面に該当します。

☑**委任状**（商登18）

◆記載例　代表清算人の解職

決定事項
　当会社の代表清算人○○○○を解職する。

128　代表清算人の氏名・名称又は住所の変更

☑**登記事項証明書**（商登118・94二）

> Memo.　変更対象の代表清算人が法人の場合、当該法人の名称又は住所の変更については、当該法人の登記事項証明書を添付します。ただし、当該法人の本店が合同会社の本店と同一の登記所の管轄区域内の場合は添付不要です（商登118・96②・94二イ）。また、申請書に当該法人の会社法人等番号を記載した場合は、添付を省略することができます（商登19の3）。

> Memo.　自然人の氏名又は住所の変更については、委任状以外の添付書面は不要です。ただし、旧氏を併記する登記を申出する場合には、これらを証する書面（戸籍謄抄本等）が必要です（商登則88の2）。

☑**市町村長の証明書等**（登税5四・五、登税規1）

> Memo.　代表清算人の住所の変更が、住居表示の実施又は行政区画、郡、区、市町村内の町若しくは字又はこれらの名称変更に伴う変更である場合には、市町村長の証明書等を添付すること

第3章　持分会社　（ 98 ～ 138 ）　　　　243

により登録免許税は課されません。その非課税証明書として
添付します。

☑**委任状**（商登18）

129　代表清算人の職務執行者の変更

（1）　職務執行者が就任する場合

☑**登記事項証明書**（商登118・94二）

> Memo.　職務執行者が就任する法人の登記事項証明書を添付しま
> す。ただし、当該法人の本店が合同会社の本店と同一の登記
> 所の管轄区域内の場合は添付不要です（商登118・96②・94二イ）。
> また、申請書に当該法人の会社法人等番号を記載した場合は、
> 添付を省略することができます（商登19の3）。

☑**職務執行者の選任に関する書面**

> Memo.　法人の業務決定機関において職務執行者を選任したことを
> 証する書面を添付します。選任を決定する機関及び記載例に
> ついては、 98 をご参照ください。

☑**職務執行者の就任承諾書**

> Memo.　職務執行者が選任母体の清算人である法人宛に提出した就
> 任承諾書等を添付します。宛先は合同会社ではなく、清算人
> である法人であることに注意が必要です。

☑**委任状**（商登18）

（2）　職務執行者が退任する場合

☑**職務執行者の退任を証する書面**（商登118・97②）

> Memo.　職務執行者が選任母体の清算人である法人宛に提出した辞
> 任届等を添付します。宛先は合同会社ではなく、清算人であ
> る法人であることに注意が必要です。

☑**委任状**（商登18）

244　　第 3 章　持分会社　（ 98 ～ 138 ）

130　職務執行者の氏名又は住所の変更

☑**市町村長の証明書等**（登税 5 四・五、登税規 1 ）

> Memo.　　職務執行者の氏名又は住所の変更については、委任状以外
> の添付書面は不要です。ただし、職務執行者が氏名を変更し
> た場合に、旧氏を併記する登記を申出する場合には、これら
> を証する書面（戸籍謄抄本等）が必要です（商登則88の 2 ）。
> 　　なお、職務執行者の住所の変更が、住居表示の実施又行政
> 区画、郡、区、市町村内の町若しくは字又はこれらの名称変
> 更に伴う変更である場合には、市町村長の証明書等を添付す
> ることにより登録免許税は課されません。その非課税証明書
> として添付します。

☑**委任状**（商登18）

131　清算結了

☑**清算に係る計算の承認があったことを証する書面**（商登102）⇨◆記
載例

> Memo.　　計算書及び総社員の同意書を添付します。清算事務が終了
> したときは、遅滞なく、清算に係る計算をして、社員の承認
> を受けなければなりません。なお、社員が 1 か月以内に計算
> について異議を述べなかったときは、計算を承認したものと
> みなされます（会社667）。

☑**委任状**（商登18）

◆**記載例**

（ 1 ）　社員の同意書

決定事項
　　清算人による清算事務報告に記載された清算事務及び計算について、
異議なく承認する。

第3章　持分会社　（ 98 ～ 138 ）　245

（2）　承認しない社員が異議を述べなかった場合の上申書

上申書

　当会社は、令和○年○月○日に解散後の清算事務を終了し、令和○年○月○日に、社員全員に対し、別紙清算事務報告に基づき、清算事務の経過及び計算について報告し、同意をいただきたい旨、及び異議がある場合にはその旨を申出いただきたい旨を通知いたしました。この報告につき、社員○○○○、○○○○、○○○○からは、別紙の同意書の提出を受けました。社員○○○○については、同意書の提出は受けておりませんが、報告の通知から1か月である令和○年○月○日に至るまで異議の申出はありませんでしたので、会社法第667条第2項に基づき、令和○年○月○日までに、同清算事務報告書は社員全員から承認されたものとみなされました。

　令和○年○月○日

　　　　　　　　　　　　　　　　　　合同会社○○

　　　　　　　　　　　　　　　　　　代表清算人　　○○○○

（3）　清算事務報告

清算事務報告書

1．債権の取立て、資産の処分その他の行為によって得た収入の額

　　　　　　　　　　　　　　　　　　　　　　　　金○円

2．債務の弁済、清算に係る費用の支払その他の行為による費用の額

　　　　　　　　　　　　　　　　　　　　　　　　金○円

3．残余財産の額　金○円

4．残余財産の分配

　　出資の価額に従い、各社員に以下のとおり分配した。

　　　社員○○○○　　金○円

　　　社員○○○○　　金○円

5．残余財産の分配が完了した日　令和○年○月○日

　令和○年○月○日

　　　　　　　　　　　　　　　　　　合同会社○○

　　　　　　　　　　　　　　　　　　代表清算人　　○○○○

---

132 清算結了後に残余財産が見つかった場合（復活の登記）

☑**清算が結了していないことを証する書面**（商登134・132②）⇨◆記載例1

> Memo. 清算結了登記がなされても、残余財産がある場合は、実体法上は清算が結了していないため、清算結了の登記を抹消する必要があります。その上で、清算事務を行い、清算結了後、あらためて清算結了登記を申請する必要があります。

> Memo. 破産手続の終結等により職権で登記記録が閉鎖された会社について残余財産が存在する場合に、清算人の就任の登記が申請された場合には、登記官はこれを受理し、当該登記記録を復活してその登記を行います（商登則45、昭57・5・19民四3765）。ただし、破産手続開始決定等の登記の前に清算人が就任し、その登記がなされている場合は、当該清算人が退任していない限り、当該清算人が清算業務を行う権限があるため、当該清算人が登記所宛に清算結了していない旨の申出をすれば、登記官は当該登記記録を復活しなければなりません（平9・3・17民四495、登記研究596号115頁（1997））。⇨◆記載例2

☑**委任状**（商登18）

☑**印鑑届書**（商登則9①四）

> Memo. 添付書面ではありませんが、一度登記記録が閉鎖されているため、書面で申請する場合には、印鑑提出をしていた清算人であっても、改めて登記所に印鑑を提出した上で申請する必要があると考えられます。印鑑届書については 98 をご参照ください。

第3章　持分会社　（98～138）　247

◆記載例1　上申書

> 上申書
>
> ○○法務局○○支局　御中
>
> 　当法人は、令和○年○月○日付けで清算結了登記を申請し、登記記録が閉鎖されました。しかし、当法人名義の以下の不動産があり（別紙登記事項証明書のとおり）、清算が結了していないことが判明いたしました。つきましては、当該残余財産を処分するために清算結了登記を抹消し、登記記録を回復したく上申いたします。
>
> 　不動産の表示　○県○市○町○丁目○番地○の土地
>
> 　　　　　　　　宅地　　○○．○○m²
>
> 　令和○年○月○日
>
> 　　　　　　　　　　　　　　　　○○県○○市○○町○番地○
>
> 　　　　　　　　　　　　　　　　合同会社○○
>
> 　　　　　　　　　　　　　　　　　代表清算人　　○○○○

Memo.　　清算が結了していないことを証する書面には、総社員又は清算人の作成した書面及び未処分の権利義務が残存することを証する書面等（不動産の登記事項証明書等）が該当します（登記制度研究会編『商業登記総覧』2616ノ1頁（新日本法規出版、追録596～599号））。なお、未処分の権利義務が残存することを証する書面として、判決書の謄本その他の公務員が職務上作成した書面を添付できない場合は、清算が結了していないことを証する書面として総社員の同意書を添付する必要があり、清算結了登記に添付した総社員の同意書に押印した社員全員が同一の印鑑を押印している場合を除き、同意書に押印した印鑑についての市長村長作成の印鑑証明書の添付が必要です（訓令・通達・回答5877「登記の抹消の申請書に添付すべき書面について」登記研究779号115～119頁（2013））。

◆記載例2　申出書

> 申出書
>
> 　当会社は、令和○年○月○日に破産手続の終結の登記により登記記録

248　　第3章　持分会社　（ 98 ～ 138 ）

が閉鎖されました。しかし、以下の不動産が未処分のままであり（別紙
登記事項証明書のとおり）、その処分及びその処分後の登記等の業務を
行う必要があるため、当社の登記記録の閉鎖を解除し、復活いただきた
く申出いたします。なお、当該不動産について必要な処理が完了しまし
たら、改めて清算結了の登記を申請いたします。

　不動産の表示　　〇県〇市〇町〇丁目〇番地〇の土地

　　　　　　　　　　宅地　　〇〇．〇〇m²

　令和〇年〇月〇日

　　　　　　　　　　　　　　　合同会社〇〇

　　　　　　　　　　　　　　　代表清算人　　〇〇〇〇

133　会社継続

☑ **ある社員の一致を証する書面**（商登118・93）⇨ ◆記載例

> Memo.　　定款で定めた存続期間の満了、定款で定めた事由の発生又
> は総社員の同意で解散した合同会社は、清算が結了するまで
> は、社員の全部又は一部の同意によって、会社を継続するこ
> とができます。会社の継続に同意しなかった社員は、継続の
> 日に退社します（会社642・641一～三）。

☑ **委任状**（商登18）

☑ **印鑑届書**（商登則9①四）

> Memo.　　添付書面ではありませんが、書面で申請する場合は、印鑑
> 提出をする必要があります。解散前に印鑑提出をしていた代
> 表社員であっても、印鑑提出者としての資格を喪失したため、
> あらためて提出を要します。印鑑届書については 98 をご参
> 照ください。

第3章　持分会社　（ 98 ～ 138 ）　　　249

◆記載例　社員の同意書

> 決定事項
>
> 　当会社は、令和○年○月○日に総社員の同意により解散したが、社員全員の同意により、継続することを決定する。

Memo.　　解散前の業務執行社員及び代表社員は抹消されているため（商登則91）、改めて登記する必要があります。特定の社員が業務執行社員や代表社員である場合には、解散前の定款にその定めがあっても、当該定めは効力を失っており、改めて定めることを要し、そのことを証する書面を添付しなければならないというのが登記実務上の扱いです（松井信憲『商業登記ハンドブック〔第4版〕』739頁（商事法務、2021））。一方で、解散後も業務執行社員と定められた者は清算人を選任する権限があり（会社647①三括弧書）、解散後に継続した場合も有効だとする見解もあります（立花宏『商業登記実務から見た合同会社の運営と理論〔第2版〕』273頁（中央経済社、2021））。

250　　　第3章　持分会社　（ 98 ～ 138 ）

第2　合名会社・合資会社

134　合資会社の有限責任社員の出資の目的又はその価額の変更

☑総社員の同意書（商登111・93）⇨◆記載例

> **Memo.**　社員の出資の目的及びその価額は定款の記載事項であるため（会社576①六）、その変更を証する総社員の同意書を添付します。定款の変更要件について、定款で別段の定めをしている場合には、その定めを証するための定款と、変更要件に従った決定手続を証する書面を添付します。

> **Memo.**　出資の目的又はその価額の変更に伴い、現実に出資がなされた場合には、当該社員について、履行した出資の価額が変更になるため、その変更の登記が必要です。この場合の添付書面については、 135 をご参照ください。

☑**委任状**（商登18）

◆記載例　有限責任社員の出資の目的及びその価額の変更

> 決定事項
> 　有限責任社員○○○○の出資の目的及びその価額を金○万円に変更するため、定款第○条の当該社員についての記載を以下のとおりに変更する。
> 　　　○県○市○町○丁目○番○号
> 　　　有限責任社員○○○○　　金○万円

135　合資会社の有限責任社員が既に履行した出資の価額の変更

☑**出資の履行があったことを証する書面**（商登112）

> **Memo.**　出資の目的又はその価額の変更に伴い、現実に出資がなさ

第3章　持分会社　（ 98 ～ 138 ）　　　251

れた場合等、当該社員について、履行した出資の価額が変更
になる場合には、その変更の登記が必要です。この場合はそ
の出資の履行があったことを証する書面を添付します。 98
の「☑払込み及び給付があったことを証する書面」をご参照
ください。

☑**委任状**（商登18）

136　合資会社の社員の責任の変更

（1）　有限責任社員を無限責任社員とする変更

☑**総社員の同意書**（商登111・93）⇨ ◆記載例1

> Memo.　社員が無限責任社員又は有限責任社員のいずれかであるか
> の別は定款の記載事項であるため（会社576①五）、その変更を
> 証する総社員の同意書を添付します。定款の変更要件につい
> て、定款で別段の定めをしている場合には、その定めを証す
> るための定款と、変更要件に従った決定手続を証する書面を
> 添付します。

☑**委任状**（商登18）

（2）　無限責任社員を有限責任社員とする変更

☑**総社員の同意書**（商登111・93）

> Memo.　責任の変更に関する定款の変更を証する書面として添付し
> ます。詳細は（1）をご参照ください。

☑**出資の履行があったことを証する書面**（商登112）

> Memo.　無限責任社員が有限責任社員となった場合には、履行した
> 出資の価額の登記が必要であり、履行した部分がある場合は、
> その履行があったことを証する書面を添付します。 98 の
> 「☑払込み及び給付があったことを証する書面」をご参照く
> ださい。

☑**委任状**（商登18）

252　　第3章　持分会社　（ 98 ～ 138 ）

（3）　有限責任社員が無限責任社員の持分を承継した場合

Memo.　　有限責任社員が無限責任社員から持分を譲り受け又は包括承継した場合は、登記実務上は、当然に無限責任社員となると解釈されています（松井信憲『商業登記ハンドブック〔第4版〕』696頁（商事法務、2021））。なお、有限責任社員としての持分が増加するにとどまるという見解もあります（上柳克郎ほか編『新版注釈会社法（1）』603頁（有斐閣、1985））。

①　持分を譲り受けた場合⇨◆記載例2

Memo.　　 111 の添付書面を添付します（松井・前掲697頁）。なお、定款の変更の際、責任の変更も反映します。

②　持分を包括承継した場合

Memo.　　 112 の添付書面を添付します（「質疑応答1359」登記研究71号40頁（1953））。

◆記載例1　有限責任社員を無限責任社員とする変更

決定事項
　有限責任社員○○○○の責任を無限責任とするため、定款第○条の当該社員についての記載を以下のとおりに変更する。
　　　○県○市○町○丁目○番○号　無限責任社員○○○○
　　　金○万円
　　　○県○市○町○丁目○番地○
　　　宅地　○○.○○m²　この価額金○万円

◆記載例2　無限責任社員の持分を有限責任社員が譲り受けた場合

決定事項
1．無限責任社員○○○○が当会社に対して有する持分全部を、当会社有限責任社員○○○○に譲渡して退社し、有限責任社員○○○○がこれを譲り受けたため、その出資の目的及び価額を2のとおりに変更すること。

第3章　持分会社　（ 98 ～ 138 ）　　　253

> 2．定款第○条中無限責任社員○○○○の号を削り、有限責任社員○○
> ○○の責任、出資の目的及びその価額を次のとおりに変更すること。
> 　○県○市○町○丁目○番○号　　無限責任社員○○○○
> 　金○万円
> 　○県○市○町○丁目○番地○
> 　宅地　　○○.○○m²　この価額金○万円

137　解散（法定清算・任意清算）

（1）　法定清算の場合

Memo.　法定清算の場合の解散の登記の添付書面は、合同会社の場合と同様です。122 をご参照ください。

Memo.　合名会社・合資会社の解散後の清算を法定清算による場合は、合同会社と同様、清算人が行います。清算人に関する添付書面は、122 ～ 130 をご参照ください。

（2）　任意清算の場合

Memo.　解散後も社員が債権者に直接責任を負い、無限責任社員が存在する合名会社・合資会社においては、定款で定めた存続期間の満了、定款で定めた解散の事由の発生、又は総社員の同意により解散した場合には、法定清算によらず、任意清算（会社668～671）の手続によることができます。任意清算の場合の解散の登記の添付書面も、（1）の場合と同様です。ただし、任意清算の場合は、清算人は選任されず、解散前の業務執行機関が清算業務を行うため、申請人の代表者、代理人による場合は、その委任者は合名会社・合資会社の代表社員ですので注意が必要です。解散の登記がなされても、清算人の登記をしない限り代表社員に関する登記は抹消されませんし（商登則86①）、あらためて印鑑届をする必要もありません。任意清算であるために清算人が選任されないこと等を証する書面等の添付は不要です。

254　　第3章　持分会社　（ 98 ～ 138 ）

> **Memo.**　　合同会社と同様に、一定の解散事由により解散した場合には、清算が結了するまでは、会社を継続することができます。継続の登記の添付書面については、 133 をご参照ください。

138　清算結了（法定清算・任意清算）

（1）　法定清算の場合

> **Memo.**　　法定清算の場合の清算結了の登記の添付書面は、合同会社の場合と同様です。 131 をご参照ください。

> **Memo.**　　合同会社と異なり、債権者に対する公告等（会社660）の手続は適用されません。このため、合名会社・合資会社は、解散後2か月を経過していない場合であっても、清算を結了し、その登記をすることが可能です。

（2）　任意清算の場合

☑会社財産の処分が完了したことを証する総社員が作成した書面（商登102・111）⇨◆記載例

> **Memo.**　　合名会社・合資会社においては、定款又は総社員の同意によって、財産の処分方法を定め、任意清算とすることができます（会社668）。この定めに従い、会社財産の処分が完了することにより清算事務は終了し、清算結了となります。法定清算の場合と異なり、総社員による計算の承認があった日が登記上の清算結了日となるのではない点に注意が必要です。

☑委任状（商登18）

◆記載例　財産処分書

財産処分書

　当会社は、令和○年○月○日に解散し、同日、会社法第668条に基づき、総社員の同意により財産の処分方法を定め、清算方法は任意清算とする

ことといたしました。なお、会社法第670条の規定により、債権者に対し、法定期間を満たす期間を定め、財産の処分方法について異議を述べることができる旨を官報に公告し、知れたる債権者には各別に催告いたしましたが、同期間内に異議を述べた債権者はおりませんでしたので、定められた方法により別紙のとおりに財産の処分を実行し、令和○年○月○日に財産の処分を完了いたしました。よって、同日、清算が結了いたしました。

　　令和○年○月○日

　　　　　　　　　　　　　　　○県○市○町○丁目○番○号
　　　　　　　　　　　　　　　合資会社○○
　　　　　　　　　　　　　　　　　代表（無限責任）社員　　○○○○
　　　　　　　　　　　　　　　　　無限責任社員　　○○○○
　　　　　　　　　　　　　　　　　有限責任社員　　○○○○

　（別紙）
残余財産
資産
　　現金　金○円
　　○県○市○町○丁目○番地○の土地　　○○.○○m²　この価額金○円
　　○県○市○町○丁目○番地○　家屋番号○番○の建物
　　木造スレート葺平家建て　床面積　　○○.○○m²
負債
　　借入金（無限責任社員○○○○に対するもの）　　金○円

これを次のとおりに処分した。

　　○県○市○町○丁目○番地○の土地及び同土地上の建物（家屋番号○番○）については、金○円にて代表社員○○○○に売却し、その結果得られた売却代金と現金○円のうち、○円を合計し、無限責任社員○○○○に対する借入金の返済に充てた。この結果残った現金○円については、出資の価額（出資済の価額）に従い、各社員に分配した。

Memo. 　処分方法の定めを証するため、当該定めのある定款又は総社員の同意書を合綴することが必要とも考えられますが、商業登記法に規定されていないため、添付は不要です。ただし、財産処分書の記載から、定款又は総社員の動員により決定された処分方法により処分がなされたことが分かる記載が必要だと考えます。

Memo. 　任意清算の場合は、法定清算の場合と異なり、1か月以上の期間を定めて債権者保護手続（会社670）を行う必要があるため、解散日から1か月を経過しないと清算結了の登記は受理されません（神﨑満治郎「商業登記倶楽部の実務相談室から見た　商業・法人登記実務上の諸問題（第17回）」登記研究803号37頁（2015））。

第4章　組織変更・持分会社の種類変更　（139〜142）　257

第4章　組織変更・持分会社の種類変更

139　株式会社から合同会社への組織変更

（1）　組織変更による設立

☑**組織変更計画書**（商登77一）⇨◆記載例1

☑**定款**（商登77二）

☑**総株主の同意書**（商登46）

> Memo.　組織変更計画については総株主の同意が必要ですが、株主が全員出席した株主総会において株主全員が同意すれば、その記載のある株主総会議事録を総株主の同意書とすることができます。

☑**株主リスト**（商登則61②）

☑**債権者保護手続関係書面**（商登77三）⇨◆記載例2

> Memo.　債権者保護手続の詳細は 76 をご参照ください。

☑**株券提供公告関係書面**（商登77四）⇨◆記載例3

> Memo.　具体的な書類については、 62 をご参照ください。

☑**新株予約権証券提供公告関係書面**（商登77五）⇨◆記載例3

> Memo.　新株予約権証券を発行していない場合には、その旨が記載された新株予約権証券原簿を添付します。

☑**代表社員の選定に関する書面**（商登118・93）

> Memo.　代表社員を社員の互選により定めた場合は、社員の互選書を添付します。社員の互選は、効力発生日以降に行う必要があります。

☑**就任承諾書**（商登118・93、平18・3・31民商782）

> Memo.　代表社員の就任承諾書については、 113 をご確認ください。

258　第4章　組織変更・持分会社の種類変更　（ 139 ～ 142 ）

☑**法人社員関係書面**（商登118・94二）

> Memo.　法人社員関係書面については、 98 をご参照ください。

☑**登録免許税法施行規則第12条第4項の規定に関する証明書**⇨◆記
載例4

☑**委任状**（商登18）

☑**印鑑届書**（商登則9①四）

> Memo.　印鑑を提出する場合に必要です。印鑑届書については、
> 98 をご参照ください。

（2）　組織変更による解散

> Memo.　添付書面は不要です（商登78）。

◆記載例1　組織変更計画書

組織変更計画書

1．組織変更後の持分会社の種別は合同会社とする。

2．組織変更後の合同会社の目的、商号、本店の所在地その他定款で定
める事項は、別紙定款のとおりとする。

3．組織変更後の社員は全て有限責任社員とし、その氏名又は名称及び
住所並びに出資の価額は、次のとおりとする。

　　　　　○県○市○町○丁目○番○号

　　　　　有限責任社員　　○○○○　　　　　　　　　　　　金○○円

　　　　　○県○市○町○丁目○番○号

　　　　　有限責任社員　　○○○○　　　　　　　　　　　　金○○円

4．効力発生日　令和○年○月○日

　上記計画を証するため、本書を作成する。

　令和○年○月○日

　　　　　　　　　　　　　　○県○市○町○丁目○番○号

　　　　　　　　　　　　　　株式会社○○

　　　　　　　　　　　　　　　代表取締役　　○○○○

第4章　組織変更・持分会社の種類変更　（ 139 ～ 142 ）　259

Memo.　本店の所在地を最小行政区画をもって定めた場合には、業務執行社員の過半数により、効力発生日以降に具体的な所在場所を定める必要があります。

◆記載例2　官報公告の文例

組織変更公告

　当社は、合同会社に組織変更することにいたしました。

　この組織変更に異議のある債権者は、本公告掲載の翌日から一箇月以内にお申し出下さい。

　なお、最終貸借対照表の開示状況は次のとおりです。

　掲載紙　官報

　掲載の日付　令和○年○月○日

　掲載頁　○○頁（号外第○○号）

　令和○年○月○日

　　○県○市○町○丁目○番○号

　　　　　　　　　　　　　　　　　　　株式会社○○

　　　　　　　　　　　　　　　　　　　代表取締役　○○○○

◆記載例3　株券・新株予約権証券等提出公告の文例

組織変更公告

　当社は、合同会社に組織変更することにいたしましたので、当社の株券（提出対象となる新株予約権証券、新株予約権付社債券を含む）を所有する方は、効力発生日である令和○年○月○日までに当社にご提出下さい。

　令和○年○月○日

　　○県○市○町○丁目○番○号

　　　　　　　　　　　　　　　　　　　株式会社○○

　　　　　　　　　　　　　　　　　　　代表取締役　○○○○

---

260 第4章　組織変更・持分会社の種類変更　（139～142）

Memo.　この公告は、定款に定めた公告方法、定款に公告方法を定めていない場合には官報により行います。

◆記載例4　登録免許税法施行規則第12条第4項の規定に関する証明書

登録免許税法施行規則第12条第4項の規定に関する証明書

登録免許税法施行規則第12条第4項に掲げる額は、次のとおりである。

①　組織変更をする会社の当該組織変更の直前における資産の額（登録免許税法施行規則第12条第4項第1号）　　　　　　　　　　金○○円

②　組織変更をする会社の当該組織変更の直前における負債の額（登録免許税法施行規則第12条第4項第1号）　　　　　　　　　　金○○円

③　組織変更後の合同会社が当該組織変更に際して当該組織変更の直前の会社の株主に対して交付する財産（当該組織変更後の合同会社の持分を除く。）の価額（登録免許税法施行規則第12条第4項第2号）

　　　　　　　　　　　　　　　　　　　　　　　　　　　　金○○円

上記の額に相違ないことを証明する。

　　　　　　　　　　　　　　　　　○県○市○町○丁目○番○号
　　　　　　　　　　　　　　　　　合同会社○○
　　　　　　　　　　　　　　　　　　代表社員　　○○○○

140　合同会社から株式会社への組織変更

（1）　組織変更による設立

☑組織変更計画書（商登123・107①一）⇨◆記載例1

☑定款（商登123・107①二）

☑総社員の同意書（商登118・93）⇨◆記載例2

☑就任承諾書（商登123・107①三）

☑本人確認証明書（商登則61⑦）

第4章 組織変更・持分会社の種類変更 （ 139 ～ 142 ）　　261

☑**資格証明書**（商登123・107①四・54②）

> Memo.　　組織変更後の株式会社の会計参与又は会計監査人を定めたときは、就任承諾書のほか、就任者が法人である場合には当該法人の登記事項証明書、自然人である場合には、その資格証明書を添付しなければなりません。資格証明書については、 23 28 をご確認ください。

☑**株主名簿管理人との契約書**（商登123・107①五・47②六）

☑**債権者保護手続関係書面**（商登123・107①六） ▷ ◆記載例3

> Memo.　　債権者保護手続の詳細は 76 をご参照ください。

☑**代表取締役の選定に関する書面**（商登118・93）

> Memo.　　取締役会の決議により定めた場合は取締役会議事録を、定款の定めに基づく取締役の互選により定めた場合には、取締役の互選書を、株主総会の決議で定めた場合は株主総会議事録を添付します。取締役会の決議、取締役の互選又は株主総会は、効力発生日後に行う必要があります。

☑**登録免許税法施行規則第12条第4項の規定に関する証明書** ▷ ◆記載例4

☑**委任状**（商登18）

☑**印鑑届書**（商登則9①四）

> Memo.　　印鑑を提出する場合に必要です。印鑑届書については、 16 をご参照ください。

（2）　組織変更による解散

> Memo.　　添付書面は不要です（商登78）。

◆記載例1　組織変更計画書

組織変更計画書

1．組織変更後の株式会社の目的、商号、本店の所在地及び発行可能株式総数その他定款で定める事項は、別紙定款のとおりとする。

262　第4章　組織変更・持分会社の種類変更　（139〜142）

　2．組織変更後の役員（等）の氏名
　　　取締役　○○○○、○○○○、○○○○
　　　監査役　○○○○
　　（会計参与、会計監査人）
　3．組織変更をする合同会社の社員が組織変更に際して取得する組織変
　　更後の株式会社の株式の数　　　　　　　　　　　　○○○株
　4．組織変更をする合同会社の社員に対する株式の割当てに関する事項
　　　社員　○○○○　○○○株
　　　社員　○○○○　○○○株
　5．組織変更後の株式会社が組織変更に際して組織変更をする合同会社
　　の社員に対して交付すべき金銭　　　　　　　　　　金○○円
　6．組織変更をする合同会社の社員に対する金銭の割当てに関する事項
　　　社員　○○○○　○○円
　　　社員　○○○○　○○円
　7．効力発生日　令和○年○月○日
　　上記計画を証するため、本書を作成する。
　　令和○年○月○日

　　　　　　　　　　　　　　　　○県○市○町○丁目○番○号
　　　　　　　　　　　　　　　　合同会社○○
　　　　　　　　　　　　　　　　　代表社員　○○○○

◆記載例2　総社員の同意書

決定事項
　株式会社に組織変更をするために、会社法第746条に基づき作成した
組織変更計画について、同意する。

◆記載例3　官報公告の文例

組織変更公告
　当社は、株式会社に組織変更することにいたしました。

第4章　組織変更・持分会社の種類変更　（139～142）　263

　　この組織変更に異議のある債権者は、本公告掲載の翌日から一箇月以
　内にお申し出下さい。
　　令和○年○月○日
　　　　○県○市○町○丁目○番○号

　　　　　　　　　　　　　　　　　　　合同会社○○
　　　　　　　　　　　　　　　　　　　　代表社員　　○○○○

◆記載例4　登録免許税法施行規則第12条第4項の規定に関する証明
　　　書

　　　　登録免許税法施行規則第12条第4項の規定に関する証明書
　　　登録免許税法施行規則第12条第4項に掲げる額は、次のとおりである。
　①　組織変更をする会社の当該組織変更の直前における資産の額（登録
　　免許税法施行規則第12条第4項第1号）　　　　　　　　　　金○○円
　②　組織変更をする会社の当該組織変更の直前における負債の額（登録
　　免許税法施行規則第12条第4項第1号）　　　　　　　　　　金○○円
　③　組織変更後の株式会社が当該組織変更に際して当該組織変更の直前
　　の会社の社員に対して交付する財産（当該組織変更後の株式会社の株
　　式を除く。）の価額（登録免許税法施行規則第12条第4項第2号）
　　　　　　　　　　　　　　　　　　　　　　　　　　　　　金○○円
　　上記の額に相違ないことを証明する。

　　　　　　　　　　　　　　　　○県○市○町○丁目○番○号
　　　　　　　　　　　　　　　　株式会社○○
　　　　　　　　　　　　　　　　　代表取締役　　○○○○

| 141 | 定款変更による合資会社から合同会社への種類変更 |

（1）　種類変更による設立

☑総社員の同意書（商登118・93）⇨◆記載例1

☑定款（商登113②一）

☑出資に係る払込み又は給付が完了したことを証する書面（商登113②二）

> Memo. 種類変更に際し、あらたに社員を加入させる場合又は既存の社員の出資の目的及びその価額について、合同会社の定款で、合資会社の定款から増額等をしている場合に添付します。この書面についての詳細は 98 をご参照ください。

☑業務執行社員の過半数の一致を証する書面（商登118・93）

> Memo. 出資の履行に伴い、資本金の額が増加した場合には、その決定を証する書面として添付します。

☑代表社員の選定に関する書面（商登118・93）

> Memo. 種類変更に際し、あらたに代表社員を定めた場合に添付します。この書面の詳細は、113 をご参照ください。

☑就任承諾書（商登118・93、平18・3・31民商782）

> Memo. 新たに代表社員を定めた場合に、定款の定めに基づく社員の互選によって代表社員を定めたときは、代表社員の就任承諾書を添付します。ただし、互選をした社員に当該代表社員が含まれている場合には添付不要です。

☑法人社員関係書面（商登118・94二）

> Memo. あらたに定めた代表社員が法人であるときに添付します。法人社員関係書面については、98 をご参照ください。

☑資本金の額の計上に関する証明書（商登則92・61⑨）▷◆記載例2

☑委任状（商登18）

☑印鑑届書（商登則9①四）

> Memo. 印鑑を提出する場合に必要です。印鑑届書については、98 をご参照ください。

（2） 種類変更による解散

> Memo. 添付書面は不要です（商登113③・106）。

第4章　組織変更・持分会社の種類変更　（139～142）　265

◆記載例1　総社員の同意書

決定事項
　社員全員の責任を有限責任とし、合同会社に種類変更するために会社法第638条の規定に基づいて作成した別紙定款案について、同意する。

◆記載例2　資本金の額の計上に関する証明書

資本金の額の計上に関する証明書
　種類変更により設立する合同会社の資本金の額を次のとおり計上する。
1．種類変更の直前の資本金の額　　　　　　　　　　　　金○万円
2．種類変更に際してする社員の出資等について、会社計算規則第30条
　　第1項第1号の規定により得られる額の範囲内で会社が定めた額
　　　　　　　　　　　　　　　　　　　　　　　　　　　金○万円
　（1）　社員が履行した出資の価額（（2）を除く。）　　金○万円
　（2）　社員が履行した出資のうち帳簿価額を付すべき場合の帳簿価額
　　　　の合計額　　　　　　　　　　　　　　　　　　　金○万円
　（3）　資本金の額又は資本剰余金の額から減ずるべき額と定めた額
　　　　　　　　　　　　　　　　　　　　　　　　　　　金○万円
　（4）　資本金等限度額（（（1）＋（2））－（3））　　金○万円
3．資本金の額（1＋2）　　　　　　　　　　　　　　　金○万円
　上記のとおり、資本金の額○万円は会社法第615条、会社計算規則第30条、第44条第1項の規定に従い計上されたことに相違ありません。
　令和○年○月○日

　　　　　　　　　　　　　　　　合同会社○○
　　　　　　　　　　　　　　　　代表社員　　○○○○

142　みなし種類変更

（1）　種類変更による設立

　Memo.　　種類変更に際して加入する社員や出資の増額等は想定され

266　第4章　組織変更・持分会社の種類変更　（139〜142）

　　　　ないため、出資に係る払込み又は給付が完了したことを証す
　　　　る書面及び業務執行社員の過半数の一致を証する書面が不要
　　　　なほかは、141 と同様です。ただし、合資会社について、無
　　　　限責任社員の退社の登記が必要であるため、（2）に記載のと
　　　　おり、種類変更による解散の登記にその事実を証する書面の
　　　　添付が必要です。

（2）　種類変更による解散

☑退社の事実を証する書面（商登118・96）

　　Memo.　110 をご参照ください。

第5章　組織再編（組織変更を除く。）　（143〜154）　267

第5章　組織再編（組織変更を除く。）

| 143 | 株式会社が存続する吸収合併 |

☑**吸収合併契約書**（商登80一）⇨◆記載例1

> Memo.　必要的記載事項（会社749①）等に注意が必要です。なお、効力発生日を変更する場合には、当事者それぞれの取締役会の決議（非取締役会設置会社の場合には、取締役の過半数の一致）をもって、変更に係る合意をし、かつ、消滅会社が、当初の効力発生日の前日（変更後の効力発生日が当初の効力発生日の前の日であればその前日）までに定款に定める方法により公告をしなければなりません（会社790①②）。
>
> 　効力発生日の変更があった場合は、変更に係る当事者の契約書等、存続会社の取締役会議事録若しくは取締役の過半数の一致があったことを証する書面が添付書面となりますが、消滅会社の効力発生日の変更に係る公告をしたことの証明書は添付不要です（平18・3・31民商782）。

☑**存続会社における合併契約の承認に関する書面**（商登46①②、商登則61③）

【通常の合併の場合（会社795①・309②十二）】

①　株主総会議事録（種類株式発行会社の場合には、株主総会議事録のほか、必要に応じて種類株主総会議事録（会社322①七））⇨◆記載例2

②　株主リスト

【簡易吸収合併の場合（会社796②、商登80二）】

①　取締役会議事録（非取締役会設置会社の場合には、取締役の過半数の一致があったことを証する書面）

268　第5章　組織再編（組織変更を除く。）　(143〜154)

② 簡易吸収合併の要件を満たすことの証明書（簡易吸収合併に反対した株主がいる場合には、当該反対株主の有する株式の数が、会社法施行規則197条の規定により定まる数に達しないことを証する書面も含みます。なお、反対した株主がいない場合には、その旨の上申書を添付するか、若しくは、申請書にその旨を記載します。）⇨◆記載例3

> Memo.　簡易吸収合併の要件等に注意が必要です（会社796②ただし書）。

【略式吸収合併の場合（会社796①、商登80二）】

① 取締役会議事録（非取締役会設置会社の場合には、取締役の過半数の一致があったことを証する書面）

② 略式吸収合併の要件を満たすことの証明書⇨◆記載例4

> Memo.　具体的には、存続会社の株主名簿を添付します。

> Memo.　略式吸収合併の要件等に注意が必要です（会社796①ただし書）。

☑存続会社における**債権者保護手続に関する書面**（商登80三）

> Memo.　具体的な書類については、76 をご参照ください。
> なお、公告をしたことを証する書面の文例については、下記のとおりです。⇨◆記載例5

☑消滅会社における**合併契約の承認に関する書面**（商登80六、商登則61③）

【通常の合併の場合】

上記存続会社と同様の書面を添付します。

> Memo.　株主リストの証明者は、存続会社の代表取締役となりますので、注意が必要です。

【略式吸収合併の場合】

上記存続会社と同様の書面を添付します。

> Memo.　略式吸収合併の要件等に注意が必要です（会社784①ただし書）。

第5章　組織再編（組織変更を除く。）（143～154）　　269

【持分会社の場合】

原則として、総社員の同意書を添付します。

> Memo.　定款で別段の定めを設けた場合には、定款の定めに従い、意思決定した書面及び定款を添付することになります（会社793①一）。

☑消滅会社における**債権者保護手続に関する書面**（商登80八）

存続会社と同様の書面を添付します。

> Memo.　催告をしたことを証する書面を添付する場合、以下のとおり書面の作成日によって証明者が異なりますので注意が必要です。
> ・効力発生日の直前日…消滅会社の代表者
> ・効力発生日以降…存続会社の代表取締役

☑消滅会社における**株券提供公告をしたことを証する書面又は株券が発行されていないことを証する書面**（商登80九）

> Memo.　具体的な書類については、 62 をご参照ください。
> なお、公告をしたことを証する書面の文例については、下記のとおりです。⇨◆記載例6

> Memo.　株券を発行していない場合における証明書については、以下のとおり書面の作成日によって証明者が異なりますので注意が必要です。
> ・効力発生日の直前日…消滅会社の代表取締役
> ・効力発生日以降…存続会社の代表取締役

☑消滅会社における**新株予約権証券提供公告をしたことを証する書面又は新株予約権証券を発行していないことを証する書面**（商登80十）

> Memo.　具体的な書類については、 139 をご参照ください。

> Memo.　以下のとおり書面の作成日によって証明者が異なりますので注意が必要です。
> ・効力発生日の直前日…消滅会社の代表取締役
> ・効力発生日以降…存続会社の代表取締役

270　第5章　組織再編（組織変更を除く。）　143～154

☑**消滅会社の登記事項証明書**（商登80五）

> Memo.　消滅会社の本店が、存続会社と同一管轄区域内にある場合には、添付を省略することが可能であり、かつ、申請書に消滅会社の会社法人等番号を記載した場合にも添付省略が可能です（商登19の3、商登則36の3）。

☑**資本金の額を増加した場合は、資本金の額の計上に関する証明書**（商登80四）⇨ ◆**記載例7**

☑**資本金の額を増加した場合は、登録免許税法施行規則第12条第5項の規定に関する証明書**

☑**合併につき主務官庁の許認可が効力要件となる場合には、主務官庁の認可書**（商登19）

> Memo.　定款の目的に認可が吸収合併の効力要件となる事業の規定を設けてはいるが、現実に当該事業に係る許認可を受けていない等の事情でいわゆる事業者に該当しない場合には、認可を要しない旨の証明書を添付することとなります（平15・8・18民商2291）。

☑**委任状**（商登18）

> Memo.　存続会社からの委任状のみを添付します。存続会社の代表者は、消滅会社の解散登記の申請についても消滅会社を代表して申請をします（商登82①）。なお、解散登記には、委任状を含めて添付書類は一切不要です（商登82④）。

◆**記載例1　吸収合併契約書**

※登記に関係する必要的記載事項のみ記載しています。

```
                吸収合併契約書
第1条　吸収合併存続会社及び吸収合併消滅会社の商号及び住所
    吸収合併存続会社
        商号　○○株式会社
        住所　○県○市○町○番○号
```

第5章　組織再編（組織変更を除く。）　（143～154）　271

　　　吸収合併消滅会社
　　　　商号　○○株式会社
　　　　住所　○県○市○町○番○号
第2条　合併対価の交付と割当て
　　　吸収合併存続会社は、本合併に際して○○株を交付し、効力発生の
　　直前時の吸収合併消滅会社の株主に対して、吸収合併消滅会社株式1
　　株につき、吸収合併存続会社株式○株の割合で割り当てる。
第3条　資本金及び準備金の額に関する事項
　　　吸収合併存続会社が本合併に際して増加する資本金及び資本準備金
　　は、次のとおりとする。
　　　資本金　金○○円
　　　資本準備金　金○○円
第4条　効力発生日
　　　本合併の効力発生日は、令和○年○月○日とする。
　　　上記のとおり本合併契約を締結する。
　　　令和○年○月○日

　　　　　　　　　　　　　　　吸収合併存続会社
　　　　　　　　　　　　　　　　本店　商号　代表取締役
　　　　　　　　　　　　　　　吸収合併消滅会社
　　　　　　　　　　　　　　　　本店　商号　代表取締役

◆記載例2　株主総会議事録

第○号議案　当社と株式（合同）会社○○との吸収合併契約承認の件
　　議長は、別紙合併契約書のとおり、当社を合併存続会社、株式（合同）
会社○○を合併消滅会社とする吸収合併について説明し、これを議場に
諮ったところ、満場一致をもって可決確定した。

◆記載例3　簡易吸収合併に該当することを証する書面

　　　　　　簡易吸収合併に該当することを証する書面
　　本合併は、下記のとおり、会社法第796条第2項に定める簡易吸収合併

に該当することを証明します。

1．次の（1）は、（2）の5分の1（20％）以下であります。
　（1）　会社法第796条第2項第1号イ、ロ及びハの合計額　金○○円
　（2）　会社法施行規則第196条に定める合併契約時点の当社の純資産
　　　　額（①＋②＋③＋④＋⑤＋⑥－⑦）　　　　　　　　金○○円
　　①　資本金の額　金○○円
　　②　資本準備金の額　金○○円
　　③　利益準備金の額　金○○円
　　④　会社法第446条に規定する剰余金の額　金○○円
　　⑤　最終事業年度の末日における評価・換算差額等に係る額　金○
　　　　○円
　　⑥　新株予約権の帳簿価額　金○○円
　　⑦　自己株式及び自己新株予約権の帳簿価額の合計額　金○○円
　（3）　（1）÷（2）×100（単位：％）　　○○％
2．本合併につき、会社法第796条第3項により、所定の期間内に吸収合
　併に反対する旨の通知をした株主はありませんでした。
3．当社定款には、簡易吸収合併の要件を加重する定めはありません。

◆記載例4　略式吸収合併に該当することを証する書面

略式吸収合併に該当することを証する書面
　下記は吸収合併消滅会社である当社の株主名簿に相違なく、吸収合併
存続会社である株式会社○○は、当社の議決権○○個の全てを所有し（議
決権保有比率100％）、当社の「特別支配会社」に該当するため、当社は
同社との吸収合併において会社法第784条第1項の規定に基づき株主総
会決議を経ずに合併を決定したことを証明します。なお、当社の定款に
は、略式合併の要件を加重する定めはありません。
記
　　株式会社○○　株主名簿（抜粋）
　　株主の氏名　株式会社○○
　　住所　○県○市○町○番○号
　　株式数　○○株

第5章　組織再編（組織変更を除く。）　（143～154）　273

◆記載例5　存続会社と消滅会社が連名で掲載する場合の合併公告

> 合併公告
> 　下記会社は合併して甲は乙の権利義務全部を承継して存続し乙は解散することにいたしました。
> 　この合併に対し異議のある債権者は、本公告掲載の翌日から一箇月以内にお申し出下さい。
> 　なお、最終貸借対照表の開示状況は次のとおりです。
> （甲）
> （乙）
> 　令和○年○月○日
> 　　　　　　　　　　　　　　　（甲）本店　　商号　代表取締役
> 　　　　　　　　　　　　　　　（乙）本店　　商号　代表取締役

◆記載例6　株券等提出公告

> 合併につき株券等提出公告
> 　当社は、株式会社○○と合併して解散することにいたしましたので、当社の株券を所有する方は、株券提出日である令和○年○月○日までに当社にご提出下さい。
> 　令和○年○月○日
> 　　　　　　　　　　　　　　　　　　　　本店　　商号　代表取締役

◆記載例7

（1）　合併存続会社が合併消滅会社の株主資本を引き継ぐ場合以外の場合

> 　　　　　　　　資本金の額の計上に関する証明書
> 　株主資本等変動額（会社計算規則第35条第1項）　金○○円
> 　以上、合併存続会社の資本金の増加額○○円は、会社法第445条及び会社計算規則第35条の規定に従って計上されたことに相違ないことを証明する。

274　第5章　組織再編（組織変更を除く。）　143～154

```
　令和○年○月○日
　　　　　　　　　　　　　　　　本店　商号　代表取締役
```

＜記載のポイント＞

　存続会社が増加させる資本金の額は、株主資本等変動額の範囲内で定める必要があります。

（2）　合併存続会社が合併消滅会社の株主資本を引き継ぐ場合

```
　　　　　　　　　資本金の額の計上に関する証明書
　吸収合併の直前の吸収合併消滅会社の資本金の額（会社計算規則第36
条第1項）　金○○円
　以上、合併存続会社の資本金の増加額○○円は、会社法第445条及び会
社計算規則第36条第1項の規定に従って計上されたことに相違ないこと
を証明する。
　令和○年○月○日
　　　　　　　　　　　　　　　　本店　商号　代表取締役
```

＜記載のポイント＞

　消滅会社の登記簿上の資本金の額と一致している必要があります。

144　合同会社が存続する吸収合併

☑吸収合併契約書（商登124・108①一）⇨ ◆記載例1

　　Memo.　　必要的記載事項（会社751①）等に注意が必要です。

☑存続会社における合併契約の承認に関する書面（商登93等）

　【消滅会社の株主又は社員が存続会社の社員となる場合】

　①　総社員の同意書⇨ ◆記載例2

　【消滅会社の株主又は社員が存続会社の社員となる場合以外の場合】

　①　業務執行社員の過半数の一致（会社590②・591①）を証する書面

第5章　組織再編（組織変更を除く。）（ 143 ～ 154 ）　　275

☑**存続会社における債権者保護手続に関する書面**（商登124・108①三）

> Memo.　具体的な書類については、 76 をご参照ください。また、公告をしたことを証する書面の文例については、 143 をご参照ください。

☑**消滅会社における合併契約の承認に関する書面**（商登124・108①二・80六、商登則61③）

> Memo.　具体的な書類については、 143 をご参照ください。

☑**消滅会社における債権者保護手続に関する書面**（商登124・108①二・80八）

> Memo.　具体的な書類については、 76 をご参照ください。

☑**消滅会社における株券提供公告をしたことを証する書面又は株券が発行されていないことを証する書面**（商登124・108①二・80九）

> Memo.　具体的な書類については、 62 を参照ください。また、公告をしたことを証する書面の文例については、 143 をご参照ください。

☑**消滅会社における新株予約権証券提供公告をしたことを証する書面又は新株予約権証券を発行していないことを証する書面**（商登124・108①二・80十）

> Memo.　具体的な書類については、 139 をご参照ください。

☑**消滅会社の登記事項証明書**（商登124・108①二・80五）

> Memo.　添付省略が可能となる場合については、 143 をご参照ください。

☑**法人が存続会社の業務執行社員（代表社員となる場合を含む。）となるときは、法人社員関係書面**（商登124・108①四）

① 　登記事項証明書

> Memo.　添付省略が可能となる場合については、 98 をご参照ください。

276　　第5章　組織再編（組織変更を除く。）　（143～154）

　② 法人が代表社員となる場合の職務執行者選任書及び就任承諾書

　　　Memo.　　詳細については、 98 をご参照ください。

☑資本金の額を増加した場合は、資本金の額の計上に関する証明書（商
　登則92・61⑨）

☑資本金の額を増加した場合は、登録免許税法施行規則第12条第5項
　の規定に関する証明書

☑合併につき主務官庁の許認可が効力要件となる場合には、主務官庁
　の認可書（商登19）

　　　Memo.　　具体的な書類については、 143 をご参照ください。

☑委任状（商登18）

◆記載例1　吸収合併契約書

> 吸収合併契約書
> 第1条　吸収合併存続会社及び吸収合併消滅会社の商号及び住所
> 　　　　吸収合併存続会社
> 　　　　　　商号　　○○合同会社
> 　　　　　　住所　　○県○市○町○番○号
> 　　　　吸収合併消滅会社
> 　　　　　　商号　　○○株式会社
> 　　　　　　住所　　○県○市○町○番○号
> 第2条　合併対価の交付と割当て
> 　　　　吸収合併存続会社は、本合併に際して効力発生の直前時の吸収合併
> 　　消滅会社の株主に対して、以下の内容で吸収合併存続会社の社員とし
> 　　て加入させることとし、吸収合併存続会社の定款第○条に追加するも
> 　　のとする。
> 　　　　住所　　○県○市○町○番○号
> 　　　　有限責任社員　氏名○○○○　金○○円
> 第3条　資本金の額に関する事項
> 　　　　本合併に際して増加する資本金は、次のとおりとする。
> 　　　　資本金　金○○円

第5章　組織再編（組織変更を除く。）　（143～154）　277

第4条　効力発生日

　　本合併の効力発生日は、令和○年○月○日とする。

　上記のとおり本合併契約を締結する。

　令和○年○月○日

　　　　　　　　　　　　　　　吸収合併存続会社

　　　　　　　　　　　　　　　　　本店　商号　代表社員

　　　　　　　　　　　　　　　吸収合併消滅会社

　　　　　　　　　　　　　　　　　本店　商号　代表取締役

＜記載のポイント＞

　合同会社には、準備金科目はありませんので、株式会社とは異なり、準備金の額が増加することはありません。

◆記載例2　存続会社における合併契約の承認に関する書面

１．　当社と株式（合同）会社○○との吸収合併契約承認の件

　　別紙合併契約書のとおり、当社を合併存続会社、株式（合同）会社○○を合併消滅会社とする吸収合併をすること。

２．　定款一部変更の件

　　上記合併に伴う社員の加入に際して、当社の定款第○条を以下のとおり変更すること。

　　第○条（社員及び出資）

　　　　当会社の社員は全て有限責任社員とし、その氏名及び住所並びに社員の出資の目的及びその価額は次のとおりである。

　　　　住所　○県○市○町○番○号

　　　　氏名　○○○○　金○○円

　　　　住所　○県○市○町○番○号

　　　　氏名　○○○○　金○○円

　　　　住所　○県○市○町○番○号

　　　　氏名　○○○○　金○○円

278　第5章　組織再編（組織変更を除く。）（ 143 ～ 154 ）

145　株式会社を設立する新設合併

☑新設合併契約書（商登81一）

> Memo.　　必要的記載事項（会社753①）等に注意が必要です。なお、新設合併の効力は、新設合併設立株式会社が成立した日に生じ（会社754①）、当該成立した日というのは、設立の登記をした日となります（会社49）。

☑定款（商登81二）

> Memo.　　公証人による認証は、必要ありません。

☑株主名簿管理人を置いた場合の契約に関する書面（商登81三・47②六）

☑印鑑証明書・本人確認証明書（商登則61④⑤⑦）

☑設立時代表取締役の選定に関する書面（商登81三・47②七）

> Memo.　　具体的な書面は、 10 若しくは 11 をご参照ください。

> Memo.　　設立時代表取締役を定款に定めた場合には、当該定めをもって設立時代表取締役の選定を証する書面となります。

☑設立時取締役、設立時監査役及び設立時代表取締役の就任承諾書（商登81三・47②十）

> Memo.　　具体的な書面は、 10 若しくは 11 をご参照ください。

☑設立時会計参与又は設立時会計監査人を選任した場合の設立時会計参与又は設立時会計監査人に関する書面（商登81三・47②十一）

> Memo.　　具体的な書面は、 10 若しくは 11 を参照ください。

☑消滅会社における合併契約の承認に関する書面（商登81六・七、商登則61③）

【株式会社の場合（会社804①・309②十二）】

①　株主総会議事録（種類株式発行会社の場合には、株主総会議事録のほか、必要に応じて種類株主総会議事録（会社322①七）） ⇨ ◆
記載例1

第5章　組織再編（組織変更を除く。）（143～154）　　279

② 　株主リスト

> Memo.　株主リストの証明者は、新設合併設立会社の代表取締役となりますので、注意が必要です。

【持分会社の場合（会社804②）】

① 　総社員の同意書

> Memo.　定款で別段の定めを設けた場合には、定款の定めに従い、意思決定した書面及び定款を添付することになります（会社793①一）。

☑消滅会社における債権者保護手続に関する書面（商登81八）

> Memo.　76 をご参照ください。

> Memo.　公告をしたことを証する書面の文例については、下記のとおりとなります。⇨◆記載例２

☑消滅会社における株券提供公告をしたことを証する書面又は株券が発行されていないことを証する書面（商登81九）

> Memo.　具体的な書類については、62 をご参照ください。

☑消滅会社における新株予約権証券提供公告をしたことを証する書面又は新株予約権証券を発行していないことを証する書面（商登81十）

> Memo.　具体的な書類については、139 をご参照ください。

☑消滅会社の登記事項証明書（商登81五）

> Memo.　添付を省略することができる場合については、143 をご参照ください。

☑資本金の額の計上に関する証明書（商登81四・80四）

☑登録免許税法施行規則第12条第３項の規定に関する証明書

☑合併につき主務官庁の許認可が効力要件となる場合には、主務官庁の認可書（商登19）

> Memo.　143 をご参照ください。

☑委任状（商登18）

> Memo.　新設合併設立会社からの委任状のみを添付します。新設合

併設立会社の代表者は、消滅会社の解散登記の申請についても消滅会社を代表して申請をします（商登82①）。なお、解散登記には、委任状を含めて添付書類は一切不要です（商登82④）。

Memo. 印鑑届書については、16 をご参照ください。

◆記載例1　株主総会議事録

第○号議案　当社と株式（合同）会社○○との新設合併契約承認の件
　議長は、別紙新設合併契約書のとおり、当社及び株式（合同）会社○○を合併消滅会社として、株式会社△△を新設合併設立会社とする新設合併について説明し、これを議場に諮ったところ、満場一致をもって可決確定した。

◆記載例2　新設合併公告

合併公告
　下記会社は合併して、新設する株式会社△△（住所○県○市○町○番○号）に権利義務全部を承継させて甲と乙は解散することにいたしました。
　この合併に対し異議のある債権者は、本公告掲載の翌日から一箇月以内にお申し出下さい。
　なお、最終貸借対照表の開示状況は次のとおりです。
　（甲）
　（乙）
　令和○年○月○日

　　　　　　　　　　　　　　（甲）本店　商号　代表取締役
　　　　　　　　　　　　　　（乙）本店　商号　代表取締役

第5章　組織再編（組織変更を除く。）（ 143 ～ 154 ）　　281

| 146 | 合同会社を設立する新設合併 |

☑新設合併契約書（商登108②一）

　Memo.　　必要的記載事項（会社755①）等に注意が必要です。

☑定款（商登108②二）

☑消滅会社における合併契約の承認に関する書面（商登108②三・108②

四・81七、商登則61②）

【株式会社の場合】

①　総株主の同意書

【持分会社の場合】（会社813①）

　Memo.　 145 をご参照ください。

☑消滅会社における債権者保護手続に関する書面（商登108②三・81八）

　Memo.　　具体的な書類については、 76 をご参照ください。

☑消滅会社における株券提供公告をしたことを証する書面又は株券が

発行されていないことを証する書面（商登108②三・81九）

　Memo.　　具体的な書類については、 62 をご参照ください。

☑消滅会社における新株予約権証券提供公告をしたことを証する書面

又は新株予約権証券を発行していないことを証する書面（商登108②

三・81十）

　Memo.　　具体的な書類については、 139 をご参照ください。

☑消滅会社の登記事項証明書（商登108②三・81五）

　Memo.　 143 をご参照ください。

☑法人が新設合併設立会社の業務執行社員（代表社員となる場合を含

む。）となるときは、法人社員関係書面（商登124・108②五）

　Memo.　 144 をご参照ください。

282　第5章　組織再編（組織変更を除く。）　（143～154）

☑資本金の額を増加した場合は、資本金の額の計上に関する証明書（商
　登則92・61⑨）

☑資本金の額を増加した場合は、登録免許税法施行規則第12条第3項
　の規定に関する証明書

☑合併につき主務官庁の許認可が効力要件となる場合には、主務官庁
　の認可書（商登19）

　　Memo.　　143をご参照ください。

☑委任状（商登18）

　　Memo.　　145をご参照ください。

　Memo.　　印鑑届書については、98をご参照ください。

147　株式会社に権利義務を承継させる吸収分割

（1）　吸収分割承継会社の変更

☑吸収分割契約書（商登85一）⇨◆記載例1

　　Memo.　　必要的記載事項（会社749①）等に注意が必要です。なお、効
　　　　　　力発生日の変更の手続等については、143をご参照ください。

☑吸収分割承継会社における分割契約の承認に関する書面（商登46①
　②・85二、商登則61③）

　　Memo.　　143をご参照ください。なお、議案文例については、下記
　　　　　　のとおりです。⇨◆記載例2

☑吸収分割承継会社における債権者保護手続に関する書面（商登85三）

　　Memo.　　76をご参照ください。なお、公告をしたことを証する書
　　　　　　面の文例については、下記のとおりです。⇨◆記載例3

☑吸収分割会社における分割契約の承認に関する書面（商登85六・七、
　商登則61③）

第5章　組織再編（組織変更を除く。）　（143～154）　283

【通常の吸収分割の場合】

> Memo.　143をご参照ください。

> Memo.　吸収合併と異なり、株主リストの証明者は、吸収分割会社の代表取締役となります。

【略式吸収分割の場合】

> Memo.　143をご参照ください。

【簡易吸収分割の場合】

> Memo.　添付書類については、143をご参照ください。

> Memo.　吸収合併の消滅会社と異なり、吸収分割会社についても簡易分割をすることができる点に注意が必要です（会社784②）。
>
> 　なお、分割会社における簡易吸収分割の要件を満たすことの証明書の記載例は、下記のとおりです。⇨◆記載例4

【持分会社の場合】

> Memo.　143をご参照ください。

☑吸収分割会社における債権者保護手続に関する書面（商登85八）

> Memo.　76をご参照ください。

> Memo.　吸収分割会社については、会社法758条8号又は同法760条7号の定めがある場合を除き、吸収分割後も吸収分割会社に対して権利を行使することができる債権者については、債権者保護手続は不要です（会社789①二）。この場合に該当する吸収分割契約書の記載例については、記載例1の「債務の引受け」をご参照ください。

☑吸収分割会社における新株予約権証券提供公告をしたことを証する書面又は新株予約権証券を発行していないことを証する書面（商登85九）

> Memo.　吸収分割会社が新株予約権を発行している場合であって、吸収分割承継株式会社が吸収分割に際して吸収分割株式会社の新株予約権の新株予約権者に対して当該新株予約権に代わ

284 第5章 組織再編（組織変更を除く。） （143～154）

る当該吸収分割承継株式会社の新株予約権を交付するときに必要となります（会社758五）。具体的な書類については、139 をご参照ください。

☑吸収分割会社の登記事項証明書（商登85五）

　　Memo.　添付を省略することができる場合については、143 をご参照ください。

☑資本金の額を増加した場合は、資本金の額の計上に関する証明書（商登85四）

☑吸収分割につき主務官庁の許認可が効力要件となる場合には、主務官庁の認可書（商登19）

　　Memo.　143 をご参照ください。

☑委任状（商登18）

（2）　吸収分割会社の変更

☑委任状（商登18）

◆記載例1　吸収分割契約書

吸収分割契約書

第1条　吸収分割の方法

　　吸収分割会社及び吸収分割承継会社は、吸収分割会社の○○事業に関して有する権利義務を吸収分割承継会社に承継させる吸収分割を行う。

第2条　吸収分割会社及び吸収分割承継会社の商号及び住所

　　吸収分割会社

　　　商号　○○株式会社

　　　住所　○県○市○町○番○号

　　吸収分割承継会社

　　　商号　○○株式会社

　　　住所　○県○市○町○番○号

第3条　吸収分割により承継する権利義務

　　吸収分割承継会社が、吸収分割会社から承継する資産、債務、雇用契約その他権利義務は、別紙のとおりとする。

第4条　債務の引受け

　　吸収分割会社から吸収分割承継会社に承継させる債務については、免責的債務引受の方法による。

【分割会社において債権者保護手続が不要となる場合の債務の引受けの方法】

〜重畳的（併存的）債務引受の場合〜

　　吸収分割会社から吸収分割承継会社に承継させる債務については、重畳的（併存的）債務引受の方法による。

〜債務を承継させない場合〜

　　吸収分割会社は、吸収分割承継会社に対し一切の債務を承継させない。

第5条　分割対価の交付

　　吸収分割承継会社は、本吸収分割に際して、○○株を吸収分割会社に交付する。

第6条　資本金及び準備金の額に関する事項

　　吸収分割承継会社が、本吸収分割に際して増加する資本金及び資本準備金は、次のとおりとする。

　　資本金　金○○円

　　資本準備金　金○○円

第7条　効力発生日

　　本吸収分割の効力発生日は、令和○年○月○日とする。

　　上記のとおり本吸収分割契約を締結する。

　　令和○年○月○日

　　　　　　　　　　　　吸収分割会社

　　　　　　　　　　　　　　本店　商号　代表取締役

　　　　　　　　　　　　吸収分割承継会社

　　　　　　　　　　　　　　本店　商号　代表取締役

286　　第5章　組織再編（組織変更を除く。）　143～154

◆記載例2　株主総会議事録

第○号議案　当社と株式（合同）会社○○との吸収分割契約承認の件
　議長は、別紙吸収分割契約書のとおり、当社を吸収分割承継会社、株式（合同）会社○○を吸収分割会社とする吸収分割について説明し、これを議場に諮ったところ、満場一致をもって可決確定した。

◆記載例3　吸収分割承継会社と吸収分割会社が連名で掲載する場合の吸収分割公告

吸収分割公告
　下記会社は吸収分割して甲は乙の○○事業に関して有する権利義務を承継し乙はそれを承継させることにいたしました。
　この吸収分割に対し異議のある債権者は、本公告掲載の翌日から一箇月以内にお申し出下さい。
　なお、最終貸借対照表の開示状況は次のとおりです。
（甲）
（乙）
　令和○年○月○日

　　　　　　　　　　　　　　　（甲）本店　商号　代表取締役
　　　　　　　　　　　　　　　（乙）本店　商号　代表取締役

◆記載例4　分割会社における簡易吸収分割の要件を満たすことの証明書

　簡易吸収分割（会社法第784条第2項）に該当することを証する書面
　本合併は、下記のとおり、会社法第784条第2項に定める簡易吸収分割に該当することを証明します。
1．次の(1)は、(2)の5分の1（20%）以下であります。
　(1)　承継させる資産の帳簿価額の合計額　金○○円

第5章　組織再編（組織変更を除く。）（ 143 ～ 154 ）　　287

（2）　当社の分割契約時点の総資産額（会社法施行規則第187条）

　　　　（①＋②＋③＋④＋⑤＋⑥＋⑦＋⑧－⑨）　　　　　金○○円

　①　資本金の額　金○○円

　②　資本準備金の額　金○○円

　③　利益準備金の額　金○○円

　④　会社法第446条に規定する剰余金の額　金○○円

　⑤　最終事業年度の末日における評価・換算差額等に係る額　金○○円

　⑥　株式引受権の帳簿価格　金○○円

　⑦　新株予約権の帳簿価額　金○○円

　⑧　最終事業年度の末日において負債の部に計上した額　金○○円

　⑨　最終事業年度の末日後に吸収合併、吸収分割による他の会社の事業に係る権利義務の承継又は他の会社（外国会社を含む。）の事業の全部の譲受けをしたときは、これらの行為により承継又は譲受けをした負債の額　金○○円

　⑩　自己株式及び自己新株予約権の帳簿価額の合計額　金○○円

（3）　（1）÷（2）×100（単位：％）　　○○％

2．当社定款には、簡易吸収分割の要件を加重する定めはありません。

＜記載のポイント＞

　分割会社が簡易吸収分割を行う場合、分割会社の株主には、反対株主による株式買取請求権はありませんので、反対株主については考慮する必要がありません。

148　合同会社に権利義務を承継させる吸収分割

（1）　吸収分割承継会社の変更

☑吸収分割契約書（商登125・109①一）

Memo.　必要的記載事項（会社760）等に注意が必要です。契約書の記載例については、 147 をご参照ください。また、分割対価

の記載方法は、 144 の合併対価の記載をご参照ください。

☑吸収分割承継会社における分割契約の承認に関する書面（商登93等）

> Memo. 144 をご参照ください。

☑吸収分割承継会社における債権者保護手続に関する書面（商登125・109①三）

> Memo. 76 をご参照ください。

☑吸収分割会社における分割契約の承認に関する書面（商登125・109①二・85六・七）

> Memo. 144 をご参照ください。

☑吸収分割会社における債権者保護手続に関する書面（商登125・109①二・85八）

> Memo. 76 をご参照ください。

☑吸収分割会社の登記事項証明書（商登125・109①二・85五）

> Memo. 143 をご参照ください。

☑法人が吸収分割承継会社の業務執行社員（代表社員となる場合を含む。）となるときは、法人社員関係書面（商登125・109①四）

> Memo. 144 をご参照ください。

☑資本金の額を増加した場合は、資本金の額の計上に関する証明書（商登則92・61⑨）

☑吸収分割につき主務官庁の許認可が効力要件となる場合には、主務官庁の認可書（商登19）

> Memo. 143 をご参照ください。

☑委任状（商登18）

（2） 吸収分割会社の変更

☑委任状（商登18）

第5章　組織再編（組織変更を除く。）（ 143 ～ 154 ）　　289

149　株式会社を設立する新設分割

（1）　新設分割による設立

☑**新設分割計画書**（商登86一）

> Memo.　必要的記載事項（会社763①）等に注意が必要です。効力発生日については、 145 をご参照ください。

☑**定款**（商登86二）

> Memo.　公証人による認証は、必要ありません。

☑**株主名簿管理人を置いた場合の契約に関する書面**（商登86三・47②六）

☑**印鑑証明書・本人確認証明書**（商登則61④⑤⑦）

☑**設立時代表取締役の選定に関する書面**（商登86三・47②七）

> Memo.　具体的な書面は、 10 若しくは 11 をご参照ください。

> Memo.　なお、設立時代表取締役を定款に定めた場合には、当該定めをもって設立時代表取締役の選定を証する書面となります。

☑**設立時取締役、設立時監査役及び設立時代表取締役の就任承諾書**（商登86三・47②十）

> Memo.　具体的な書面は、 10 若しくは 11 をご参照ください。

☑**設立時会計参与又は設立時会計監査人を選任した場合の設立時会計参与又は設立時会計監査人に関する書面**（商登86三・47②十一）

> Memo.　具体的な書面は、 10 若しくは 11 をご参照ください。

☑**新設分割会社における分割計画の承認に関する書面**（商登86六・七）

【通常の新設分割の場合】

> Memo.　 143 及び 147 をご参照ください。⇨◆記載例１

【簡易新設分割の場合】

> Memo.　添付書類については、 143 をご参照ください。

第5章　組織再編（組織変更を除く。）　（143～154）

> Memo. 　147の吸収分割と同様に、新設合併とは異なり、新設分割会社についても簡易新設分割をすることができる点に注意が必要です（会社805）。なお、分割会社における簡易新設分割の要件を満たすことの証明書は、147の記載例４をご参照ください。

【持分会社の場合（会社804②）】

> Memo. 　145をご参照ください。

☑ **新設分割会社における債権者保護手続に関する書面**（商登86八）

> Memo. 　添付書類については、143をご参照ください。なお、新設分割会社において、債権者保護手続を要しない場合があることについては、147をご参照ください。
>
> 　なお、公告をしたことを証する書面の文例については、下記のとおりとなります。⇨◆記載例２

☑ **新設分割会社における新株予約権証券提供公告をしたことを証する書面又は新株予約権証券を発行していないことを証する書面**（商登86九）

> Memo. 　新設分割会社が新株予約権を発行している場合であって、新設分割設立株式会社が新設分割に際して新設分割株式会社の新株予約権の新株予約権者に対して当該新株予約権に代わる当該新設分割設立株式会社の新株予約権を交付するときに必要となります（会社763①十）。具体的な書類については、139をご参照ください。

☑ **新設分割会社の登記事項証明書**（商登86五）

> Memo. 　添付を省略することができる場合については、143をご参照ください。

☑ **資本金の額の計上に関する証明書**（商登86四・85四）

☑ **新設分割につき主務官庁の許認可が効力要件となる場合には、主務官庁の認可書**（商登19）

> Memo. 　143をご参照ください。

☑ **委任状**（商登18）

> Memo. 　印鑑届書については、16をご参照ください。

第5章 組織再編（組織変更を除く。）（143～154）　291

（2）　新設分割会社の変更

☑**委任状**（商登18・87②）

◆記載例1　株主総会議事録

> 第○号議案　新設分割計画書承認の件
> 　議長は、当社の○○事業に関する権利義務を新設分割承継会社に承継
> させる新設分割について、別紙新設分割計画書の内容を詳細に説明し、
> その承認を議場に諮ったところ、満場一致をもって可決確定した。

◆記載例2　新設分割公告

> 新設分割公告
> 　当社は、新設分割により新設する株式会社（住所○県○市○町○丁目
> ○番○号）に対して当社の○○事業に関して有する権利義務を承継させ
> ることにいたしました。
> 　この会社分割に対し異議のある債権者は、本公告掲載の翌日から一箇
> 月以内にお申し出下さい。
> 　なお、最終貸借対照表の開示状況は次のとおりです。
>
> 　令和○年○月○日
>
> 　　　　　　　　　　　　　　　　　　　　本店　商号　代表取締役

150　合同会社を設立する新設分割

（1）　新設分割による設立

☑**新設分割計画書**（商登109②一）

　Memo.　必要的記載事項（会社765①）等に注意が必要です。

292　第5章　組織再編（組織変更を除く。）（143〜154）

☑定款（商登109②二）

☑新設分割会社における新設分割計画の承認に関する書面（商登109②三・86六・七）

> Memo.　147をご参照ください。

☑新設分割会社における債権者保護手続に関する書面（商登109②三・86八）

> Memo.　143及び147をご参照ください。

☑新設分割会社の登記事項証明書（商登109②三・86五）

> Memo.　143をご参照ください。

☑法人が新設分割承継会社の業務執行社員（代表社員となる場合を含む。）となるときは、法人社員関係書面（商登125・109②四）

> Memo.　144をご参照ください。

☑新設分割につき主務官庁の許認可が効力要件となる場合には、主務官庁の認可書（商登19）

> Memo.　143をご参照ください。

☑委任状（商登18）

> Memo.　145をご参照ください。

> Memo.　印鑑届書については、98をご参照ください。

（2）　新設分割会社の変更

☑委任状（商登18）

151　株式会社に発行済株式を取得させる株式交換

☑株式交換契約書（商登89一）⇨◆記載例1

> Memo.　必要的記載事項（会社768①）等に注意が必要です。なお、完全子会社における効力発生日の変更の手続については、143をご参照ください。

第5章　組織再編（組織変更を除く。）（ 143 ～ 154 ）　　293

☑**完全親会社における株式交換契約の承認に関する書面**（商登46①②・
89二、商登則61③）

> Memo.　 143 をご参照ください。なお、議案文例については、下記
> のとおりです。⇨◆**記載例2**

☑**完全親会社における債権者保護手続に関する書面**（商登89三）

> Memo.　添付書面については、 76 をご参照ください。

> Memo.　債権者保護手続が必要となるのは、次の場合に限られるこ
> とに注意が必要です（会社799①三）。
>> ①　完全子会社の株主に対して交付する金銭等が完全親株式
>> 会社の株式その他これに準ずるものとして法務省令で定め
>> るもののみである場合以外の場合（株式交換対価が完全親
>> 会社の株式のみである場合、完全親会社の株式とその他の
>> 財産を交付する場合のその他の財産の額が対価の合計額の
>> 20分の1未満の場合以外の場合）
>> ②　会社法768条1項4号ハに規定する場合（完全子会社の
>> 新株予約権付社債を承継する場合）

☑**完全子会社における株式交換契約の承認に関する書面**（商登89六、商
登則61③）

> Memo.　 143 をご参照ください。

☑**完全子会社における債権者保護手続に関する書面**（商登89七）

> Memo.　添付書面については、 76 をご参照ください。

> Memo.　債権者保護手続が必要となるのは、完全親会社に新株予約
> 権付社債を承継する場合に限られることに注意が必要です。

☑**完全子会社における株券提供公告をしたことを証する書面又は株券
を発行していないことを証する書面**（商登89八）

> Memo.　具体的な書類については、 62 をご参照ください。また、
> 公告をしたことを証する書面の文例については、 143 をご参
> 照ください。

294 第5章 組織再編（組織変更を除く。）（143～154）

☑完全子会社における新株予約権証券提供公告をしたことを証する書面又は新株予約権証券を発行していないことを証する書面（商登89九）

> Memo. 具体的な書類については、139をご参照ください。

☑完全子会社の登記事項証明書（商登89五）

> Memo. 添付を省略することができる場合については、143をご参照ください。

☑資本金の額を増加した場合は、資本金の額の計上に関する証明書（商登89四）

☑委任状（商登18）

> Memo. 完全親会社からの委任状のみを添付します。

◆記載例1　株式交換契約書

株式交換契約書
第1条　株式交換完全親会社及び株式交換完全子会社の商号及び住所
　　株式交換完全親会社
　　　商号　○○株式会社
　　　住所　○県○市○町○丁目○番○号
　　株式交換完全子会社
　　　商号　○○株式会社
　　　住所　○県○市○町○丁目○番○号
第2条　株式交換対価の交付と割当て
　　株式交換完全親会社は、本株式交換に際して○○株を交付し、効力発生の直前時の株式交換完全子会社の株主に対して、株式交換完全子会社株式1株につき、株式交換完全親会社株式○株の割合で割り当てる。
第3条　資本金及び準備金の額に関する事項
　　株式交換完全親会社が本株式交換に際して増加する資本金及び資本準備金は、次のとおりとする。
　　　資本金　金○○円
　　　資本準備金　金○○円

第5章 組織再編（組織変更を除く。）（143〜154）　295

第4条　効力発生日
　　本株式交換の効力発生日は、令和○年○月○日とする。
　上記のとおり本株式交換契約を締結する。
　　令和○年○月○日
　　　　　　　　　　　　　　　　　　株式交換完全親会社
　　　　　　　　　　　　　　　　　　　本店　商号　代表取締役
　　　　　　　　　　　　　　　　　　株式交換完全子会社
　　　　　　　　　　　　　　　　　　　本店　商号　代表取締役

◆記載例2　株主総会議事録

第○号議案　当社と株式会社○○との株式交換契約承認の件
　議長は、別紙株式交換契約書のとおり、当社を完全親会社、株式会社
○○を完全子会社とする株式交換について説明し、これを議場に諮った
ところ、満場一致をもって可決確定した。

152　合同会社に発行済株式を取得させる株式交換

☑株式交換契約書（商登126①一）

　Memo.　　必要的記載事項（会社770）等に注意が必要です。契約書の
　　　　　記載例については、151をご参照ください。また、株式交換
　　　　　対価の記載方法は、144の合併対価の記載をご参照ください。
　　　　　　なお、合同会社については、144の記載例1＜記載のポイ
　　　　　ント＞記載のとおり、準備金の科目がないため、株主資本等
　　　　　変動額の全額を資本金に計上する必要があります（会社計算39
　　　　　②、古山陽介「合同会社を完全親会社とする株式交換に関する留意点」
　　　　　登記情報707号4頁（2020））。

☑完全親会社における株式交換契約の承認に関する書面（商登93等）

　Memo.　　144をご参照ください。

☑完全親会社における**債権者保護手続に関する書面**（商登126①三）

> Memo. 143 をご参照ください。

☑完全子会社における**株式交換契約の承認に関する書面**（商登126①二・89六）

> Memo. 143 をご参照ください。

☑完全子会社における**債権者保護手続に関する書面**（商登126①二・89七）

> Memo. 143及び151 をご参照ください。

☑完全子会社における**株券提供公告をしたことを証する書面又は株券を発行していないことを証する書面**（商登126①二・89八）

> Memo. 62及び151 をご参照ください。

☑完全子会社の**登記事項証明書**（商登126①二・89五）

> Memo. 143 をご参照ください。

☑**法人が完全親会社の業務執行社員**（代表社員となる場合を含む。）と**なるときは、法人社員関係書面**（商登126①四）

> Memo. 144 をご参照ください。

☑資本金の額を増加した場合は、**資本金の額の計上に関する証明書**（商登則92・61⑨）

☑**委任状**（商登18）

> Memo. 151 をご参照ください。

153 株式移転

☑**株式移転計画書**（商登90一）

> Memo. 必要的記載事項（会社773①）等に注意が必要です。なお、効力発生日については、145 をご参照ください。

☑**定款**（商登90二）

> Memo. 公証人による認証は、必要ありません。

第5章　組織再編（組織変更を除く。）　（143～154）　　297

☑**株主名簿管理人を置いた場合の契約に関する書面**（商登81三・47②六）

☑**印鑑証明書・本人確認証明書**（商登則61④⑤⑦）

☑**設立時代表取締役の選定に関する書面**（商登90三・47②七）

> Memo.　具体的な書面は、10 若しくは 11 をご参照ください。

> Memo.　なお、設立時代表取締役を定款に定めた場合には、当該定めをもって設立時代表取締役の選定を証する書面となります。

☑**設立時取締役、設立時監査役及び設立時代表取締役の就任承諾書**（商登90三・47②十）

> Memo.　具体的な書面は、10 若しくは 11 をご参照ください。

☑**設立時会計参与又は設立時会計監査人を選任した場合の設立時会計参与又は設立時会計監査人に関する書面**（商登90三・47②十一）

> Memo.　具体的な書面は、10 若しくは 11 をご参照ください。

☑**完全子会社における株式移転計画の承認に関する書面**（商登90六）

⇨◆記載例

> Memo.　143 をご参照ください。

☑**完全子会社における債権者保護手続に関する書面**（商登90七）

> Memo.　添付書面については、143 をご参照ください。また、株式移転に際して債権者保護手続が必要となる場合については、151 をご参照ください。

☑**完全子会社における株券提供公告をしたことを証する書面又は株券を発行していないことを証する書面**（商登90八）

> Memo.　62 及び 151 をご参照ください。

☑**完全子会社における新株予約権証券提供公告をしたことを証する書面又は新株予約権証券を発行していないことを証する書面**（商登90九）

> Memo.　139 及び 151 をご参照ください。

298　第5章　組織再編（組織変更を除く。）　（ 143 ～ 154 ）

☑**完全子会社の登記事項証明書**（商登90五）

> Memo.　　添付を省略することができる場合については、 143 をご参照ください。

☑**資本金の額の計上に関する証明書**（商登90四）

☑**委任状**（商登18）

> Memo.　　新設完全親会社からの委任状のみを添付します。

> Memo.　　印鑑届書については、 16 をご参照ください。

◆記載例　株主総会議事録

第○号議案　株式移転計画書承認の件
　議長は、別紙株式移転計画書の内容を詳細に説明し、その承認を議場に諮ったところ、満場一致をもって可決確定した。

154	株式交付

☑**株式交付計画書**（商登90の2一）⇨◆記載例1

> Memo.　　必要的記載事項（会社774の3①）等に注意が必要です。

☑**株式の譲渡の申込みを証する書面又は株式交付総数引受契約を証する書面**（商登90の2二）⇨◆記載例2・3

> Memo.　　会社法774条の5第1項において、株式譲渡人及び当該株式譲渡人に対して割り当てる株式の数を定める旨規定されていますが、会社法204条と異なり、割当ての決定機関について規定されていません。ただ、この割当ての決定については、業務執行機関である取締役会（非取締役会設置会社においては取締役の過半数の決定）によると解釈されています。なお、令和3年1月29日民商14号においても割当ての決定に関する書類を添付書類として記載していません。そのため、現状は、

第5章　組織再編（組織変更を除く。）（143～154）　299

添付書類としては、必要ではありませんが、今後変更の可能性があるかもしれません（神﨑満治郎＝金子登志雄編『商業登記全書第7巻　組織再編の手続　法務企画から登記まで〔第3版〕』510頁（中央経済社、2022））。

☑ **株式交付親会社における株式交付計画の承認に関する書面**（商登46①・②・90の2三、商登則61③）

> Memo.　　添付書類については、143 をご参照ください。なお、議案文例については、下記のとおりです。⇨ **◆記載例4**

☑ **株式交付親会社における債権者保護手続に関する書面**（商登90の2四）

> Memo.　　添付書類については、76 をご参照ください。

> Memo.　　債権者保護手続が必要となるのは、株式交付子会社対価が、株式交付親会社の株式以外の財産を交付する場合のその他の財産の額が対価の合計額の20分の1を超える場合です（会社816の8、会社則213の7）。

☑ **資本金の額を増加した場合は、資本金の額の計上に関する証明書**（商登90の2五）

☑ **委任状**（商登18）

◆記載例1　株主交付計画書

```
　　　　　　　　　株式交付計画書
第1条　株式交付子会社の商号及び住所
　　商号　○○株式会社
　　住所　○県○市○町○丁目○番○号
第2条　譲り受ける株式交付子会社の株式の数の下限
　　当社が本株式交付に際して譲り受ける対象会社の株式の数の下限
　は、○株とする。
第3条　株式譲受けの対価と割当て
　　当社は、本株式交付に際して、対象会社の株式の譲渡人に対し、当
　該株式の対価として、当社の株式を○株交付する。
2　当社は、本株式交付に際して、対象会社の株式の譲渡人に対し、そ
```

300　　第5章　組織再編（組織変更を除く。）（143～154）

の譲渡する対象会社の株式1株につき、当社の株式○株の割合をもって割り当てる。

第4条　資本金及び準備金の額に関する事項

本株式交付に際して増加する資本金及び資本準備金は次のとおりとする。

資本金　　○○円

資本準備金　　○○円

第5条　譲渡しの申込みの期日

対象会社株式の譲渡しの申込みの期日は、令和○年○月○日とする。

第6条　効力発生日

本株式交付の効力発生日は、令和○年○月○日とする。

上記のとおり本計画を作成する。

令和○年○月○日

本店　商号　代表取締役

◆記載例2　株式譲渡の申込書

株式譲渡の申込書

株式会社○○　御中

株式譲渡申込人

住所　○県○市○町○丁目○番○号

氏名　　○○○○

私は、貴社の株式交付に際して、以下のとおり株式の譲渡の申込みを致します。

記

株式会社○○　普通株式○○株

以上

◆記載例3　株式交付に関する総数譲渡し契約

株式交付に関する総数譲渡し契約書

株式譲渡申込人である○○（以下「甲」という。）と株式譲受人である株

第5章　組織再編（組織変更を除く。）　（143～154）　301

式会社○○（以下「乙」という。）とは、株式交付親会社の乙の株式交付
に際して、株式交付子会社の株式会社△△の株主である甲が下記の内容
で乙に対して、株式会社△△の株式を譲渡するため、本契約を締結する。

記

1．株式交付に関する譲渡し株式の総数　株式会社△△　普通株式○○
　株
2．上記のうち甲の譲渡し株式の数　○○株
3．申込期日　令和○年○月○日
4．効力発生日　令和○年○月○日

　　　　　　　　　　（甲）株式譲渡申込人
　　　　　　　　　　住所　○県○市○町○丁目○番○号
　　　　　　　　　　　　　　氏名　○○○○

　　　　　　　　　　（乙）株式譲受人
　　　　　　　　　　住所　○県○市○町○丁目○番○号
　　　　　　　　　　　　　　商号　株式会社○○
　　　　　　　　　　　　　　代表取締役　○○○○

◆記載例4　株主総会議事録

第○号議案　株式交付計画承認の件
　議長は、別紙株式交付計画書のとおり、株式会社△△を株式交付子会
社とする株式交付について説明し、これを議場に諮ったところ、満場一
致をもって可決確定した。

第6章　渉外登記

155　外国人、外国法人が株式会社の発起人となる場合

（1）　外国人が株式会社の発起人となる場合

☑定款作成代理に関する委任状

> Memo.　日本において住民登録し、印鑑を登録している外国人については、その登録印（実印）を押印します。それ以外の場合には、押印に代えて、署名します。

> Memo.　定款認証においては、商業登記と異なり、契印も必要とされています。日本において印鑑を登録していない外国人については、契印の代わりに、①各ページのつづり目に署名（いわゆる割サイン）をする方法、②袋とじの部分（表紙と裏表紙の両方）に署名をする方法、③各ページの余白部分に署名をする方法、④各ページの余白部分にイニシャルを自書する方法のいずれかによることができます。

☑発起人の印鑑登録証明書等 ⇨ ◆記載例1

> Memo.　日本において住民登録し、印鑑を登録している外国人については、その印鑑証明書を添付します。それ以外の場合には、上記委任状の署名が本人のものであることについて、上記委任状に直接、本国（国籍国）の領事又は公証人の認証を受けるか、上記委任状とは別に、本人の署名である旨の本国の領事等の証明書（いわゆる署名証明書）を添付します。なお、商業登記においては、やむを得ない事由がある場合には、本国以外の居住国の官憲等による証明書でも例外的に受理されることとされていますが（平28・6・28民商100）、定款認証においては、そのような取扱いはありません。

☑実質的支配者となるべき者の申告書等

> Memo.　外国人が実質的支配者に該当する場合、本人特定事項とし

第6章　渉外登記　（155～157）　303

て、氏名、住居及び生年月日に加えて、国籍を申告する必要
があり、本人特定事項等が明らかになる資料として、その国
籍を証するものが必要になります。日本に在留していない外
国人については、本人特定事項等が明らかになる資料として、
日本国政府が承認した外国政府の発行した書類（本国の運転
免許証など）が必要になります。

Memo.　実質的支配者が暴力団員等のいずれにも該当しないことに
ついては、申告書の選択肢を○で囲むことに代えて、実質的
支配者自身が作成したその旨の表明保証書を提出することも
できます。

（2）　外国法人が株式会社の発起人となる場合

☑定款作成代理に関する委任状

Memo.　日本において登記をし、日本における代表者の印鑑を提出
している外国会社については、その届出印（会社実印）を押
印します。それ以外の場合には、押印に代えて、本国代表者
が署名します。

Memo.　定款認証においては、商業登記と異なり、契印も必要とさ
れています。日本において印鑑を提出していない外国会社に
ついては、契印の代わりに、①各ページのつづり目に署名（い
わゆる割サイン）をする方法、②袋とじの部分（表紙と裏表
紙の両方）に署名をする方法、③各ページの余白部分に署名
をする方法、④各ページの余白部分にイニシャルを自書する
方法のいずれかによることができます。

☑発起人の印鑑登録証明書等 ⇨ ◆記載例1

Memo.　日本において登記をし、日本における代表者の印鑑を提出
している外国会社については、その印鑑証明書を添付します。
それ以外の場合には、上記委任状の本国代表者の署名が本人
のものであることについて、上記委任状に直接、代表者の本
国（国籍国）の領事又は公証人の認証を受けるか、上記委任
状とは別に、本人の署名である旨の本国の領事等の証明書（い

わゆる署名証明書）を添付します。なお、商業登記においては、やむを得ない事由がある場合には、本国以外の居住国の官憲等による証明書でも例外的に受理されることとされていますが（平28・6・28民商100）、定款認証においては、そのような取扱いはありません。

☑代表者の資格を証する書面 ⇨ ◆記載例2

Memo. 　日本において登記をしている外国会社については、その登記事項証明書を添付します。それ以外の場合には、外国会社の商号、事業目的、本店所在地、設立準拠法、本国代表者の氏名などを記載した本国（設立準拠法国）の管轄官庁の証明書又は本国の管轄官庁若しくは公証人の認証を受けた書類（いわゆる宣誓供述書）を添付します。

☑実質的支配者となるべき者の申告書等

Memo. 　外国会社が発起人となる場合、実質的支配者該当性の根拠資料として、原則として、本国の管轄官庁等の証明書が必要になります。なお、一定の外国の市場で上場している会社及びその子会社は、自然人とみなされ、実質的支配者になり得ます。

Memo. 　外国人が実質的支配者に該当する場合、本人特定事項として、氏名、住居及び生年月日に加えて、国籍を申告する必要があり、本人特定事項等が明らかになる資料として、その国籍を証するものが必要になります。日本に在留していない外国人については、本人特定事項等が明らかになる資料として、日本国政府が承認した外国政府の発行した書類（本国の運転免許証など）が必要になります。

Memo. 　実質的支配者が暴力団員等のいずれにも該当しないことについては、申告書の選択肢を○で囲むことに代えて、実質的支配者自身が作成したその旨の表明保証書を提出することもできます。

第6章　渉外登記　（155～157）　　　305

◆記載例1　署名証明書（和訳サンプル）

宣誓供述書

　1971年8月4日に出生し、アメリカ合衆国○○州○○市○○ストリート○番地に居住する私、ジム・ブラウンは、下記の事項が真実かつ正確であることをここに供述する。

1．私の氏名は、ジム・ブラウンである。

2．私の住所は、アメリカ合衆国○○州○○市○○ストリート○番地である。

3．私の生年月日は、1971年8月4日である。

4．下記の署名は、私の真正な署名に相違ない。

（署　名）＿＿＿＿＿＿＿＿＿＿＿＿

ジム・ブラウン

（公証人使用欄）

　令和○年○月○日、当職の面前で、宣誓の上、署名した。

（署　名）＿＿＿＿＿＿＿＿＿＿＿＿

ジョン・ホフマン

○○州公証人

以上、翻訳しました。　司法書士　○○○○　印

＜記載のポイント＞

　委任状とは別に単独の署名証明書とする場合、公証人が委任状と署名証明書の署名を照合することになるため、同一人が署名したものと公証人が判断できるように署名するように署名者に依頼しておきます。

◆記載例2　宣誓供述書（和訳サンプル）

宣誓供述書

　私、ジム・ブラウンは、アメリカ合衆国○○州会社法に基づき適法に設立され、存続する、アメリカ合衆国○○州○○市○○ストリート○番

地に本店を有するアメリカンジムアンドメアリコーポレーションの役員
として、本宣誓供述書を作成する正当な権限を付与されており、宣誓し、
以下のとおり供述する。

1. 当会社の商号は、アメリカンジムアンドメアリコーポレーションで
ある。

2. 当会社の本店は、アメリカ合衆国○○州○○市○○ストリート○番
地である。

3. 当会社は次の事業を営むことを目的とする。
  （1） コンピュータ及び関連機器の輸出入及び販売
  （2） コンピュータ用ソフトウエア及び映像、音楽、ゲーム等のデジ
      タルコンテンツの輸出入及び販売
  （3） その他これらに附帯し、又は関連する事業

4. 当会社を代表する役員の氏名は、下記のとおりである。
      氏名　ジム・ブラウン
  （署　名）＿＿＿＿＿＿＿＿＿＿＿＿＿
ジム・ブラウン

（公証人使用欄）
　○年8月3日、○○州法人であるアメリカンジムアンドメアリコーポ
レーションのジム・ブラウンは、同社を代表して、当職の面前で、宣誓
の上、署名した。
　（署　名）＿＿＿＿＿＿＿＿＿＿＿＿＿
ジョン・ホフマン
○○州公証人

以上、翻訳しました。　司法書士　○○○○　印

＜記載のポイント＞
　発起人である外国会社の商号、本店所在地、代表者の氏名に加えて、事業
目的も記載します。必ずしも内国会社と同様ではありませんが、設立する
会社の事業目的が発起人である外国会社の事業目的の範囲内であることを
確認するためです。

第6章 渉外登記 （155〜157） 307

156 外国人が株式会社の役員に就任する場合

☑**株主総会議事録、取締役会議事録**（商登46②）

> Memo. 株主総会議事録や取締役会議事録を外国語のみによって作成することはできず、そのような議事録を添付して申請された登記も受理されません（昭60・7・8民四3951、昭60・7・8民四3952）。

☑**株主リスト**（商登則61③）

☑**就任承諾書**（商登54①）

> Memo. 氏名、住所の表記及びその訳文は、本人確認証明書の表記及びその訳文と一致するように記載します。

> Memo. 取締役の印鑑証明書が必要な場合、日本において住民登録し、印鑑を登録している外国人については、その登録印（実印）を押印します。それ以外の場合には、押印に代えて、署名します。この場合、登記官が委任状と署名証明書の署名を照合することになるため、同一人が署名したものと登記官が判断できるよう署名するように署名者に依頼しておきます。

☑**印鑑登録証明書等**（商登則61④）

> Memo. 日本において住民登録し、印鑑を登録している外国人については、その印鑑証明書を添付します。それ以外の場合には、本人の署名である旨の本国（国籍国）の領事又は公証人の証明書（いわゆる署名証明書）を添付します（記載例は155の記載例1を参照）。なお、本国の領事等の証明書を取得できないやむを得ない事由がある場合には、その旨の上申書を提出すれば、日本の公証人又は本国以外の居住国の官憲等による証明書でも例外的に受理されることとされています（平28・6・28民商100）。

☑**本人確認証明書**（商登則61⑦、平27・2・20民商18）

【日本に居住する外国人の場合】

日本人と同様の書類のほか、

① 在留カード

② 特別永住者証明書

【日本に居住していない外国人】

① 外国官憲の作成に係る当該取締役等の氏名及び住所が記載された証明書

> **Memo.** 　外国官憲とは、本国官憲とは異なり、当該外国人の国籍国に限らず、国籍国以外の居住国の官憲も含むこととされています。具体的には、当該国の居住証明書や公証人が認証した宣誓供述書（記載例は 155 の記載例１を参照）などが考えられます。

② 外国官憲の発行に係る身分証明書等（住所の記載があるものに限る。）

> **Memo.** 　具体的には、当該国の運転免許証や市民カードの原本証明付き写しなどが考えられます。

☑**委任状**（商登18）

157	日本において登記をしていない外国会社を代表社員とする合同会社を設立する場合

☑**定款**（商登118・94）

☑**払込み及び給付があったことを証する書面**（商登117）

☑**法人社員関係書面**（商登118・94二）

① 当該法人の登記事項証明書

> **Memo.** 　登記事項証明書に代えて、外国会社の商号、事業目的、本店所在地、設立準拠法、本国代表者の氏名などを記載し、本国（設立準拠法国）の管轄官庁又は公証人の認証を受けた書

類（いわゆる宣誓供述書）を添付します（記載例は 155 の記載例２を参照）。

② 職務執行者の選任に関する書面

> Memo. 外国会社の登記の添付書類に準じて、職務執行者の選任に関する書面に本国の管轄官庁等の認証を受けたものを添付します。

③ 職務執行者の就任承諾書

☑**委任状**（商登18）

☑**印鑑届書**（商登則９①四・⑤五ロ）

　日本において登記をしていない外国会社が代表社員である場合、職務執行者がその外国会社の代表者であるか否かにかかわらず、次の書面を添付します。

① 外国会社の代表者の資格を証する書面

> Memo. 法人社員関係書面である宣誓供述書を援用します。

② 職務執行者の印鑑に相違ないことを保証した書面（保証書）

> Memo. 外国会社の代表者が署名します。この場合、登記官が保証書と署名証明書の署名を照合することになるため、同一人が署名したものと登記官が判断できるように署名するように依頼しておきます。

③ 外国会社の代表者の署名証明書

> Memo. 保証書の署名が外国会社の代表者本人のものである旨の本国（国籍国）の領事又は公証人の証明書（いわゆる署名証明書）を添付します（記載例は 155 の記載例１を参照）。なお、本国の領事等の証明書を取得できないやむを得ない事由がある場合には、その旨の上申書を提出すれば、日本の公証人又は本国以外の居住国の官憲等による証明書でも例外的に受理されることとされています（平28・6・28民商100）。

第7章 外国会社

158 初めて日本における代表者を定めた場合

☑ **本店の存在を認めることのできる書面**（商登129①一）

☑ **日本における代表者の資格を証する書面**（商登129①二）

☑ **外国会社の定款その他外国会社の性質を識別するに足りる書面**（商登129①三）

☑ **会社法の規定による公告方法についての定めがあるときは、これを証する書面**（商登129①四）

> **Memo.** これらの書面は、外国会社の本国（設立準拠法国）の管轄官庁又は日本における領事その他権限のある官憲の認証を受けたものでなければなりません（商登129②）。

> **Memo.** 実務上は、外国会社の登記に必要な登記事項（会社933②）を記載した宣誓供述書を作成し、これに本国の管轄官庁等の認証を受けたものを添付します。⇨◆記載例

> **Memo.** 宣誓供述書の作成者については、登記事項の真実性を担保するため、その登記事項について証明する権限を有し、責任を負う者として、日本における代表者又は本国の代表者が作成すべきとされており、原則として、単なる従業員や代理人にすぎない者が作成した宣誓供述書を添付してされた登記申請は受理されないものとされています。ただし、その外国会社の設立準拠法において、従業員等が外国会社の登記における登記事項を証明する権限を有する場合には、その設立準拠法の訳文等をあわせて提出することにより受理される可能性があります（平18・4・5民商873）。

☑ **委任状**（商登18）

☑ **印鑑届書**（商登則9①五・⑤一・六）

> **Memo.** 日本において住民登録し、印鑑を登録している外国人につ

第7章　外国会社　（158～163）　311

いては、その登録印（実印）を押印し、その印鑑証明書を添付します。それ以外の外国人については、押印に代えて署名し、その署名が本人のものである旨の本国（国籍国）の領事又は公証人の証明書（いわゆる署名証明書）を添付します（「外国会社変更登記申請書の添付書面の本国の管轄官庁等の認証及び署名証明の適否」登記研究352号105頁（1977））（記載例は155の記載例1を参照）。なお、本国の領事等の証明書を取得できないやむを得ない事由がある場合には、その旨の上申書を提出すれば、日本の公証人又は本国以外の居住国の官憲等による証明書でも例外的に受理されることとされています（平28・6・28民商100）。

◆記載例　宣誓供述書（和訳サンプル）

宣誓供述書

　私、ジム・ブラウンは、アメリカ合衆国○○州会社法に基づき適法に設立され、存続する、アメリカ合衆国○○州○○市○○ストリート○番地に本店を有するアメリカンジムアンドメアリコーポレーションの役員として、本宣誓供述書を作成する正当な権限を付与されており、宣誓し、以下のとおり供述する。

1．当会社の会社形態は、株式会社である。

2．当会社の商号は、アメリカンジムアンドメアリコーポレーションである。

3．当会社の本店は、アメリカ合衆国○○州○○市○○ストリート○番地である。

4．当会社の日本における公告は、官報に掲載してする。当会社の準拠法の規定による公告は、○○市で発行されるアメリカ・ポスト紙に掲載してする。

5．当会社の設立の準拠法は、アメリカ合衆国○○州会社法である。

6．当会社の設立の年月日は、昭和○年1月1日である。

7．当会社は次の事業を営むことを目的とする。

（1）　コンピュータ及び関連機器の輸出入及び販売

第7章

（2）　コンピュータ用ソフトウエア及び映像、音楽、ゲーム等のデジ
タルコンテンツの輸出入及び販売

（3）　その他これらに附帯し、又は関連する事業

8．当会社の発行可能株式総数は、5万株である。

9．当会社の発行済株式の総数は、3万株である。

10．当会社の資本金の額は、金30万米ドルである。

11．当会社の役員は、下記のとおりである。

　　　　取締役　　ジム・ブラウン
　　　　取締役　　メアリー・ブラウン
　　　　取締役　　ジョン・ホフマン
　　　　アメリカ合衆国○○州○○市○○ストリート○番地
　　　　代表取締役　　ジム・ブラウン
　　　　アメリカ合衆国○○州○○市○○ストリート○番地
　　　　代表取締役　　メアリー・ブラウン

12．当会社の日本における代表者は、下記のとおりである。

　　　　東京都○区○町○番○号
　　　　日本における代表者　　ロバート・ウィリアム

13．当会社の支店は、下記のとおりである。

　　　　アメリカ合衆国○○州○○市○○ストリート○番地

14．令和○年10月1日、当会社の日本における営業所を下記のとおり設
置した。

　　　　東京都○区○町○番○号

（署　名）

ジム・ブラウン

（公証人使用欄）

　令和○年10月3日、○○州法人であるアメリカンジムアンドメアリコ
ーポレーションのジム・ブラウンは、同社を代表して、当職の面前で、
宣誓の上、署名した。

（署　名）

キャサリン・ヘップバーン

○○州公証人

以上、翻訳しました。　司法書士　○○○○　印

第7章　外国会社　（158〜163）　313

159 日本に営業所を設置していない外国会社の全ての日本における代表者がその住所を他の登記所の管轄区域内に移転した場合

> **Memo.**　新住所地における登記の申請は、旧住所地を管轄する登記所を経由して同時にしなければなりません（商登131③・51①②）。

☑委任状（商登18）

> **Memo.**　日本における代表者の住所変更については、委任状以外の書面の添付は要しません。新・旧住所地を管轄する登記所用として2通用意します。

> **Memo.**　日本における代表者の変更又は外国において生じた登記事項の変更についての登記には、その変更の事実を証する外国会社の本国の管轄官庁又は日本における領事その他権限がある官憲の認証を受けた書面を添付する必要がありますが（商登130①）、日本における代表者の住所変更については、本国の管轄官庁等の認証を受けた書面は不要です。

☑印鑑届書（商登則9①五・⑤一・六）

> **Memo.**　新住所地を管轄する登記所に日本における代表者の印鑑を提出します。提出する印鑑が、旧住所地を管轄する登記所に提出していたものと同一である場合は、署名証明書等は省略することができます（平11・4・2民四667）。

160 全ての営業所を他の登記所の管轄区域内に移転した場合

> **Memo.**　新所在地における登記の申請は、旧所在地を管轄する登記所を経由して同時にしなければなりません（商登131①・51①②）。

☑変更の事実を証する書面（商登130①）

> **Memo.** 外国会社の本社の業務執行決定機関において、日本における営業所を移転する旨の決議がされたことを証する書面を添付します。実務上は、本国における代表者又は日本における代表者がその事実を記載した宣誓供述書を作成して、これに本国の管轄官庁等の認証を受けたものを添付します（商登130①）。宣誓供述書の作成者については、 158 のMemo.をご参照ください。

☑委任状（商登18）

> **Memo.** 新・旧所在地を管轄する登記所用として２通用意します。

☑印鑑届書（商登則9①五・⑤一・六）

> **Memo.** 新所在地を管轄する登記所に日本における代表者の印鑑を提出します。提出する印鑑が、旧所在地を管轄する登記所に提出していたものと同一である場合は、署名証明書等は省略することができます（平11・4・2民四667）。

161　日本における代表者の変更

☑変更の事実を証する書面（商登130①）

> **Memo.** ①前任の日本における代表者が辞任等により退任したこと、②外国会社の本社の業務執行決定機関において、新たに日本における代表者を選任する決議がされたこと、③新任の日本における代表者が就任を承諾したことを証する書面を添付します。実務上は、本国における代表者又は日本における代表者がその事実を記載した宣誓供述書を作成して、これに本国の管轄官庁等の認証を受けたものを添付します（商登130①）。宣誓供述書の作成者については、 158 のMemo.をご参照ください。

☑委任状（商登18）

第7章　外国会社　（158〜163）　315

☑**印鑑届書**（商登則9①五・⑤一・六）

> Memo.　　詳細は、158のMemo.をご参照ください。

162　その他の登記事項の変更

☑**変更の事実を証する書面**（商登130①）

> Memo.　　外国会社の本社の業務執行決定機関において、外国会社の登記事項（商号、本店、本国の役員など）を変更する決議がされたことを証する書面を添付します。実務上は、本国における代表者又は日本における代表者がその事実を記載した宣誓供述書を作成して、これに本国の管轄官庁等の認証を受けたものを添付します（商登130①）。宣誓供述書の作成者については、158のMemo.をご参照ください。

☑**委任状**（商登18）

163　全ての日本における代表者が退任する場合

☑**変更の事実を証する書面**（商登130①）

> Memo.　　外国会社の本社の業務執行決定機関において、日本における営業所を閉鎖し、全ての日本における代表者が退任する旨の決議がされたことを証する書面を添付します。実務上は、本国における代表者又は日本における代表者がその事実を記載した宣誓供述書を作成して、これに本国の管轄官庁等の認証を受けたものを添付します（商登130①）。宣誓供述書の作成者については、158のMemo.をご参照ください。

☑**債権者保護手続に関する書面**（商登130②）

> ①　公告及び催告をしたことを証する書面 ⇨ ◆記載例

> > Memo.　　債権者に対して、全ての日本における代表者が退任するこ

316　　第7章　外国会社　（158～163）

とについて異議があれば1か月以上の期間内にこれを述べる
ことができる旨を官報に公告し、かつ、知れている債権者に
は、各別にこれを催告しなければなりません（会社820①）。

②　異議を述べた債権者があるときは、当該債権者に対し弁済し若
しくは相当の担保を提供し若しくは当該債権者に弁済を受けさせ
ることを目的として相当の財産を信託したこと又は退任をしても
当該債権者を害するおそれがないことを証する書面

☑**委任状**（商登18）

> Memo.　意義を述べた債権者がいなかった場合は、その旨を委任状
> に記載します。

> Memo.　日本における代表者の退任は、債権者保護手続が終了した
> 後にその登記をすることによって、その効力を生じます（会
> 社820③）。

◆**記載例　官報公告**

外国会社の全ての日本における代表者の退任公告
　当社の全ての日本における代表者であるロバート・ウィリアムが退任
することに対し異議のある債権者は、本公告掲載の翌日から一箇月以内
にお申し出下さい。
　令和○年○月○日
　　東京都○区○町○番○号
　　　　　　　　　　アメリカンジムアンドメアリコーポレーション
　　　　　　　　　　日本における代表者　ロバート・ウィリアム

ケース別　商業登記添付書面
―必要となる書類と実務のポイント―

令和6年12月9日　初版発行

編　著　立　花　　　宏

発行者　河　合　誠一郎

発　行　所　**新日本法規出版株式会社**

本　　　社 総轄本部	（460-8455）　名古屋市中区栄1－23－20
東京本社	（162-8407）　東京都新宿区市谷砂土原町2－6
支社・営業所	札幌・仙台・関東・東京・名古屋・大阪・高松 広島・福岡
ホームページ	https://www.sn-hoki.co.jp/

【お問い合わせ窓口】
新日本法規出版コンタクトセンター
📞 0120-089-339（通話料無料）
●受付時間／9：00～16：30（土日・祝日を除く）

※本書の無断転載・複製は、著作権法上の例外を除き禁じられています。
※落丁・乱丁本はお取替えします。　　　　ISBN978-4-7882-9459-2
5100348　商登添付書面　　　　　　　　ⓒ立花宏 2024 Printed in Japan